主编　朱定明　孙文平

镇江调查

2023

江苏大学出版社
JIANGSU UNIVERSITY PRESS

镇　江

图书在版编目(CIP)数据

镇江调查. 2023 / 朱定明，孙文平主编. — 镇江：
江苏大学出版社，2023.12
ISBN 978-7-5684-2060-0

Ⅰ. ①镇… Ⅱ. ①朱… ②孙… Ⅲ. ①区域经济—调
查研究—镇江—2023②社会调查—调查研究—镇江—
2023 Ⅳ. ①F127.533

中国国家版本馆 CIP 数据核字(2023)第 249889 号

镇江调查. 2023
Zhenjiang Diaocha. 2023

主　　编/朱定明　孙文平
责任编辑/常　　钰
出版发行/江苏大学出版社
地　　址/江苏省镇江市京口区学府路 301 号(邮编：212013)
电　　话/0511-84446464(传真)
网　　址/http://press.ujs.edu.cn
排　　版/镇江市江东印刷有限责任公司
印　　刷/江苏凤凰数码印务有限公司
开　　本/710 mm×1 000 mm　1/16
印　　张/18.5
字　　数/350 千字
版　　次/2023 年 12 月第 1 版
印　　次/2023 年 12 月第 1 次印刷
书　　号/ISBN 978-7-5684-2060-0
定　　价/68.00 元

如有印装质量问题请与本社营销部联系(电话：0511-84440882)

目　录

｜ 上　编 ｜

| 下　编 |

上　编

聚焦"六新"特质
聚力促进"新农人"成为"兴农人"

——镇江市"新农人"内涵外延调研报告

| 中共镇江市委党校、镇江市委农办、镇江市农业农村局联合课题组 |

中国式现代化离不开农业现代化,而农业现代化关键在科技、在人才。2023 年全国两会期间,习近平总书记参加江苏代表团审议时听取"新农人"代表魏巧的故事后,明确指出:"我们现在推进乡村振兴,需要大量的人才和优质劳动力。我们的年轻人、知识分子,也要双向流动。一方面在城镇化过程中成为新市民,另一方面农村对人才需求很大。像魏巧这样的同志到农村去,很好!"一时间,"新农人"群体备受瞩目,成为乡村振兴最值得期待的力量。

早年丁磊养猪、褚时健卖橙、柳传志栽果就已经刷新了人们对新时代中国农业与农人的认知。承载着中国式农业现代化未来的"新农人"究竟"新"在哪里?哪些人可以被称为"新农人"?哪些人又可能成为"新农人"?这些问题依旧困扰着农业实践者和决策者。为了回答这些问题,镇江市委农办与镇江市委党校成立联合课题组,梳理出当代"新农人"群体成长路径,同时结合镇江农业实践,深入调研镇江"新农人"群体,就"新农人"的内涵特征、外延类型及在镇发展情况做出回答,并围绕支持发展镇江"新农人"队伍提出相关对策建议。

一、新时代新实践催生中国"新农人"

新时代以来,中国的农业实践迎来了从传统向现代的剧烈转型,农业供给的主要矛盾从总量矛盾转向结构性矛盾,农业生产目标从增产转化为增收,农业发展路径从依赖数量转化为依靠质量。农业生产的市场化、农户经营的现代化程度达到了前所未有的高度。与此同时,可持续发展农业逐步兴起,网络设备与技术普及下沉,各种社会力量踊跃进入"三农"领域,"三农"格局发生了积极变革。

一群具有全新基因的"新农人"诞生在这变局之中。与传统农民不同,他们不是以自给自足的家庭生产为主要经济活动模式的"老把式";与"新型职业农民"①不同,他们不仅仅是掌握了现代农业生产技能的农业从业人员。他们当中有骑着"小毛驴"的归国博士后②,有成为"鹅司令"的返乡大学生,有昔日辗转打工、而今坐拥百万粉丝的乡土带货"阿婆主"(网络词语"UP主"的谐音),也有IT大厂的转轨精英,更有扎根乡土的大学生村官。

有专家将2013年视为中国"新农人"元年,"新农人"群体在这一年以不同于传统农民的姿态闪亮登场;2015年阿里研究院发布中国首个"新农人"调查报告(《中国新农人研究报告(2014)》),宣布互联网赋能"三农"催生出的中国"新农人"群体已经超过百万人;2019年农业农村部发布的《全国乡村产业发展规划(2020—2025年)》显示,2019年各类返乡入乡创新创业人员累计超过850万人;2022年电商拼多多发布的《2021新新农人成长报告》显示,在拼多多平台上"95后"的"新新农人"已经成为推动农产品上行的崭新力量,截至2021年10月,这一"新新农人"数量已超过12.6万人。

二、"新农人"的内涵特征

蕴含时代基因的"新农人"究竟具有怎样的内涵特征?各方研究尚未有定论。为了脚踏实地回答这一问题,我们在镇江市范围内进行了"新农人"发展情况调查,范围覆盖全市88名"新农人"代表。课题组先后赴丹阳、句容、丹徒召开了3场"新农人"座谈会,与基层农业管理人员和15名优秀"新农人"代表进行了深度访谈。调研发现,镇江的"新农人"群

---

① 2012年中央一号文件正式提出"新型职业农民"概念,是指具有科学文化素质、掌握现代农业生产技能、具备一定经营管理能力,以农业收入作为主要生活来源,居住在农村或集镇的农业从业人员。

② 石嫣,中国人民大学农业与农村发展学院研究生,2008年获得直博资格的她到美国明尼苏达州的一家农场"洋插队"6个月,学习美国"社区支持农业"的经验;2009年在导师温铁军的支持下,石嫣在位于北京凤凰岭脚下的"小毛驴"农场开辟20亩地实践CSA(Community Support Agriculture)项目,担任农场的主要负责人。随后,她成为清华大学博士后,研究方向为食品安全。

CSA是一种新型的农业生产模式,诞生于20世纪70年代的日本和瑞士。基于相互信任,消费者预付1年费用,购买农民1年收成;农民则按照承诺,完全不使用化肥和农药,保证农产品的纯天然无公害,而作为中间人的经营者定期将农产品配送到消费者家中。全国各地已开办了500多家CSA农场,此外,还有数千个家庭农场正在参照CSA模式运营。

体一是非常年轻，平均年龄不到 35 岁（34.9 岁），40 岁以下者占比 90%；二是学历层次较高，大专及以上学历占比 68%，本科及以上学历占比 36%，硕士占比 4.6%；三是来源多元，返乡在乡创业者占比 50%，返乡下乡大学生占比 34%，城市赴乡创业者占比 12.5%，其中"农二代"占相当比例。

"新农人"在调查中共同表现出的"六新"特征，为我们准确描述和理解"新农人"群体提供了重要线索。

一是思维理念新。"新农人"最重要的是"脑子新"，这一点突出地体现在他们的农业选择往往与中国式农业现代化的发展方向高度契合上。比如，生态基因就是"新农人"区别于传统农民的重要标识，可持续发展农业是大多数"新农人"的选择。他们十分注重生态友好和资源节约型技术的创新与应用，常把有机绿色农产品当作擦亮自身品牌、提高自身价值的重要依傍。又如，"新农人"发展壮大于农村电商热潮中，互联网思维①是"新农人"刻在骨子里的基因，无论是以"物联网"技术为核心的智能农业，还是以网络平台为载体的农商运营，互联网贯穿"新农人"的日常全过程和产销全链条。

二是生产方法新。高科技是现代农业的基本特征之一，也是"新农人"的突出特点。"新农人"充分运用现代机械装备行业与互联网信息产业的发展成果，其从业工具不再是农业"冷兵器"。农用无人机、温控检测仪、微距摄像头、物联网、大数据、遥感系统等硬核科技工具的使用，大幅提升了农业生产效率，大大增加了农产品商品化率和附加值。设施农业②、精准农业③、智慧农业④成为"新农人"津津乐道的发展秘诀。

---

① 互联网思维是在（移动）"互联网+"、大数据、云计算等科技不断发展的背景下，对市场、用户、产品、企业价值链乃至对整个商业生态进行重新审视的思考方式。互联网思维的六大特征为：大数据、零距离、趋透明、慧分享、便操作、惠众生。2014 年 7 月，国务院颁布了《关于积极推进"互联网+"行动的指导意见》，吹响了全面推进"互联网+"战略的号角。

② 设施农业是农业现代化的标志，即利用现代信息技术、生物技术、工程装备技术与现代经营管理方式，为动植物生长提供相对可控的环境条件，在一定程度上摆脱自然依赖进行高效生产。2023 年 6 月，我国第一部现代设施农业建设规划《全国现代设施农业建设规划（2023—2030年）》出台，明确建设以节能宜机为主的现代设施种植业、以高效集约为主的现代设施畜牧业、以生态健康养殖为主的现代设施渔业等重点任务。

③ 精准农业是综合运用现代信息技术和智能装备技术，对农业生产进行定量决策、变量投入、定位实施的现代农业操作技术系统。

④ 智慧农业是指利用现代信息技术、互联网、物联网、大数据等平台，通过数字化决策对农业的生产过程进行监控，同时提高由生产到销售的效率，实现农业信息采集、存储、加工、处理和反馈的信息化，以较少的资源投入实现农业产业的协调发展，达到改善生态环境、提高农作物产量和质量的目的。智慧农业可以分为智慧生产、智慧经营、智慧服务三个阶段。

新区"新农人"魏巧创新探索出大田数字化种植模式，不仅实现2万亩大田种植全程机械化，还创建出智慧农业社会化服务平台，实现了劳动力用工减少30%以上，水资源利用率提高30%以上，肥料利用率提高15%以上，农药使用量减少20%以上，亩产提升9%，亩均效益增加28%的生产"奇迹"。丹阳"新农人"汤磊是2021年全国粮食机收减损技能大比武的"减损之星"，其秘诀就在高科技生产方法。在他的机库中，停有烘干机、拖拉机等60多台大小农机具（含10台"智能农机"），总投资超200万元，这些数字化神器能够完成单人半天4亩秧田的出色"战绩"。

三是营销方式新。农产品的商品化是现代农业发展的普遍趋势，怎样准确对接市场，最大限度实现农产品商业价值是"新农人"主动思考的新课题。从营销环节入手，打破传统农业被动、单一的销售模式是大多数"新农人"的一致选择。他们具有强烈的品牌意识，能够根据目标销售群体特点，将品质感、安全性、体验度融入高辨识度的品牌当中，有效提升农产品产值与认可度。他们具有现代传播意识，利用微信、微博、短视频等新媒体平台，化身网络红人、直播达人、带货牛人，走出一条有态度、有情怀、有故事、有效益的分众营销路线。

镇江目前已涌现出一批"新农人"农产品品牌，丹阳大南庄村的"四季南翔"水果，入驻了苏宁、天猫、拼多多等多家大型电商平台，单2019年一年，电商业务就突破1000万元。丹阳花园村的张伟注册了"瑞田"稻米品牌，年销售达100多吨。调研中，他坦言"品牌大大提升了农产品的附加值"。句容的卢涛注册的"马里村夫"商标，为他的农产品销售擦亮了绿色健康的招牌。

四是经营业态新。"新农人"紧紧跟随农业商业化趋势，大力拓展事业版图。农业农村部数据显示，80%以上的新农人创办的都是农业产业融合类项目。一方面，"新农人"着力依靠消费升级、技术进步，在农业生产环节塑造新兴业态，如发展以林下经济、庭院经济为代表的循环农业，以规模种养业为代表的设施农业。另一方面，"新农人"善于发挥第一产业与其他产业的"乘数效应"，实现农业全产业链发展。他们大力发展农产品加工业，延长产业链，提高农产品的附加值，发展农业生产型服务业，推动休闲农庄、乡土观光、科普教育、康养旅游等新型商业模式，收获更多二三产业增值收益。

丹阳"新农人"池润昊在传统火龙果采摘业态基础上，开发出火龙果月饼、糕点、果干等深加工产品，每年取得的经济效益超过200万元。扬中吴昊的南湖农场主打乡村休闲游，农场的草莓、西瓜、火龙果不用上市销售，在地里就被游客采摘一空，一年接待游客 10 万人次，成为知名网红打卡点。句容的严伟不仅是承包了 900 亩土地的种田大户，还是农机服务大户，大马力拖拉机、高速插秧机、全喂入和半喂入收割机及其配套农机一应俱全，每年仅农机作业机插秧"一条龙服务"的订单就稳定在 400 亩左右，机耕、机收服务订单在 1000 亩上下，年利润额达 100 万元。

五是组织方式新。与传统农民"单打独斗"相比，"新农人"更具团队意识。在生产方面，他们通常选择法人化经营，多注册家庭农场、合作社、公司等法人组织。在组织方面，"新农人"有超强的身份自觉意识，喜欢分享和交流，擅长抱团取暖，经常共同面对困局、解决问题。

镇江各地的"新农人"联合会、农人会等组织逐步开始建立。句容"新农人"华梦丽就自发组织成立了助农服务队。她拥有 10 余项农技专利，其中示范推广的草莓脱毒种苗质量优、社会评价高，已成为全国脱毒草莓种苗企业的一张名片。华梦丽团队不仅在"新农人"群体内分享技术成果，还将技术带到全国 16 省 57 地，积极为农民提供技术指导与跟踪服务，先后免费技术性扶持农户 700 余户，辐射面积达到了 4.2 万亩，累计为村民增收 1400 万余元，带动农产品销售 273 万斤，仅 2021 年就实现人均增收 3.2 万元。

六是示范带动新。"相较于父辈，我更加年轻。愿意带着大家一起闯，一起干。"在调查中我们经常听到"新农人"说起这句话。"新农人"有"农业情结""乡土情怀"，是新时代发展中国式现代农业的先行者和探路人，更是发动者和领路人。他们注重创新，喜欢示范应用新技术、新品种、新模式，给广大农民带来新思维、新理念、新方法、新技术、新载体、新出路，极大促进了"三农"发展和共同富裕。

丹阳"新农人"汤磊不仅在自己的农场实现了从机械化向数字化的转型，还带动了周边 76 户农户累计增收 156 万元。丹徒的王陈斌把多年从实践中摸索出来的大豆种植技术传授给周边农户和种植大户，辐射带动世业洲 1000 余亩种植面积，为近 20 户种植大户和散户每年带来 20 余万斤增产、70 余万元增收。作为一名退伍军人，王陈斌还积极带动 30 多名退役军人投身农业事业，实现年收入人均 15 万元的佳绩。

综上，基于"六新"特征，我们认为"新农人"是指秉持现代农业理念，充满现代农业理想，能够充分利用组织创新、技术创新、业态创新和思维创新从事农业生产、加工、销售、服务等全链条经济活动，并以此作为主要收入来源的现代农业经营者和乡村致富带头人。"新农人"是高素质农民群体的2.0版本，是中国式农业现代化的先行者和领路人，是新时代农民群体的进化方向和发展趋势。

三、"新农人"群体的分型

"新农人"是乡村振兴的重要力量，同时也是亟需有关部门重点关注、鼓励和支持的关键从农群体。"新农人"来源广泛，背景多元，科学分型有助于支持政策的研究制定。结合相关研究与镇江市实际，我们提出三种分型标准。

（一）根据身份来源

1. 本土农民创业型。即一直没有离开农村的新型农民，与传统农民相比，他们具有一定的教育水平和现代农业生产经营销售理念，熟悉互联网。

2. 大学生返乡创业型。即具有新知识、掌握新技能和怀揣新理念的年轻一代新型农民，他们年轻有活力、文化水平高、学习能力强、接受新技术快，是推动农业生产从"靠人力"转向"靠算力"，从"体力活"转向"技术活"的主要推手。

3. 外出务工人员、退役人员返乡创业型。即具有在城市务工、从军、生活等经历，从城市返回农村的农民，具有一定的专业技能，能够从现代城市的视角观察、发现、改变农村的新型农民。

4. 跨界创业型。他们之中有工商界的佼佼者、城市白领和富有情怀者、产业链上下游的企业家、互联网精英等，具有丰富的知识、现代的思维，具有农业行业外的成熟经验，善于把其他行业积累的资源和方法运用于农业实践中，为农业转型升级、提质创新提供有益经验。

（二）根据职业定位

1. 生产经营型。指以家庭生产经营为基本单元，充分依靠农村社会化服务，开展规模化、集约化、专业化和组织化生产的新型生产经营主体。主要包括"农民合作社""家庭农场""专业大户""农业产业化龙头企业"等新型农业经营主体的领办人。

2. 技术服务型。即在农民专业合作社等农业经济合作组织当中，或以个体形式，提供农业托管、设备作业、技术支持、产品加工与销售等管理服务的人员。主要包括农业技术人才、农业职业经理人、农机手等。随着农业新业态的不断涌现，智能种养、无人机植保等新型社会化服务受到越来越多"新农人"的重视，智能机械操作员、专业植保飞手等成为"新农人"中的"香饽饽"。

3. 网络推手型。主要指依托抖音、快手等平台，应用智能终端和互联网技术，以乡村社会为实践场域，围绕"三农"主题进行短视频内容生产和直播带货，并以此展示传播乡村生活和乡土文化的群体。包括带货主播、网红博主、"三农"知识传播者和其他带领乡村发展的新乡贤。

（三）根据发展阶段

可以根据实际情况，建立"新农人"发展评价指标，再依据指标将"新农人"划分为初级"新农人"、中级"新农人"和高级"新农人"。相关指标可包括：

1. 创新指标。主要体现科技创新、人才创新、品牌创新、业态创新情况，包括：拥有国家专利数量、注册商标数量、高级专业技术人员数量、大专以上学历工作人员占比、自建电商平台数量、电商平台销售的主营产品数量。

2. 协调指标。主要体现产业融合、要素协调情况，包括：精深加工的自产农产品比重、涉农产业营业总收入、长期雇用工作人员数量。

3. 绿色指标。主要体现产品绿色指数、生产体系可持续发展情况，包括：企业标准数量、绿色产品数量、有机产品数量、地标产品数量。

4. 共享指标。集中体现带动小农户增产增收情况，包括：带动小农户进入涉农产业链条的数量、带动的共同富裕户数量、带动的共同富裕人口总量。

四、促进镇江"新农人"发展的对策建议

通过调研，我们发现镇江"新农人"群体发展具有较好基础，但同时也存在一些难题，比如受就业偏好影响，群体增长较慢（到农村创业就业年轻人较少，"新农人"群体在实际农业从业人口中占比不高）；对农业农村情况不熟，"水土不服"（65%的"新农人"创业之前没有农业从业经历，不了解农业生产知识）；土地资金等资源有限，发展后劲不足（80%的"新农人"反映发展新业态需要的设施农用地等要素资源难以解决，发展非粮

类的高效农业产业空间受限）；基础设施薄弱，生产生活成本较高（农村道路等设施不完善影响创业成效，教育卫生文化等公共服务落后，影响"新农人"子女就读和生活）；支持政策供需错位，边际效益不高（很多"新农人"反映，面对"新农人"的实际需求，目前的农业支持政策针对性、集成性较弱，尤其缺乏扶新扶弱政策，创新创业难度大）。

有鉴于此，为了促进壮大镇江市"新农人"群体发展，特提出以下对策建议：

（一）建立"新农人"数据库，摸准"新农人"群体的需求脉搏

摸清了解"新农人"群体是培育壮大"新农人"工作的基础。一方面加强选拔培养，建立市级"新农人"数据库。按照新农人的内涵特征和标准，健全选拔培养机制，建议参照技术人才选拔培养模式，分层、分批、分类进行培养；组织开展"新农人"评选，把达到"新农人"标准的纳入"新农人"数据库，构建常态化信息采集及反馈机制，动态掌握群体发展情况，给予精准政策支持，同时对"新农人"实行动态管理。另一方面重点聚焦"潜力人群"，做好服务引导工作。目前我市"新农人"主要脱胎于返乡下乡大学生、城市能人、退伍军人、在乡创业乡贤，以及家庭农场、农民合作社、农业企业新型经营主体带头人，基层工作要特别关注此类农业从业群体，及时雪中送炭、排忧解难，积极促进"潜力股"成长为"绩优股"。

（二）着眼人才全周期，实现"新农人"可持续发展

1. 实施"新农人"培养计划。将"新农人"纳入"金山英才"培养计划，出台"新农人"专门扶持政策，在财政税费优惠、创业补贴、用地用电用水、配套设施建设补助、注册登记等方面给予政策倾斜，在子女教育、医疗保障、养老保障等方面也要制定相应优惠政策，解决"新农人"后顾之忧。加强"新农人"能力提升，建立分层分类培训机制，开设国外学习交流、"头雁工程"等不同层次培训，提高"新农人"现代农业生产经营水平。强化产教融合，加强与涉农院校、驻镇高校合作，开展地方"三农"研究，结合镇江乡村产业特点，为"新农人"开设专业培训、继续教育等多样化课程。

2. 实施"新农人"孵化计划。一是搭建校地交流平台。建立驻镇涉农高校和农业经营主体及"新农人"双向交流沟通机制，让"新农人"进入

大学课堂分享创业经验，让大学生进入"新农人"企业实践实习、示范运用新技术新装备等，了解农业广阔发展空间，引导更多大学生到镇江市从农创业，扩大"新农人"增量。二是联合驻镇涉农高校试点"新农人学校"。为有志成为"新农人"的大学生和社会青年提供智能农机操作技术、种植技术、养殖技术、智慧农场管理技术、市场营销等长短期培训课程并颁发专业资格证书，资格证书在创业时可获得减税补贴。三是专项做好"农二代"接班计划。"农二代"是镇江市"新农人"的最主要来源，家庭农场是镇江市"新农人"的最主要载体，要做好教育引导和技能培训工作，鼓励二代肯接班，帮助二代接好班。

3. 实施"新农人"育苗计划。利用"新农人"资源建立中小学农业教育实践基地，鼓励镇江市中小学开设农业类实践课程，激发培育青少年对农业的兴趣，为未来从事现代农业、稳定和壮大农业人才队伍、推进乡村振兴高质量发展储备人才。

（三）聚焦关键资源，破解要素供给瓶颈

1. 多管齐下，满足"新农人"用地需求。要加强载体建设，帮助"新农人"项目进入各类农业产业园区、农业现代化示范区、特色产业集群和特色小镇，优先保障"新农人"发展用地需求；充分盘活荒滩、荒地、抛荒田等闲置资源，缓解用地指标困难问题，为"新农人"发展高效农业腾出空间；有效落实新增建设用地计划支持农村一二三产融合发展项目政策，支持"新农人"发展农副产品加工、休闲农业、农村电商等符合规定的产业融合项目。

2. 多措并举，破解"新农人"融资难题。一方面要用好"苏农贷"、"镇农贷"、"三农"助力贷等财政金融工具，进一步探索面向"新农人"的创业贴息贷款产品。另一方面要引导金融机构对"新农人"提供低门槛、低成本的信用贷款，拓宽抵质押物范围，加大贷款授信额度；根据农业产业特点可出台一些特色保险项目，提高"新农人"抗风险能力。同时要在项目上加大财政扶持力度。

（四）立足服务保障，提升公共产品供给

1. 加强信息服务供给。"新农人"对农业科技信息、产业信息、市场信息、政策信息关注度高、需求量大，要用好镇江市农业农村信息化综合服务等各类信息平台，开辟专供"新农人"信息发布版块，畅通"新农人"

上下交流渠道，做到精准对接、精准服务。支持鼓励各地建立新农人发展联盟等交流平台，实现资源共享、相互促进、共同发展。

2. 加强专家技术供给。江苏大学农机专业全国知名，江苏农林职业技术学院是全省唯一的农业类国家示范性高职院校，镇江市农业科学院更是常年扎根一线、服务基层、薪火相传。要组织好这些优势资源与"新农人"的对接服务，开展校企合作，建立供需交流通道，鼓励高校、科研机构专家深入"新农人"基地挂钩指导，带技术、带服务下乡，帮助"新农人"做大做强产业。

3. 加强行政服务供给。联合"镇合意"开发"新农人"综合服务应用模块，在行政服务中心设立专门的"新农人"创业审批窗口，为返乡创业人员提供高效便捷的贷款、贴息、税收等一体化服务，精简办事流程、提高办事效率。

4. 加强政治关爱供给。在各级劳模、"五一"奖章获得者、"两代表一委员"等评选中，"新农人"要占有一定比例。鼓励各级开展十佳"新农人"评选，加大优秀"新农人"典型推介力度，提高"新农人"职业荣誉感，引导更多的农业从业者成为新时代"新农人"。

课题组成员：朱定明、蒋　勇、孙文平、张海斌、刘常珍、于　江、
戴　惠、李秋阳、高　亮、强可鉴、石兴露

"双碳"背景下镇江高质量发展研究

| 中共镇江市委党校、镇江市社科联联合课题组 |

党的二十大报告指出，高质量发展是全面建设社会主义现代化国家的首要任务，同时指出，实现碳达峰碳中和是一场广泛而深刻的经济社会系统性变革。实现"双碳"目标既会对高质量发展产生大量"助推"效应，也可能会给发展安全带来一定的风险挑战。镇江作为国家低碳试点城市，应科学谋划、统筹安排，以"双碳"目标为抓手助推镇江高质量发展，在高质量发展中确保如期实现"双碳"目标。课题组认为，要辩证把握"双碳"工作与高质量发展中的"量"和"质"的关系，从发展质量、能耗总量、绿色体量、生态分量、排放数量、技术含量、碳汇增量、社会力量这八个方面入手，更好统筹质的有效提升和量的合理增长，探索实现"双碳"目标和高质量发展的双赢路径。

一、"双碳"背景下镇江高质量发展的基础条件

（一）"绿色低碳"城市名片更加亮丽

自成为国家低碳试点城市以来，镇江积极探寻绿色转型之道、减污降碳之策，低碳城市建设取得明显成效。一是低碳管理体系更加完善。镇江以低碳城市建设为目标，完善城市碳排放管理云平台，健全碳排放管控体系。二是节能减排力度不断加大。"十三五"期间能源消费总量年均增速下降1.3%，支撑了年均6.8%的经济增长速度。全市单位地区生产总值二氧化碳排放累计下降21.7%，超额完成省级目标。三是能源消费结构持续优化。"十三五"期间，全市煤炭消费总量比2015年累计下降0.6%，煤炭消费总量由升转降；天然气、成品油消费总量分别比2015年增长62.9%和21.6%。

（二）高质量发展态势稳步向好

未来要锚定"双碳"目标任务，推动绿色低碳循环发展，稳步向高质量发展迈进。一是推进产业升级转型。以"四群八链"为突破口，大力发展战略性新兴产业，推进传统产业绿色低碳转型。高端装备制造、新材料

两大主导产业销售收入占规模工业销售比重提高到 38.6%。二是构建绿色低碳生产体系。以发展提质增效为目标，优化产业空间布局，大力支持战略载体规划建设；推进开发园区整合提升，落实"亩均论英雄"和企业碳排放绩效评价；持续开展绿色工厂、绿色园区、绿色供应链建设。三是打造良好的发展环境。以美丽宜居城市和特色田园乡村为引领，开展绿色建筑行动，加强美丽乡村建设，强化生活垃圾处置，不断提升城乡发展品质。

二、"双碳"背景下镇江高质量发展的现实挑战

现阶段既是低碳转型的蓄力期，也是经济转型和发展的爬坡期，要在"双碳"达标的同时促进镇江高质量发展还面临着诸多挑战。据初步测算，镇江市碳排放主要来源为能源活动和工业生产，占到全市的 97%，是实施减碳的重点领域。

（一）工业结构以高耗能重化行业为主，产业结构有待升级

从产业结构看，以重工业为主的高耗能行业是全市的碳排放大户。课题组选取 2020 年工业总产值前 25 位的行业为研究对象，借用四象限法进行分析，得出工业总产值、碳排放双高的行业有 5 个，分别为化学原料及化学制品制造业（12.49%，最高）、非金属矿物制品业、黑色金属冶炼及压延加工业、有色金属冶炼及压延加工业、金属制品业。这五大行业工业总产值占比 38%，能源消费碳排放比重为 15.8%。"双高"行业作为镇江地方经济的支柱行业，一头连着经济发展，一头连着减污降碳。如何处理好工业发展、产业调整和降低碳排放之间的矛盾，是实现高质量发展的重点领域、关键环节。

从经济增长与能源消费的关系看，两者"深度捆绑"。镇江以年均 3.97% 的能源消费增速支撑了年均 8.11% 的经济增长，经济增长与能源消费量依然还未脱钩。今后相当长一段时期内，镇江发展重点仍然是工业，对资源、能源的刚性需求仍然较为强烈。

（二）能源消费结构以煤炭为主，能源效率有待改善

从能源消费结构看，作为"火电大市"，镇江的电力、热力生产和供应业主要能源消耗以原煤为主，火力发电耗煤每年达到 1673 万吨。"十三五"期间，镇江市规模以上工业企业原煤消费占能源消费总量的 72% 以上。全

市煤炭消费占一次能源消费比重超过70%，远高于57%的国家水平。非化石能源占能源消费总量的比重仅为5%左右，远低于15%的国家水平。同时，全市可开发利用的新能源有限，可再生能源禀赋欠佳、体量不足且装机占比低，煤电装机占比超过75%。

从能耗强度看，2020年，镇江市单位地区生产总值能耗强度约为0.478万吨标准煤/亿元，明显高于江苏省单位地区生产总值能耗0.318万吨标准煤/亿元，在苏南五市中能耗强度排列第一位。单位地区生产总值能耗强度高与产业发展层次低下、能源消费结构不合理、技术装备水平落后和能源资源利用效率不高有关，是制约经济发展质量提升的主要因素。

（三）交通运输结构不均衡，低碳出行有待优化

综合交通优势未能充分转化。一方面，各交通运输子系统之间的衔接和转换功能尚待提高，港口、公路、铁路等高等级基础设施集而不和，一定程度上制约了综合通达效率和碳排放总量控制。另一方面，综合交通基础设施布局和结构仍不均衡，城市客运系统未能随城市"一体、两翼、三带、多片区"发展布局及时调整，与产业带布局不匹配，滞后于交通需求。

绿色出行的分担率不高，水运、铁路等绿色低碳运输方式比重较低。随着南京都市圈、城市群的逐步形成，出行范围半径大幅增长，对SUV等大排量汽车的需求进一步提高。特别是经过新冠疫情，公共交通出行吸引力下降，小汽车客运出行依赖强劲，这都对安全、点对点、智能化的交通运输供给提出了新的要求，从而导致单位运输周转量的二氧化碳排放强度下降面临瓶颈。

（四）低碳农业发展水平不高，碳汇潜力有待挖掘

目前，随着农业机械化的发展，镇江农业碳排放主要来源于种植业、养殖业、能源消耗。2011—2021年，镇江农用化肥施用量逐年下降，但依然存在化肥品种相对单一、氮肥磷肥不合理使用、中微量元素缺乏、有机肥资源还田率偏低等问题，农药化肥减量增效有待深入。农机总动力总体呈上升趋势，现存的农机排放量都比较大，耗油量多，低消耗、低排放农机的开发和研制还在探索中，很多高排放的报废农机依然在投入使用。

农业是既能减碳又能增汇的特殊产业，但是农业的固碳能力没有得到充分挖掘，农业农村废弃物资源化利用率，发展生物质能等清洁能源的开发能力较低，有机无机肥配施、绿肥种植、人工草地、草畜平衡等农田土

壤固碳理念尚未全面推广。

三、"双碳"背景下推动镇江高质量发展的对策和建议

(一) 坚持科学谋划，明确发展质量

加强绿色低碳高质量发展的政策设计与制度安排，是推动经济社会全面绿色低碳转型的重要保障。一要强化规划的引领。建议编制《"双碳"目标下镇江低碳高质量发展专项规划》，以宏观总量清晰化、微观数据定量化、计量标准准确化为目标，规范高质量发展评判标准，统筹谋划经济发展、产业结构、能源结构、碳排放总量和强度、空间布局、绿色交通、绿色建筑、绿色社区等主要目标，引导城市产业结构、生产方式、生活方式、空间格局等向绿色化低碳化发展。二要强化力量的整合。把碳达峰、碳中和与生态文明建设的体系布局、层次布局、空间布局、任务布局、阶段布局等全面对接，推动形成不同领域、行业、部门、层级、地区等主体一体推进、协同实施的行动体系。将碳达峰、碳中和目标要求全面融入全市经济社会发展中长期规划，强化市级发展规划、国土空间规划、专项规划、区域规划的支撑保障和相互衔接，确保各地区、各领域在落实全市碳达峰、碳中和主要目标、发展方向、重大政策、重大工程等方面协调统一。三要强化责任的落实。建议将"双碳"工作纳入镇江经济社会发展综合评价体系，作为党政领导班子和领导干部评价的重要内容。建立碳达峰、碳中和任务分解落实机制，把重点指标和工作纳入生态文明建设考核。

(二) 改善能源结构，控制能耗总量

调整能源结构、提升能源利用效率，是实现"双碳"目标的关键性举措。一是让现有的能源更清洁。统筹煤电发展和保供调峰，严控煤电装机规模，加快煤电机组改造升级，实施煤电机组节能降碳改造、灵活性改造和供热改造"三改联动"，促进煤炭全过程全要素清洁低碳利用。二是让清洁的能源可再生。坚持集中式和分散式并重，创新"光伏+"模式，有序开展全市域屋顶分布式光伏发电、废弃矿山及渔光互补等地面光伏电站建设，多形式促进光伏系统应用。持续提升可再生能源装机容量、天然气消费等清洁能源使用量。三是让能源的消耗更可控。将能源消费总量和强度控制目标分解至各辖市、区政府和重点耗能企业，大力推动能耗"双控"行动。对重点行业、企业进行节能降耗的深度挖掘，严格控制化工、燃煤电力、

建材等高碳行业产能增长。从工业、建筑、交通等领域入手，大力发展节能环保、绿色低碳新产业、新业态、新模式，减少全社会能源消耗总量，提高能源利用效率。

（三）优化产业结构，扩大绿色体量

积极推动产业绿色低碳发展对实现"双碳"目标意义重大。一是发展绿色产业。镇江要紧紧抓住低碳投资风口，学习常州"率先布局动力电池产业"经验，聚焦镇江"四群八链"产业布局，推动绿色低碳产业与人工智能、区块链、5G 通信、工业物联网等战略性新兴技术融合发展，抢占"双碳"产业新赛道。把数字经济作为转型发展的关键增量，发挥微软、华为、阿里巴巴等头部企业的引领作用，支持大禹山数字文创区、官塘创新社区建设，围绕云计算和大数据、人工智能、区块链、智能网联汽车、数字电竞等前沿领域加快布局，形成一批具有区域竞争力的数字产业集群。二是推进绿色转型。加快运用低碳技术对传统产业进行低碳化改造，采用节能环保材料，强化工业生产流程的节能减排，促进数字化—智能化升级，做大绿色产业发展体量。实施"腾笼换鸟""凤凰涅槃"攻坚行动，动态推进落后产能退出。三是强化绿色服务。完善重点行业绿色制造与服务平台和标准体系，开发生产数据与数据库公共服务平台对接的软件系统，为绿色认证和评价提供数据支持。创新绿色金融产品，如建立绿色低碳产业基金、发行绿色债券、绿色保险，推出"环保贷"产品激励金融资本支持绿色低碳企业发展。具体来看，2021 年苏州高新区签约设立了目标规模 10 亿元的绿色低碳产业基金，有力支持了绿色低碳产业的发展。

（四）加快城市更新，提高生态分量

城市建设是事关低碳发展最直接的环节，要改变城市建设运营模式，推进城市绿色低碳发展和绿色有机更新。一是构建生态优先的城市格局。在城市更新项目中增加公共绿地、开放空间，建设随处可达的绿色空间。注重混合高效的空间布局，通过疏密有致、功能混合的布局形态有效降低城市的碳排放。坚持低影响的更新建设模式，延续城市整体的风貌特色，开展调查评估，明确保留保护的建筑清单。采用绣花功夫的"微更新"，加强城市局部生态修复，留白增绿，提升空间品质。二是提倡绿色低碳的建筑理念。新建建筑要普遍达到基本级绿色建筑要求，鼓励发展星级绿色建筑。加快推行绿色建筑和建筑节能标准，加强设计、施工和运行管理。推

进老旧小区节能改造和功能提升，大力推广应用绿色建材，推行装配式钢结构等新型建造方式。全面推广太阳能光伏建筑，提高建筑可再生能源利用比例，市政府自身建筑要率先进行能源系统的节能改良。三是打造智慧绿色的低碳城市。建设基于监测数据、精细化、专业化的智慧城市基础设施，精准地采集排放数据，实现排放数据的多元化、可视化，从而指导政策制定、场景打造等。

（五）完善交通体系，控制排放数量

将绿色低碳理念贯穿于交通建设全过程，是服务"双碳"目标的必然要求。一是提高城市空间布局紧凑度。加快各交通运输子系统之间的衔接和转换，优化城市、农村交通布局，提高综合通达效率。完善"小街区，密路网"的路网模式，优化街区各类基础、公共服务设施布局，打造"15分钟生活圈"的低碳生活模式，减少不必要的机动化出行需求。二是鼓励"公交+慢行"的绿色出行方式。借鉴北京经验与实践，依托 MaaS（Mobility as a Service，出行即服务）平台开展绿色出行碳普惠激励，引导全社会主动践行绿色出行。探索建立个人交通碳账户，将交通政策措施与碳排放相挂钩，研究探索路权碳预约、高速公路碳优惠、大型活动门票与绿色出行联动优惠等创新政策。优化传统道路的非机动化设计（如自行车道），提高城市主要交通干道的非机动车出行和步行的便捷性与安全性，在重点交通站点设置自行车停车场，优化"最后一公里"交通并提高低碳出行比例。三是推广新能源和清洁能源交通装备。逐步实现全市公交、出租、公务、环卫等车辆新能源化全覆盖，提升社会车辆、城市配送车辆、工程车辆新能源化比例，推进老旧柴油货车及运输船舶更新淘汰。以渣土运输、邮政、环卫等典型应用场景为驱动，实现新能源货车的规模化应用。

（六）加快科技创新，注入技术含量

科技创新是"双碳"达标和实现高质量发展的重要动力。镇江要紧跟科技发展前沿，加快科技创新，抢占技术先机。一是加快"双碳"技术研发。加快智能电网、储能、动力电池技术研发，提升电气化水平。加快深度脱碳技术的研发与示范，降低能源消费对化石能源的过度依赖。加快工业、能源、交通、建筑等领域节能降耗、零碳技术、负碳技术的研发、示范和应用，提高能效，减少污染。二是利用低碳大会平台。加强与国内国家重点实验室及国外技术合作与研发，使大会成为创新资源的"集聚地"、项目落地的"推进器"、成果交流的"会客厅"。三是集聚绿色低碳人才。坚持战略思维，采用借脑+引智、培养+储备、项目引才等策略，打造高端绿色技能人才集聚地，为城市科技创新注入"绿色基因"。比如，根据绿色岗位的现实需求，企业与学校联合开设绿色低碳领域的前瞻性专业和课程，并为此开辟新的绿色职业，实现理论学习与技术应用的有效衔接。同时，为企业开设高端绿色技能专题培训班，打通"产教用"三维通道，增强城市高质量发展的竞争力。

（七）强化生态保护，扩大碳汇增量

加强生态系统保护与环境修复，充分发挥自然生态系统吸碳固碳作用，为实现"双碳"达标筑牢绿色基底。一是大力增加生态碳汇。在保护好现有林木资源的基础上，广泛开展国土绿化行动，持续增加森林面积和蓄积量，不断增加碳汇数量，扩大碳汇储备。同时优化植物群落结构，提倡草、灌、乔相结合，提高植林率，构建以乔木为主的立体植物群落结构，提高单位绿化面积的碳汇能力。二是充分挖掘农业农村减排固碳的潜力。以实施减污降碳、提升碳汇能力双向行动为抓手，提高农业综合生产能力，提升农业农村生产生活用能效率，积极发展农村可再生能源，减少污染物排放。实施乡村产业增绿行动，积极开发观光农业、绿色康养、生态教育等服务，发展生态循环固碳项目，提高农民绿色生态化收入。三是探索生态产品价值实现机制。例如，浙江省丽水市在全国率先探索生态产品价值实现机制，带来了经济和生态双赢效益。建议以世业洲作为试点，把世业洲打造成碳达峰、碳中和的试验区、先行区，探索生态产品价值实现机制，为全市实现"双碳"达标创新发展路径。

（八）动员全民参与，整合社会力量

全民广泛参与是"双碳"达标的持久动力。一是加强生态文明的宣传教育。在社会层面加强绿色低碳理念的宣传力度，普及碳达峰、碳中和基础知识，并将生态文明教育纳入国民教育体系，努力营造崇尚环保、践行绿色低碳的良好氛围。结合全国节能宣传周、全国低碳日等，组织市民参加"双碳"科普活动，推广节能、节水、低碳生活小窍门，使市民形成绿色低碳生活好风尚。二是扩大绿色低碳产品供给。大力推广绿色产品认证，探索建立绿色产品销售、采购激励措施和碳标签制度，积极引导企业、居民购买使用绿色低碳产品。实施大型赛事、活动、会议碳中和行动。北京

在"十四五"规划中提出"低碳领跑者"计划。计划搭建碳普惠平台，个人绿色出行、家庭节约用水用电、利用新能源、参与植树造林等绿色减碳行为通过碳普惠平台登记，折算为碳减排量，形成碳减排积分，可以兑换成地铁票优惠券、电影票兑换券、节能商品购物券等，让群众因为参与减排行动而受到更大的益处，享受减排带来的满足感和"实惠性"。三是加强低碳场景应用。通过零碳工厂、零碳园区等示范性建设，开展各领域零碳试点和行动。有序推进低碳园区、低碳学校、低碳社区、低碳景区建设，打造标准示范化项目，形成更多全民共享"碳时尚"应用场景，以点带面、示范引领，动员社会各界履行节能降碳责任。

课题组成员：孙文平、于　伟、杨　猛、薛玉刚、孙忠英、
戴　惠、李秋阳、王　甜、杨艳艳

在高质量发展中打造镇江区域共同富裕先行区

——对扬中市共同富裕建设的路径研究

| 中共镇江市委党校、中共扬中市委党校联合课题组 |

习近平总书记在党的二十大报告中指出："从现在起，中国共产党的中心任务就是团结带领全国各族人民全面建成社会主义现代化强国、实现第二个百年奋斗目标，以中国式现代化全面推进中华民族伟大复兴。"中国式现代化的本质要求包含实现全体人民共同富裕。因此，社会主义现代化与共同富裕具有紧密的内在关联，可以说是一体两面的关系。现在已经到了扎实推动共同富裕的历史阶段。县域是我国政治经济社会目标的基本执行单元，没有县域的共同富裕，就没有全国的共同富裕。扬中在 2020 年全国百强县排名 67 位，有能力也有责任在共同富裕建设过程中，率先探索做得更好更快的方法，创造实践经验，成为全省乃至全国推进共同富裕建设的县域范例。

一、科学界定：深刻理解"共同富裕"的县域内涵

共同富裕作为社会主义本质特征，在几代中国共产党人的共同努力下，逐步从理想走进现实。新时代的共同富裕具有鲜明的中国特色。

（一）以县域为基本单位扎实推进共同富裕建设

县城是我国行政区划的一个基本单元，截至 2020 年年底，我国县级行政区 2844 个，县域面积占全国面积约 93%，县域人口占全国人口约 74%，县域 GDP 占全国 GDP 约 53%。县城处在城市和乡村的过渡地带，是极其关键的纽带。在共同富裕建设当中，城乡发展不平衡、乡村发展不充分是最需要聚焦的实践课题，也是最艰巨繁重的任务；同时，越来越多的人认识到，以往就乡村谈乡村振兴，就农村谈"三农"问题的路径存在天然的局限性，而在县域范围系统性地谋划问题可能会取得突破性进展，县城应该是"实现共同富裕伟大任务最集中的战场"。2022 年 5 月中共中央办公厅、国务院办公厅印发了《关于推进以县城为重要载体的城镇化建设的意见》，

正是从这样一个思路出发，为新阶段的建设提供了新的发力方向。

（二）以生产力发展升级为前提奠定共同富裕的物质基础

在马克思主义看来，富裕是富足充裕，描述的是社会成员对社会财富的占有程度，是社会生产力高度发展的集中体现。马克思在描述社会主义和共产主义的时候说，到那时"社会生产力的发展将如此迅速……生产将以所有人的富裕为目的"；邓小平同志 1992 年在南方讲话中系统概括社会主义本质时也说，"社会主义的本质，是解放生产力，发展生产力，消灭剥削，消除两极分化，最终达到共同富裕"。同时，习近平总书记指出，"我们所说的共同富裕是全体人民共同富裕，是人民群众物质生活和精神生活都富裕"。因此，"富裕"对生产力的发展提出了要求。只有促进生产力的发展升级，才能奠定共同富裕的物质基础。

（三）以造福于民为目的体现共同富裕的根本要求

中央推进共同富裕的总体思路是"坚持以人民为中心的发展思想，在高质量发展中促进共同富裕，正确处理效率与公平的关系，构建初次分配、再分配、三次分配协调配套的基础性制度安排，加大税收、社保、转移支付等调节力度并提高精准性，扩大中等收入群体比重，增加低收入群体收入，合理调节高收入，取缔非法收入，形成中间大、两头小的橄榄型分配结构，促进社会公平正义，促进人的全面发展"。只有当发展成果更多更公平地惠及全体人民，共同富裕才有可能从理想走入现实。这就要求公平正义原则在"做大蛋糕"和"分好蛋糕"中发挥根本性作用。只有坚持公平正义原则才能保证全体人民在权利、机会、过程和结果面前拥有同样的可能，才能有效"防止社会阶层固化"。当然，富裕是承认一定差异——或是不同区域的，或是不同人群的，而不是平均的、统一刻度的；富裕是历时性的、发展性的，而不是某一时刻一脚踏入的；富裕是集体出力，人人创造出来的，而不是杀富济贫、混吃搭车而来的；共同富裕最终是全体人民的，而不是少数人、一部分人或者多数人的。

（四）以"量"的指标体系检验共同富裕的实现进程

全体人民共同富裕要取得更为明显的实质性进展，就要在实践层面做出功绩。而要扎扎实实地推动共同富裕建设，就必须直面"量"的问题，包括量的测量范围、量的测量体系、量的测量标尺等。只有解决好这些操作层面的问题，才能真正使共同富裕走进千家万户，成为全体人民可感受、可验证的成果。同时，习近平总书记在中央财经委员会第十次会议上的重要讲话中也明确指出："农村共同富裕工作要抓紧，但不宜像脱贫攻坚那样提出统一的量化指标。"那么，因地制宜地研究好符合自己实际的个性目标就更加成为地方政府亟待解决的问题。地方共同富裕实践里的"量"可以从"总量"和"个量"两个大方面来把握。前者指向社会整体财富情况，而后者则指向公平共享原则下个体富足情况，两者是相互统一、相互促进的。此外，根据各地情况，还可以增设一些交叉性指标，如民营企业指数、集体经济指数等。

二、现实基础：党的十八大以来扬中的积极探索

实现共同富裕是一项长期而又艰巨的任务。当前，镇江发展中仍然存在着不平衡不充分的问题，全市各县（区）推动共同富裕的基础和条件不尽相同。推进镇江区域共同富裕，需要选取部分地区先行先试、作出示范，扬中则具有打造镇江区域共同富裕先行区的条件。回望过去，扬中有良好的实现共同富裕的均衡发展基础；聚焦现实，扬中集中体现了当前镇江经济社会发展的基本情况；展望未来，扬中正在孕育迸发着改革创新的时代精神。

党的十八大以来，扬中市结合自身实际，以新发展理念为指挥棒，不断推进各项民生事业全面发展，在共同富裕方面展开了积极探索，取得了一定的成效。

（一）提升发展动能，做大共同富裕"蛋糕"

扬中市坚持推进产业结构的调整优化，实体经济基本盘不断稳固。2021年，扬中地区生产总值550.77亿元，为扬中实现共同富裕奠定坚实的物质基础。一是产业升级步伐加快。"4+X"的产业体系基本形成，四大主导产业占规模工业比重达75%以上，蜂巢易创汽车核心零部件、美科35GW绿色高效超薄硅片、香江科技数字扬中、福麟智能装备制造等一批重大项目落户实施。二是创新要素加速集聚。先后引进西安交大、华东理工等5家国家技术转移中心，华北电力大学扬中研究生培养基地落户，全市高新技术企业总数达271家，建成省级以上企业研发机构138家，高新技术产业产值占规模以上工业产值比重达72%以上，全社会研发投入占地区生产总值比重达2.86%。三是实体经济不断壮大。牢牢扭住项目"牛鼻子"，鼓励主业

突出、成长性好、带动力强的企业登陆资本市场。实施实体经济"强筋健骨"工程，支持企业通过兼并收购、组建联盟等方式做大做强。

（二）优化分配格局，提升富民增收成效

扬中市坚持以人民为中心，聚焦民生福祉。一是人均收入持续提升。据城乡住户一体化调查，2021年全市全体居民人均可支配收入比上年增长9.3%。其中，城镇居民人均可支配收入增长8.6%，农村居民人均可支配收入增长10.3%。全市全体居民人均生活消费支出上升22%，其中城镇居民人均生活消费支出上升19.8%，农村居民人均生活消费支出上升26.2%。二是就业体系不断完善。扬中积极拓宽市场化、社会化就业渠道，全面落实关于就业创业的各类补贴政策。加大重点群体就业创业支持力度，对残疾人安置建立双选平台，各镇（街、区）组织开展残疾人技能培训班33期，培训残疾人790余名，年均为180多人次残疾人提供就业服务。三是脱贫攻坚高标准推进。近年来，扬中紧扣"脱贫攻坚"这一"重点工程"，成立扶贫工作小组，出台《扬中市精准扶贫政策指南》等文件，全力实施科教扶贫、产业扶贫、项目扶贫、健康扶贫、保障扶贫。2019年年底，建档立卡户1717户3236人和1个经济薄弱村已经全部脱贫，全面消除了年纯收入低于1万元的低收入农户和村集体年经营性收入低于100万元的经济薄弱村，全部实现"两不愁三保障"，提前一年完成了脱贫攻坚目标任务。2021年低收入农户可支配收入16461元，增长13.0%，总量和增速均高于镇江市平均水平。

（三）坚持统筹协调，不断缩小"两大差距"

扬中市坚持在缩小城乡差距和收入分配差距上下功夫。一方面，"城乡融合"高质量发展。自2013年起，市委、市政府开始着手推进城乡一体化。2020年，扬中出台了《关于争创全省城乡融合发展试验区的实施意见（试行）》，城乡一体化发展迈上了新高度、达到了新水平。另一方面，居民收入差距持续缩小。扬中城乡居民收入倍差降至2021年的1.82，低于全国（2.50）、全省（2.16）和全镇江市（1.89）（图1）。

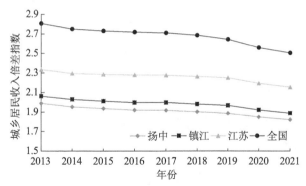

图 1　2013—2021 年各级城乡居民收入倍差

注：数据来自国家统计局、江苏省统计局、镇江市统计局；以农村地区为 1。

（四）完善公共服务，增强共建共享品质

扬中市在基本公共服务标准化的推进方面，成绩显著（图 2）。一是公共文化服务不断推进。截至 2021 年，扬中市相继建成市博物馆、陈履生博物馆群，市文化馆新馆装修工程完工。市图书馆建成国家县级一级馆，有图书 35 万册，人均占有藏书 1.1 册。全市 6 个镇（街、区）文体服务中心已全部建成市图书馆、文化馆分馆。二是文体服务建设不断完善。全市各村（社区）综合文体服务中心均配置了文体活动室和文体广场。全市建成农民体育小公园 46 个、户外健身点 255 个、健身路径 261 个、健身步道 36 千米、室内乒乓室 105 间、篮球场 83 片、健身广场 55 个，村级健身房 79 个，设置晨晚练点 224 个，"10 分钟健身圈"全市覆盖率达 96.3%。三是教育医疗资源优质共享。逐步改善医疗基础设施条件，深入推进"三医联动"改革，加强医疗保障四级网络建设。每千人执业（助理）医师数 2.48 人，每千人执业护士数 2.52 人，每万人全科医生数 6.05 人。城乡社区标准化居家养老服务中心覆盖率分别达 81.5% 和 76%，79 周岁及以上老年人，以及分散供养特困老人全部纳入政府购买居家养老上门服务范围。

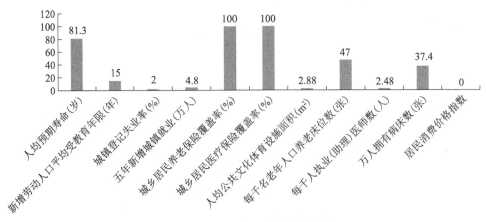

图 2 扬中"十三五"民生指标完成情况

（五）坚持"三治"结合，夯实社会平安基石

扬中市坚持和完善共建共治共享的社会治理制度，积极构建既充满活力又拥有良好秩序的现代化社会。一是提高自治水平。制定出台《关于加强党建引领乡村治理的实施意见》，形成党小组发动、党员带头、居民参与的良好治理局面。按照因地制宜、与时俱进的原则，对村规民约（自治公约）进行了修订完善，提升了居民自我管理与自我服务水平。例如，八桥镇永兴村充分尊重群众的首创精神，在修订完善村规民约过程中总结出"契约式社会治理工作法"。二是加强法治保障。深入开展政法队伍的教育整顿工作，获评全国"七五"普法中期评估先进县（市、区），全社会公众安全感、信访工作绩效等保持全省前列。深入推进网格化社会治理，新坝派出所获评全国首批"枫桥式公安派出所"。三是推进德治建设。积极培育和践行社会主义核心价值观，通过多种渠道，组织基层百姓学习新思想，用新思想解放思想推动发展。在市委宣传部的组织下，扬中举办关于家风建设的各类主题活动，弘扬"新邻里"精神，构建邻里和睦、遵纪守法、生态保护、安全防范、移风易俗、居家养老的社会主义新风尚。

三、制约因素：扬中实现共同富裕的现实难题

"十三五"期间，扬中的主要经济指标保持在合理区间，人均地区生产总值位于全国前列，城乡居民总收入水平及人均可支配收入也逐年增加，富民政策成效显著。但是，对照社会主义共同富裕的目标内涵，结合扬中实际，从城乡居民生活水平、社会保障普惠度、幸福生活指数等3个维度共10项指标评价体系来看（表1），当前扬中实现区域共同富裕仍存在以下制约因素。

表1　十项指标评价体系

城乡居民生活水平指数	人均地区生产总值、城乡居民可支配收入倍差2项指标	反映地区的收入水平和收入差异，衡量地区富裕度、均衡度，体现地区贫富差距、城乡差距
社会保障普惠度指数	城乡居民人均住房面积、基本保险参保率、社会组织每万人拥有数和民生支出占一般公共预算支出比例4项指标	反映地区的住房、养老、医疗和安全保障
城乡居民幸福生活指数	人均民用汽车拥有量、居民教育文化娱乐支出占家庭消费支出比重、人均公园绿地、空气质量面积4项指标	反映地区生活现代化、人居环境等，体现群众获得感和幸福感

（一）经济发展质效仍需提升

一是产业发展水平有待提升。扬中市高新技术产业产值和比重在全省县域层面上名列前茅，但如果将"高新技术产业占比"改为"高技术产业占比"，便低于全省平均水平，三大主导产业仍属于"高端产业、低端环节"。扬中"4+X"产业发展面临着发明专利、PCT专利等高质量自主知识产权培育力度仍然不够的困境，必须下力气解决各类新的技术难题。二是财政收入占比偏低。地区经济实力是推动共同富裕的重要保障，但是扬中市财政收入年均增速明显放缓（图3）。2021年，扬中市地方财政收入占财政总收入比重低于全省和镇江市水平。三是人才要素制约犹存。扬中市现有产业工人人数在10万左右，绝大多数集中在制造业、建筑业和三产服务业，其中非公企业产业工人人数占比达80%，但是劳动力供需结构矛盾依旧突出。扬中长城汽车、通灵电气等企业，一线操作工缺口大，但在人才市场却招不到工人。全市的中等职业技术学校每年有500多名毕业生，其中400多名学生考入高等院校或高等职业技术学校，毕业后大多数到苏州、无锡等经济发达地区工作。

图 3　2001—2021 年扬中市一般公共预算收入增长率情况

（二）收入绝对差距还需缩减

一是镇街区发展差距明显（表 2）。2021 年，新坝镇、油坊镇、八桥镇、西来桥镇地区生产总值分别为 209.28 亿元、50.25 亿元、45.91 亿元和 19.23 亿元。最高的新坝镇和最低的西来桥镇之间差距为 190.05 亿元，说明扬中各个镇街区存在发展的不平衡性。二是城乡收入仍有不小差距。扬中常住人口 34 万，城镇化率 65.23%，人均可支配收入 53719.5 元。其中，城镇居民人均可支配收入 65232.4 元，增长 8.6%，农村居民人均可支配收入 35818.8 元，增长 10.3%。这里面有两个指标值得注意：① 居民收入增长幅度农村比城镇高 1.7%，② 城镇和农村人均可支配收入差距为 29413.6 元。三是中等收入群体扩面面临困难，主要问题有二：① 劳动力人口下降。人口普查数据显示，扬中户籍人口略有下降，年末全市户籍人口 279641 人，比上年减少 1396 人。其中，15～59 岁的劳动力人口占比低于镇江市和全省水平，对中等收入群体扩面带来挑战。② 农民增收手段不足。2020 年农村居民可支配收入中，工资性收入占比为 64.3%，高于全省（60.0%），而财产和经营净收入占比较小。

表 2　2021 年扬中市各镇街区地区生产总值情况

镇街区名称	地区生产总值（亿元）	与新坝镇地区生产总值倍数差
新坝镇	209.28	—
油坊镇	50.25	4.16
八桥镇	45.91	4.55
西来桥镇	19.23	10.88

（三）民生共享机制有待完善

一方面，公共服务项目建设不足。2018 年，对照《江苏省"十三五"时期基层基本公共服务功能配置标准（试行）》，扬中建制村 10 类 22 项服务项目已达标 12 项、未达标 10 项，城市社区 7 类 15 项服务项目已达标 10 项、未达标 5 项，达标率分别为 54.5% 和 66.7%。经过几年的努力，对照《江苏省"十四五"公共服务规划》，2021 年达标率 80% 以上，诸如幼儿园、农村文化礼堂等项目，因涉及全市公共服务总体布局、土地指标及规划调整、大额资金投入等问题尚未达标。另一方面，公共服务水平有待提升。从教育看，虽然扬中义务教育品牌在全市有一定知名度，但职业本科和普通本科院校建设未突破。平均受教育年限不够理想。从医疗看，"十三五"期间扬中市卫生健康支出占财政支出低于镇江市水平，优质医疗资源还不够多。通过抽样调查发现，问题主要集中于医疗检查科目多、收费较高、医疗服务不优。从社保看，由于缴费基数增长，企业普遍反馈社保负担较重。据社保办统计，多数企业社保基数采用省平均工资的 60%（低档），导致职工退休养老金不高。抽样调查中不少居民反馈退休养老金增速跟不上物价涨幅。从养老看，当前，扬中市 60 岁以上老人占比为 25.74%，比 2010 年上升 9.75 个百分点，已迈入老龄化社会，养老需求日益提高。抽样调查中居民反映养老护理员物质保障、社会认同度等方面存在问题。300户抽样调查城乡居民对公共服务问题反馈情况见表 3。

表 3　300 户抽样调查城乡居民对公共服务问题反馈情况

相关领域	提出问题户占比	主要问题及占比情况
教育	37.0%	① 51.3% 的问题集中于课外补习多，补课费用高；② 25.6% 集中于城乡教育资源不公；③ 10.6% 集中于家长任务多，教育方式不优；④ 9.7% 集中于优秀教师缺乏，教育质量不高。
医疗	37.4%	① 33% 的问题集中于医疗检查科目多，收费较高；② 27.5% 集中于就诊排队时间长，医疗服务不优；③ 22.9% 集中于专家少，高级医疗资源缺乏；④ 11.0% 集中于城乡医疗不公；⑤ 5.5% 集中于卫生院药品少，医疗设备等不优。
社保及养老	34.3%	① 53.6% 的问题集中于退休养老金低，养老院少，价格高，养老服务保障不足；② 20.6% 集中于报销比例低等社保政策方面；③ 19.6% 集中于个人社保负担重；④ 6.2% 集中于社保服务不便捷。
交通	21.5%	集中于城乡公交频次不多等影响出行问题。

（四）资源环境约束不断加剧

一是用地供需矛盾较为突出。扬中市建设用地需求不断增长，供给受耕地等多方面影响凸显不足。用地指标、用地规模等与实际用地需求不匹配，乡村振兴需要的人才比较薄弱，此外，市场要素、资金要素等也受到制约。二是土地权属问题影响江滩管理。近年来，扬中市扎实开展非法码头整治等专项行动，工作取得显著成效，但仍存在一些问题，如企业生产经营、码头停靠、江边养殖等问题，特别是一些企业已经得到部分权证，加大了治理难度，影响了部分江滩的生态环境。三是空气治理仍需提升。2021年，环境空气质量总体上看并未达标，与2020年相比，PM2.5浓度下降14.3%，但臭氧浓度上升14.8%。

四、经验借鉴：推进共同富裕的样本参照

在推进共同富裕的实践中，一些先进地区积累了丰富的现实经验。我们需要对标先进县区，从实现"富裕"做大蛋糕与推进"共同"分好蛋糕的角度分析总结先进样本的实践经验，进一步见贤思齐、找准位置、奋勇争先，为扬中探索实现共同富裕的有效途径。

（一）嘉兴海盐：民营助力共同富裕的优秀榜样

经济高质量发展是共同富裕的前提条件。民营企业是经济最活跃的主体。海盐县积极引导民营企业走"专精特新"发展道路，积极培育"隐形冠军"[①]，促进企业转型升级、推动高质量发展，通过对创新型企业的各类扶持，引导企业做核心产品，达到专而精，打造富有特色的品牌，不断提高产品的附加值。据2021年统计，海盐县民营企业在全县规上工业增加值中占比46.96%，县内比重达到76.53%；税收收入的61.45%来自民营企业。其中，国家级专精特新"小巨人"已有7家，数量稳居嘉兴市第一。

海盐市场经济高质量发展的经验如下：一是将民营经济的最大特色和最大优势发扬光大，专门出台了《关于弘扬企业家精神支持企业家干事创业的21条意见》等助力民营企业发展的优惠政策；二是建立隐形冠军、单

[①] 这一概念由德国中小企业管理学家赫尔曼·西蒙创立。"隐形"是指企业本身知名度较低，几乎不为外界所关注；"冠军"则是指企业在某一个细分的市场深耕，在自己的市场领域具有话语权，市场份额占比较高。

项冠军等专项企业培育清单，促进中小企业"专精特新"发展，打响"海盐制造""海盐服务"品牌；三是以打造营商环境最优县为目标，借力"证照分离"改革、"外商投资"改革等，为民营企业发展"解绊松绑"，为市场注入发展活力。

对照海盐大力发展民营经济的经验，扬中市场主体也同样具有浓厚的民营基础。扬中经济脱胎于"苏南模式"的民营企业，随着市场经济的发展，目前面临着制度创新、技术创新问题。受到资源禀赋、区位条件、治理环境等因素的影响，土地资源、外资招引、高端人才等越来越制约着扬中经济转型升级。在寻求突破的过程中，不妨学习借鉴对标城市经验，紧扣推动共同富裕，为扬中市高质量发展提供有益借鉴。

（二）湖州德清：推进精神富裕的创新旗手

共同富裕不光是经济问题，还必须关注人的全面发展。德清的特色是打造人的精神富足，让精神富裕真实可感。德清县发布了全国首个《县域精神富有评价指南》，为德清探索县域精神富裕提供参考。该评价指南从理想信念、道德品行、文化生活、社会风尚4个维度，构建了关于县域精神富有的评价标准，由理论学习与宣传、精神与价值观等14个一级指标和理想信念教育质量等33个二级指标组成，对具体的指标和计算方法等都做出探索。通过测评体系来考核相关部门的工作，激励大家，形成了"人有德行如水至清"城市品牌，提升了群众的满意度。

分析德清在实现精神共同富裕方面的做法，会发现有三大关键因素。一是以科学规划引领精神富裕。德清在全国首创发布县域精神富有实现程度的标准体系，让精神富有发展可以用具体指标来衡量，引导精神富裕工作快速见效。二是项目化、清单化推动工作落实。德清打造"精神富有"的特色，开展了一系列精神文明建设活动，以道德建设为主题，列出考核评价清单，督促相关乡镇街道将精神富有工作落到实处。三是推进细节革命，以微小服务带动社会文明素养的提升。比如启用文明积分制等，对照规定扣减积分，以文化人，以文养人。

与德清相比，扬中在精神富裕方面的努力明显不足。截至目前，扬中没有明确的精神文明建设规划，也没有典型创新精神文明案例，公共文化服务体系不够健全，满足人民群众多样化的精神文化需求能力有待提高。

（三）宁波慈溪：缩小城乡差距的探路先锋

共同富裕是区域、城乡、群体实现协同发展。2021年宁波慈溪入选浙江高质量发展建设共同富裕示范区—缩小城乡收入差距领域试点。慈溪缩小城乡差距的亮点有三。一是全面促进民营经济提质增效。以大企业加小企业形成"块状经济"，在产业链方面形成稳定的三角形结构。二是努力做好三大"文章"，即促进集体资源转化，盘活资产，加强对资金的管理。各村调配优势资源，推动资源要素按市场合理配置进行融合。三是全力构建橄榄型社会结构。突出创新能力的培养，逐步提高中高收入群体占比。同时，关注生活在金字塔底层的人士，精准帮扶后10%低收入群体。

慈溪消除城乡之间发展沟壑的良方亦有三。一是全民创业创新。共同富裕是全体人民的共同富裕，只有人人参与、人人尽力，最终才能形成人人共享的基础。二是以乡村片区组团发展模式助力乡村振兴，打破乡村地域边界，成立片区党委，有效配置"闲置"的乡间资源。三是针对不同收入群体制定精准的帮扶计划。只有精准把脉不同收入群体的差距症结，才能对症下药，进而实现城乡共同富裕。

对照优等生慈溪的优秀作业，扬中具备全民创业创新的社会基础，"四千四万"精神作为高质量发展的内生动力激励一代又一代扬中人不断创造新业绩、攀登新高峰。但是扬中在统筹城乡一体化格局上还没有显现出明晰轮廓，沿江城市群东西向经济地理空间外溢效应也未充分发挥，绿色发展网络辐射效应仍不明显，城乡融合方式有待进一步创新。

回顾中国共产党人对共同富裕理论与实践的探索历程，总结党探索共同富裕之路的宝贵经验，对推进新时代县域共同富裕取得更为明显的实质性进展具有重要启示。

启示一：共同富裕不是同时同步富裕，实现共同富裕要遵循从局部到整体、从量变到质变的渐进涟漪式进程。

启示二：共同富裕是全体人民的富裕，需要每一个人拼搏奋斗，更需要在各条战线、各个行业不断创新升级。

启示三：共同富裕是人民生活的全面富裕，不仅要有物质的富足，更要有精神的丰富、生态的宜居、公共服务的共建共享。

启示四：推进共同富裕要因地制宜，一地一策，不能简单照搬照抄其他地区的做法。唯有精准施策，才能创造共同富裕的地方实绩。

启示五：县域是推进共同富裕的基本执行单元，唯有做实做强县域全面建设，国家共同富裕的战略目标才能实现。

五、对策建议：探索扬中共同富裕的实践路径

（一）加速产业转型升级，夯实共同富裕的经济基础

要加快打造支撑产业竞争力提升的科创载体，吸引高端创新要素，培育产业创新主体，加快建设长三角具有较强竞争力的新兴产业科创城市。

一是大力提升自主创新能力。将推动产业高质量发展作为首位战略，加快壮大主导产业规模，大力发展新兴产业，促进产业发展量质双提升。重点围绕主导产业领域推进"雏鹰计划"，遴选一批掌握核心技术和专利的后备企业进行重点培育。重点培育符合扬中产业政策的优良企业上市。落实支持高新技术企业发展的优惠政策，力争到 2025 年，高新技术企业达450 家，形成 10 家创新型领军企业。

二是构建"产学研"转化机制。强化产学研合作，围绕产业链部署创新链，发挥企业主导作用，引进大院大所建立分支机构和研究中心，推动高端研发机构集聚，着力推进新型研发机构建设，形成"一个重点产业一个大院大所支撑"的创新格局。鼓励企业布局离岸研发基地。比如，大全集团在南京、武汉建立研发机构，与西安交通大学共建电气研究院，运营至今成效显著，并获得多项科技奖。要推动现有 130 多家省级以上研发机构加强内涵建设，形成从国家级到省、市级的梯队。

三是积极融入区域产业合作。立足产业基础及区位优势，加快建设一批先进制造、科技创新、商务服务及现代物流等产业承接平台。积极融入长三角地区先进制造产业链，主动承接优质企业及项目转移，打造长三角地区生产制造协作基地。发挥深水岸线资源优势与临港产业优势，支持把西来桥等南部镇打造成为对接苏锡常的桥头堡，推动汽车零部件、海工装备、新能源及现代物流等临港产业协同发展。参与建设扬中—镇江新区—丹阳滨江"小三角"，积极推动扬中至大港南站快速路、扬中四桥等基础设施建设，加强区域间产业分工协作、交通互联、公共服务衔接，形成产业发展新增长极。

（二）聚焦"绿色生态岛"建设，擦亮共同富裕的生态底色

一是加强长江岸线生态修复。科学划定调整生态红线，开展长江岸线扬中段整治修复，降低岸线港口及临港工业用地的生态影响，提升沿江岸线与腹地的生态连通性。保护修复江滩的湿地生态，探索生态涵养发展。

优化沿江岸线空间格局，根据岸线自然条件、开发现状、环保需要，推进岸线资源规划的"多规合一"。巩固提升滨江绿地公园，规划建设改造一批沿江乡村（社区）休闲健身步道。遵循岸线地貌及自然生态结构，打造滨水自然景观、优化滨江岸线风貌，加强植树绿化，巩固沿江重点区域岸基滩涂，形成沿江生态走廊的全岛通联。

二是发展绿色低碳循环经济。强化产业园区水电气及副产品综合循环利用，打造"零排放"园区，实现产业链全生命周期的资源循环利用。推进节能降耗行动，提升城市石油、天然气及煤炭消费利用效率，提高油气使用的安全管理水平。建设与完善再生资源的回收机制，提高固体废弃物综合利用率，有效开展建筑垃圾、厨余废弃物等循环利用。完善新能源市场参与主体的共赢机制，加快推进岛内能源互联网建设，鼓励新能源需求侧应用，优化全岛"源网荷储"综合能源系统互动调控，保障岛内清洁能源就地消纳。

三是深化生态环境综合治理。彻底消除岛内黑臭水体，坚持"一口一策"原则，做好入长江排污口专项整治工作。提高企业环境准入标准，扎实开展工地扬尘、过境货车、化工行业等领域集中整治，做好两季秸秆禁烧工作，确保PM2.5浓度和污染天数双降低。深化挥发性有机物（Volatile Organic Compounds，VOCs）治理专项行动，开展重点行业空气污染治理。实施净土工程，加强对土壤污染的修复和综合治理，力争到2025年，受污染耕地安全利用率达到90%以上。

（三）持续缩小"三大差距"，打造共同富裕的公平基础

一是健全融合发展机制，推动城乡要素双向流动。推动城市优质资源要素向农村转移，推动以工商企业资本、技术、管理优势提升乡村企业，形成村级发展、企业盈利、群众得惠的共赢格局。建立健全城市各类人才入乡激励政策，实施"定制村干"培育工程，吸引各类人才返乡入乡就业。完善存量建设用地开发激励机制、农村土地征收制度。支持龙头农企与政策性金融机构合作，探索建立特色农业保险制度，促进工商资本有序入乡。

二是突出乡村振兴战略，不断缩小城乡发展差距。在产业发展上要"特"、在乡村环境上要"精"、在公共服务上要"优"。推进种植和养殖结构的调整，优化种植品种，推广生态生产模式，培育壮大刀鱼、河豚等特色水产养殖及绿色果蔬、花卉种植规模，积极发展绿色有机农产品，支持建设雷公岛高效生态农业园区。到2025年，力争新增高标准农田建设面积

1.5 万亩，粮食年产量稳定在 6.5 万吨左右，河豚、刀鱼、江蟹等养殖达一定规模。推动农业与旅游、休闲、养老深度融合，提升完善三江湾乡村旅游集聚区服务功能，支持建设沿江、沿 238 省道农业生态观光旅游"走廊"，打造形成环岛"农林渔+休闲旅游"生态农业带。

三是突出"扩中""提低"改革，探索缩小收入差距。着手研究制定《扬中"扩中""提低"行动方案》，推动以中等收入群体为主体的橄榄型社会结构的形成。这方面可以借鉴浙江省的行动方案，后者涵括了一系列的量化目标。为了完成"扩中""提低"的目标，扬中必须解决在促进就业、拓宽渠道、优化分配、提升能力、减轻负担、重点帮扶、弘扬新风等方面的堵点和痛点。比如，在促进就业方面，加大政策宣传、引导，让更多中低收入群体获得更多就业机会；在重点帮扶方面，发挥第三次分配的积极作用。

（四）完善公共服务体系，筑牢共同富裕的民生基础

一是加快推进"健康扬中"建设。落实《健康中国行动（2019—2030年）》，让"将健康融入所有政策"理念落地见效。深入推进"三医联动"改革，强化医保、医疗、医药制度间政策统筹与配套，建好人民健康共同体。建立健全院前急救体系，强化 120 与 110、119、122 联网联动和院内救治的协同机制。完善医疗协作中心和"名医工作站"建设，提升重点专科和中医特色专科能力，市人民医院建成三级综合医院，逐步提高市域就诊率。加强各类薄弱专科医疗服务建设，支持基层医疗机构拓展业务范围，提升基层首诊率。

二是不断完善社会保障制度。落实国家、省关于企业职工基本养老保险省级统筹政策，提升职工养老保险基金统筹管理水平。建立管用高效的医保支付机制，推行多元复合式医保支付方式，实现基金支出监管事前、事中、事后同步。完善异地就医直接结算，使持卡直接结算率不低于 80%。实行"长三角"统一医保政策，规范"互联网+医疗""云医保"等新服务模式发展，着力提高保障待遇。

三是推进各类教育协调发展。多渠道增加普惠性学前教育资源供给，力争到 2025 年，全市新建及改扩建幼儿园 6~8 所。有序扩大城区学位供给，建成城西小学、城南小学、城西中学。优化城区教育集团布局，持续推进高品质学校集群发展。加快建设高品质示范高中，加强学生发展指导、综合素质评价。深化校企合作、产教融合，加快新时代产业工人培养，构

建和完善现代职业教育体系，建设提升发展职业技术学校。支持和规范民办教育发展，引进优质民办学校教育资源，促进教育事业多元发展。

（五）打造精神文明高地，构建共同富裕的文化根基

一是展现扬中文化的魅力。系统性地做好扬中历史文化遗址、遗迹与非遗的保护和传承，加强英雄烈士纪念设施的建设维保，利用好扬中烈士陵园、渡江文化园、培根师范旧址、雷公岛英舰搁浅地等爱国主义教育遗址。以河豚文化为载体，民俗文化、文学诗篇为传承脉络，打造一系列独具特色的"中国河豚岛"地方文化活动项目和文化创意产业，推动美食文化、红色文化、地方传统文化等成为扬中沟通连接世界的桥梁纽带。突出乡贤文化特色，以历史乡贤、现代名人为榜样，发挥乡贤反哺地方经济社会发展的特殊作用。努力彰显扬中独特的文化魅力，扩大国内国际影响力。

二是传承新时代扬中精神。做好扬中"四千四万"精神发源地的文化溯源和历史传承，彰显扬中敢为天下先、自强不息的传统底蕴，发挥文博系统的精神传承职能。挖掘"四千四万"精神新内涵，继承精神文化内核，发掘精神文化的思想价值和时代价值。将"上善若水　自强不息　勇闯新路　止于至善"的新时代精神与扬中地域文化、传统习俗及城市历史有机融合，将"企业家精神""劳模精神""工匠精神"及市民品格特质烙印于地域文化中，深植于"四千四万"精神中。持续开展"道德模范""扬中好人""劳动模范""扬中新市民"评选宣传活动，增强扬中人的城市认同感和归属感。

三是优化公共文化服务供给。聚焦"十四五"重点文化广电旅游项目建设，打造三江湾旅游集聚区、利民浪漫田园集聚区、中部养生度假集聚区，投资打造文化馆新馆和图书馆新馆。精细化组织各类重大文化活动，有计划开展传统戏曲展演、文化广场活动、文化"三送"及文化下乡行动。持续打造"社区（农民）艺术节""江洲大讲堂""文艺名家讲坛""江洲读书节""我们的节日"等文化品牌。实施"文艺播种计划"，打造"周末戏相逢""戏曲进校园"服务品牌，吸引群众积极参加公共文化活动。推进体育设施提档升级，建设城市绿道、健身步道、体育公园、文体广场及球类运动场地，努力增强体育锻炼的吸引力。

（六）打造"平安幸福洲"，筑牢共同富裕平安底线

扬中要把人民的安全感与幸福感放在首位，深入推进综合治理，筑牢共同富裕平安底线，走出具有扬中区域特色的法治平安之路，全力实现扬中人民心中的"诗与远方"。

一是全面建设平安扬中。坚持把非诉讼纠纷解决挺在前面，深入推进"三官一律"进网格，推动各类社会力量参与矛盾纠纷排查化解。规范信访工作，全力推进合理诉求"最多访一次"。深化雪亮技防工程、"慧眼"工程等建设应用，增加前端监控点位，完善政务网视频共享平台，实现扬中区域的"全域覆盖、全网共享、全时可用、全程可控"。健全特殊人群智能化管理、帮扶措施。完善城市消防体系，优化城市紧急避难场所建设。

二是加强和创新社会治理。规范各级综治中心建设，健全"一委一居一站一办"社区（村）组织架构。推行"微网格自治"，完善市、镇（街道）、村（社区）三级差异化的网格管理体制，依法对镇（街道）赋权赋能。建成发现、分析、服务、指挥、督查"五位一体"的集成管理指挥调度平台。通过多形式的咨询服务站搭建参与平台。

三是提高风险防控处置能力。完善扬中应急管理法规标准体系，建立分类管理、等级预警、动态管控机制，规范各级部门应急管理组织体系、应急管理工作机制，提升预案体系建设及管理水平。加强应急战略物资储备，优化应急战略物资库布局，深化扬中区域应急救援协作，完善多级多层响应和跨区域、跨领域、跨专业风险联动处置机制，提高快速响应和协同配置能力。

（七）聚力"蓄势赋能"，打造共同富裕的人才引擎

人才是推动共同富裕的主体力量。扬中要构建"引""用""留"全生命周期的人才政策，为实现共同富裕这一宏伟目标积蓄能量。

一是实施"全力引才工程"。扬中地处长三角，向东可接上海，向西可接南京，要充分发挥扬中长三角战略区位优势，紧盯重点产业，坚持人才项目与产业建设匹配结合的招引路径，推进人才与产业深度融合相互提升。要绘制招引地图，结合"四群八链"重点产业人才需求，整理出用人目录，由市人社部门通过政府网站、专业招人用人网站等官方网站及微信、微博等新媒体对外发布信息，定期组织线上和线下结合的人才招引活动。要深入实施"金山英才计划""精英引领计划""优才支持计划""硕博倍增计划"等人才政策，构建从顶尖人才到基础人才的全方位引才政策体系。积极兑现承诺的购房补贴、专家津贴、子女就学等福利待遇，为来扬人才打造舒心适宜的创业环境及生活环境。

二是实施"合理用才工程"。扬中要在长三角乃至全国的"抢人大战"中争得机遇，就要找准自身发展定位，树立正确的人才观，倡导各用人单位打破"唯学历""唯名校"的用人理念，对不同层次水平的来扬人才一视同仁。要以岗位需求为核心，打造职业化发展体系。全体系深化提高导入人口的培育成长，大力发展基础教育、职业教育，构建与扬中产业发展相匹配的完善的人才教育培养体系，畅通人才成长的发展通道，让人才在企业内部能够有很大的发展空间，让更多的人才能够通过创新创业实现创造美好生活的愿望。

　　三是实施"尽心留才工程"。扬中要把人才当作家人，引得来，用得好，还要全面周到留得住。一方面要靠产业。产业兴旺是留才根本。只有充满活力的产业，才能为人才提供坚实发展的基础，增强其长久留扬的可能。要强力推进产业强市战略，紧扣"4+8+3"目标计划，完善产业体系，补齐产业链的短板弱项，以强大的产业体系吸引不同层次的人才来扬工作生活。另一方面要靠环境。安居才能乐业。扬中要在城乡基础设施建设和公共服务提质增效上下功夫。积极营造廉洁高效的营商环境和便民环境，满足来扬人才的各类公共服务需求，通过贴心的服务，努力把引进来的人才变成"扬中人"，再通过良好的口碑，产生亲粘亲、亲招亲的"葡萄串效应"，吸引更多的人才来扬中工作、落户。

课题组成员：张玉枚、艾晓晖、孙文平、周秋琴、于　江、

　　　　　　　司海燕、庄广雷、戴　惠、李秋阳、万建鹏

筑牢美丽江苏的生态基底研究

——以镇江为例

| 中共镇江市委党校课题组 |

2020年8月，省委、省政府出台的《关于深入推进美丽江苏建设的意见》明确，加快形成绿色发展方式，加大环境污染综合治理力度，系统推进生态修复和建设，为水韵江苏全面提升生态环境质量再次按下快进键。2021年9月26日，镇江市委书记马明龙在镇江市第八次党代会报告中指出，镇江"环境美"的成色愈发鲜亮，总体环境质量创新世纪以来最高水平，充分肯定了镇江五年来在美丽镇江建设方面取得的不菲成绩，并且着重提出"加快提升城市品位，塑造美丽镇江新风貌"是镇江未来五年要做好的重点工作。近几年来，镇江市以海绵城市试点区为突破点筑牢生态基底，加快形成绿色发展方式，系统推进生态修复和建设，在美丽镇江建设方面取得了诸多显著成效。今后，要继续推进美丽镇江建设迈上新台阶，仍然要逐步筑牢镇江生态基底，坚持绿色发展，推动镇江城市品质和品位的高质量提升。

一、筑牢生态基底的理论及现实价值

当前，坚持人与自然和谐共生，是城市发展和建设中的共识，"生态优先，绿色发展"也是现代化城市发展的重要指标。面对不可避免的城市化进程，如何科学合理地进行城市规划，节约有限的自然资源，如何在减少生态破坏的同时，获得人们各种持续增长的生活所必需的充足空间，如何在城市建设的同时实现生态恢复甚至是再造，生态基底理念的提出具有非常重要的启示和参考意义。

（一）筑牢生态基底的理论价值

1. 生态基底体现了整体生态观。"生态基底"概念的提出受城市设计中的整体生态思想的指导，美国生态学家把城市称为"很大程度上已受到了人类影响的生态系统"。地球是一个大的生态系统，城市作为人类活动的产物，与自然生态密切关联；城市是自然的一部分，自然也存在于城市中，割裂城市与自然二者的关系，将之截然分为彼此对立的人工环境与自然环境是错误的。

2. 生态基底体现了生态承载力理论。生态承载力理论是可持续发展的支撑理论。只有契合生态系统的持续承载力，人类才能实现真正意义上的可持续发展。

3. 生态基底体现了城市集中主义理论。集中的城市形态可以有效控制城市地区的蔓延，减少对土地的侵占，同时集聚的城市形态减少了交通、各种设施管线铺设的距离，能够切实减少能源的损耗。

（二）筑牢生态基底的现实价值

1. 应对城市发展资源短缺、全球气候变化。研究发现，2016 年全球有 9.3 亿城市居民生活在水资源短缺区域中，占全球城市总人口的 32.5%。在人口超过 1 百万的 526 个城市中，有 193 个城市位于水资源短缺区域，占比达 36.7%。全球共有 9 个人口超过千万的超大城市分布于水资源短缺区域，占全球超大城市总数的 30.0%。

2. 城市社会利益及诉求的多元化发展。随着文明水平的提高，群众越来越对保护自身利益"很在乎"、对自身利益受损"很敏感"，而且由于利益诉求多元化，利益协调过程中遇到的情况日益复杂。能否针对利益诉求多元化，做到利益协调多样化，是执政能力的反映。

3. 以生态建设提升城市竞争力。从最初的军事、经济、文化，到如今的生态，城市竞争力的概念是不断演变的。生态作为一座城市不可移动的竞争力，成为其他竞争力要素的基石，生态文明建设正是基于这一点。拥有良好的生态竞争力，也将为经济、文化竞争力的不断提升创造条件。

二、筑牢生态基底的镇江实践——镇江海绵城市建设

2021 年镇江海绵城市试点获评全国优秀，在镇江市第八次党代会上，镇江市委书记马明龙倾情点赞镇江"海绵城市"建设，充分肯定了镇江在筑牢生态基底方面的尝试和努力。

海绵城市建设要求城市像海绵一样，通过绿色化、生态化的措施，增加城市地面下渗能力，使更少的雨水以径流的方式进入城市排水系统中。这种方式可以有效保护现有河湖等自然海绵体，最大限度地保护原有的水体不受城市开发活动的影响或运用物理、生物和生态等手段，使受到破坏的水体的水文特征和生态功能逐步得以恢复和修复。镇江通过打通城市断头浜等手段来扩大自然海绵体，完善城市河湖连通工程体系，加强城市及周边江河湖库的水系连通，改变河湖水量及水动力条件，增加城市水域与湿地面积，使城市水系具备足够的雨水调蓄与排放能力；通过新建生态屋顶、生态广场、生态水池等人工海绵体，充分增加城市蓄排水能力、调水能力；针对地表水污染状况不能得到有效控制、水体污染负荷超重等问题，利用海绵城市的"渗、滞、蓄、净"等功能，通过建设"雨水花园"等措施，不仅减少雨水径流排放，还能通过植物、微生物和土壤的化学、生物及物理特性进行污染物移除，从而降低面源污染。

目前，镇江市为了有效解决排水防涝和水环境问题，高密度综合治理老城区水环境，于2019年启动了投资达5.53亿元的沿金山湖溢流污染综合治理项目。2021年9月23日，大口径管道已全线贯通，为全面实现水安全和水环境目标增添保障。由此可见，海绵城市建设在保护水环境、防治水污染、适应环境变化、应对自然灾害等方面皆具有良好"弹性"。这种"生态治水"的方式有助于保护自然水体和防止城市内涝，适合镇江的现实情况，是筑牢镇江生态基底、建设美丽镇江的有效尝试和现实举措。

今后，镇江市仍然要继续以推动生态环境质量持续改善为目标，以海绵城市建设为引领，全力打好"生态牌"，努力创建国家"绿水青山就是金山银山"实践创新基地，以高水平、高质量建设夯实美丽的生态环境基底。

三、镇江在筑牢生态基底中存在的主要问题

镇江的城市肌理就是江河交汇、城市山林、山水花园，自然禀赋优越。近几年来，镇江在生态文明建设方面探索出了诸多成功经验，获得了可喜成绩，但是在城市建设和经济快速发展过程中，也暴露出了一些问题和短板，仍然需要进行科学分析。

（一）生态自然基底保护形势严峻

镇江素有"城市山林"之称，全市有235座山体，63条河流，林木覆盖率达25.4%，建成区绿化覆盖率42.4%，是国家生态文明先行示范区、国家低碳试点城市。镇江北临长江，南有宁镇山脉丘陵环绕，形成"一水横陈，连冈三面"的独特城市地貌特征，生态优势较为明显，但是也存在

一些突出问题。

1. 城市水环境质量不容乐观。在进行了一系列的水环境整治工程后，全市的水环境质量已得到明显改善，但是由于城市排水管网不完善、CSO和初雨污染，以及河道缺乏生态基流、水动力不足、水环境容量低等问题，城市总体水环境质量不容乐观。这主要表现在两个方面。一方面，河流水质有待进一步提升。市区水体总体水质较好，但局部区域污染严重，河流水质观感较差，河水时有黑臭现象，同时在镇江城市开发建设过程中仍存在天然河道被人为挤占和吞噬的现象。另一方面，水环境基础设施仍存短板。污水收集处理体系尚不健全，城市老旧破损管网等问题造成城镇污水处理厂进水浓度偏低，污水处理效能有待进一步提升。全市自然村生活污水处理设施覆盖率在苏南地区垫底，仅为 18.2%，建设任务艰巨。

2. 发展和保护的矛盾突出。产业布局有待进一步优化。近几年来，镇江在产业结构调整上取得了显著成绩，全市化工企业总数已经从 2006 年的500 多家下降到 2020 年的 81 家，数量全省第二少。但是总体上来看，产业结构偏重偏化，重工业占比约为 80%，建材、化工、造纸、电力等七大传统产业占规上工业销售比重近 60%，并且产业结构调优调轻进程较缓。2020 年镇江三次产业比例为 3.5：47.2：49.3，相比南京、苏州、无锡、常州等苏南城市差距较为明显。煤炭消费总量居高不下，单位国土面积耗煤量约为全省水平 1.7 倍；绿色低碳循环经济有待进一步培育，清洁能源占比较低，非化石能源占一次能源消费的比重低于全省平均水平。交通运输结构调整仍需加快。公路货运量占比达 82.5%，高于全省平均水平，高排放机动车尾气污染对大气污染贡献日益凸显。面对经济社会发展与生态环境承载力不足的突出矛盾和严守"生态环境质量只能变好，不能变坏"的刚性底线，生态环境治理的边际成本将逐步上升，深入打好污染防治攻坚战任重道远。

（二）生态制度仍需健全和完善

党的十九届四中全会将生态环境保护制度列入坚持和完善中国特色社会主义制度、推进国家治理体系和治理能力现代化的重要内容。这标志着党的十八大以来初步完成的生态文明建设的制度设计正在内化为国家治理体系的重要组成部分。镇江在建设和发展中也致力于构建和完善生态保护制度，但是在一定程度上存在着短板。

生态环境监测管理体系尚未健全。城区生态环境监测站（市辐射环境监测站）尚未建成，市区监测联动机制尚未构建。生态环境监测数据是评价生态环境质量状况、评估污染治理和生态保护成效、实施生态环境管理与决策的基本依据。镇江市生态环境监测管理目前或多或少存在以下问题：涉嫌伪造、编造、篡改原始记录信息及改变监测条件；超范围开展检测活动行为；监测报告与原始记录信息表述不一致；未严格按方法标准或技术规范规定的要求实施检验检测；原始记录信息不完整。对标美丽镇江的建设要求，生态环境治理体系与能力短板亟待补齐，任务依然艰巨。

（三）生态文明素养有待提高

1. 党员领导干部尚未完全形成生态文明意识。尽管环境保护"党政同责""一岗双责"的责任要求十分明确，但个别领导干部在环境保护方面存在一般化要求，履行"管发展必须管环保、管生产必须管环保"的职责还不够严格，对大气污染防治、水污染防治、噪声污染防治、固废污染治理等具体工作压力传导递减，工作部署存在标准不高、环保重点任务推进不快、工作落实还存在"最后一公里"现象。对上级生态环保决策部署理解不够透彻。有的领导干部认为环保工作是环保部门的事，高新区主要抓工业企业经济发展就行；有的领导干部过分强调客观条件和不利因素，担当精神不够；有的领导干部认为现在的环境污染是长时间积累造成的，环境治理也需要一个长期过程，即使采取措施也不会立竿见影，工作消极被动、疲于应付。这些错误的思想认识导致部分干部对环境问题的严重性和污染治理的紧迫性认识不足，没有真正把环保工作摆到重要位置，谋划部署、协调督办力度不够，进而导致部分重点环保工作推进不够有力。

2. 群众自身生态文明素养提升的步伐没有跟上时代步伐。多年以来，关于保护野生动物、禁食野生动物的宣传一直没有间断，但"野味产业"的黑色链条始终存在，消费野味甚至成为一些人炫耀的资本。不是不知，实则不为也。事实上，经过多年的宣传推广，公众已经掌握了不少生态环境保护的道理，也清楚该如何保护生态环境、如何与自然和谐相处，但知易行难，一些生活陋习仍没有改变，甚至滋生助长了畸形的消费观念、消费行为。除了吃野味之外，还有逢年过节的礼品总搭配高大上的包装盒，市场买菜、超市购物习惯使用塑料袋，各种生活垃圾没有分类就扔进垃圾桶，等等。

四、镇江筑牢生态基底的现实路径

筑牢生态基底，就是要将生态系统有机地嵌入城市系统建设之中，将独立破碎的城市生态板块进行有机串联，将城市内部自然系统进行连接，从而满足城市生态环境需求，放大自然气候环境、水环境对城市环境的影响，避免城市的无序扩张。筑牢生态基底能够使城市建设与生态建设形成立体、有机的结合，从而实现一个城市真正意义上的可持续发展。

（一）统筹山水林田湖草系统治理，筑牢生态自然基底

山水林田湖草是一个生命共同体。人的命脉在田，田的命脉在水，水的命脉在山，山的命脉在土，土的命脉在林和草，这个生命共同体是人类生存发展的物质基础。生态是统一的自然系统，是相互依存、紧密联系的有机链条。要用系统论的思想方法看问题，从系统工程和全局角度寻求新的治理之道。统筹山水林田湖草系统治理，一定要算大账、算长远账、算整体账、算综合账。镇江市全域谋划、系统推进、综合整治，推进了全市生态环境面貌的整体改善和持续提升。

1. 打造山水融合的绿色空间。镇江城市品位提升应当坚持将山水融入生活，推进住户下山、建筑离山、草木上山、文化进山，打造开放式山体公园。依托河湖湿地，塑造滨水活动空间，丰富亲水活动类型。打造长江运河交汇水域治理新格局，推进长江上中下游、江河湖库、左右岸、干支流协同治理，改善长江生态环境和水域生态功能，提升生态系统质量和稳定性。通过塑山理水、微地形设计，营造山水意境，建设绿色社区。严格控制建筑高度，塑造城市天际线。建筑的造型、比例、色彩等要和周边的山水环境相协调，真正做到"显山露水"。挖掘山水环境价值潜力，依托自然风光、历史文化、休闲游憩功能、社区交流氛围的综合打造，形成独具特色的"山、水、城"城市形态。每座山、每条水、每个市（区）和镇、村发挥各自的山水资源优势，塑造各具特色的景观风貌，展现多元融合的特色城市景观。展示山水的历史积淀，保护历史遗存，传承传统文化，继而从历史中汲取智慧，助力创新，彰显文化的生命力，塑造新时代城市风貌。

2. 推进产业结构优化发展。加快产业结构调整，分类推进产业发展。加快提升传统产业，提高产业发展层次。从绿色制造、智能制造、集成制

造、跨界制造等方面深化制造业供给侧结构性改革，发展高端高新产业，改造提升传统产业。发展绿色生态农业、创意农业、观光农业、都市农业、认养农业，促进污染源头减量。优化能源消费结构，充分利用清洁能源。严控"两高"产业发展，加大落后产能淘汰和过剩产能减压力度。加快推动产业、交通、建筑等重点领域绿色低碳发展。坚定不移走生态优先、绿色低碳发展之路，立足"十四五"关键期，尽快制定出台碳达峰行动方案，打造清洁、高效、低碳能源体系，进一步完善促进绿色低碳发展的政策体系，统筹国内国际能源资源，在积极应对气候变化方面履行好国际责任，为全球气候治理率先垂范。

（二）坚持和完善生态文明制度体系，筑牢生态制度基底

党的十八大以来，我们党高度重视生态文明建设，促进人与自然和谐共生成为生态文明制度建设的价值取向。党的十八大提出"保护生态环境必须依靠制度"，党的十八届三中全会提出"建设生态文明，必须建立系统完整的生态文明制度体系"，党的十九大提出"加快生态文明体制改革，建设美丽中国"，党的十九届四中全会提出"坚持和完善生态文明制度体系，促进人与自然和谐共生"，生态文明制度建设的价值取向日益明确。

1. 强化制度体系健全完善和执行力度。制度的生命力在于执行，为了提高执行力，应建立完善的政策执行体系。第一，强力推进机制。一是合力推进。成立以市政府主要领导为组长的领导小组，统筹各地各部门。二是依法推进，全方位规范推进城市建设。三是督查推进。领导小组、指挥部会同市政府督查机构、市绩效办开展多层次、多形式督查。四是长效推进。在组织机构、人员配备、运行机制、资金投入等方面提供全面保障，将建设推向深入。第二，空间统筹机制。一是实施"红线—绿线—蓝线"管控。严格管控生态红线区，构建绿线控制体系。二是构建城市空间格局。以生态本底分析为基础，通过"基质—廊道—斑块"的空间组合形态，构建起空间格局，差异化确定建设重点。第三，项目管控机制。实施项目全域、全类别、全生命周期管控。依据政策文件一律按照要求和指标同步规划设计、建设、竣工验收、投入运营。第四，资金投入机制。一是常态投入；二是试点投入；三是持续投入。

2. 完善污染协同控制和联防联控机制。第一，加强 PM2.5 和臭氧协同控制。加强达标进程管理，深化"点位长"责任制，明确空气质量达标路径及污染防治重点任务，推动全市空气质量稳步达标。推动城市 PM2.5、

臭氧浓度"双控双减",统筹考虑PM2.5和臭氧污染区域传输规律和季节性特征,加强重点区域、重点时段、重点领域、重点行业治理,强化分区、分时、分类差异化精细化协同管控。支持扬中、丹徒、丹阳等区域实施更为严格的挥发性有机物、氮氧化物减排比例要求,持续推进镇江新区新材料产业园等重点园区综合治理。积极开展臭氧形成机理研究与源解析,加快构建光化学监测网,开展协同治理科技攻关。第二,加强区域间联防联控。坚持属地管理与区域共治相结合,严格落实长三角区域大气污染防治年度计划,加强与周边城市环境协同监管和重污染天气联合应对,联合做好重大活动环境质量的协同保障工作。完善部门、各市(区)间联防联控协作机制,定期召开联席会议,分析区域环境空气质量变化趋势,制订并采取有针对性的区域防控措施。第三,强化污染天气联合应对。健全全市重污染天气应急指挥调度机制,完善"市—区—企业"污染天气应对三级预案体系。逐步扩大重污染天气重点行业绩效分级和应急减排措施实施范围,落实"一企一策""一行一策"应急减排方案,明确不同应急等级条件下停产的生产线、工艺环节和各类减排措施的关键性指标,实现可操作、可监测、可核查,确保缩时削峰。

(三)着力提升生态文明素养,筑牢生态文化基底

生态文明是人类文明的重要组成部分,生态文明素养的培养和提升是生态文明建设的重要组成部分。生态兴则文明兴,生态衰则文明衰。生态文明建设关乎每个人的切身利益,也离不开每个人的身体力行。

1. 瞄准关键人群率先垂范。提升生态文明素养,比如,引导镇江市各级党员领导干部、知识分子、环保志愿者等积极行动起来,在自己的生活、工作当中主动作为,从合理设定空调温度、及时关闭电器电源、人走关灯、一水多用、节约用纸、按需点餐等细微之处入手,影响带动周围的人积极参与进来。各级党员领导干部要树立全局意识,将生态建设与国家发展战略和重点工作相对接,与江苏省高质量发展战略相对接,与"经济发展、改革开放、城乡建设、文化建设、生态环境、人民生活"六个高质量发展任务相结合,统筹规划,整体协同,因地制宜,推动城市品质高质量提升,不断增强人民群众对城市的认同感和归属感。

2. 提升公众生态文明素养。一是筑牢生态优先、绿色发展理念,持续增强保护生态环境的责任感和紧迫感。思想决定行动,思想统一才能步调一致。只有摒弃思想认识之"雾",才能清除生态环境之"霾"。二是全社

会要自觉端正生态环境保护态度，积极行动起来履行职责主动担当。态度决定一切，生态环境保护态度直接决定了生态文明建设前途。无疑，新时代推进生态文明建设、建设美丽镇江，需要政府、企业、公众等各相关方积极行动起来履行自己的职责。对于政府来说，行动要体现在发展方式的转变上；对于企业来说，行动要体现在社会责任的担当上；对于公众来说，行动要体现在生活方式的转变上。2021 年 10 月 16 日，第五届国际低碳（镇江）大会暨碳达峰碳中和 2021 金山峰会隆重开幕，聚焦"绿色低碳发展：产业、能源、科技"主题，倡导共同推动绿色低碳可持续发展，并积极组织群众性创建活动，发起全民碳中和的低碳生活倡议。广大镇江市民通过"线上+线下"的绿色低碳行动方式，积极参与到具有娱乐和互动性的碳中和活动中。这也是宣传生态优先、绿色发展、低碳生活理念的绝佳平台和媒介，对于各社会群体生态文明素养的提升具有重要价值。

课题组成员： 孙文平、姜　华、孙忠英、
罗航宇、何玉健、高　亮

关于"镇合意"品牌建设的社会感知状况调查及启示

| 中共镇江市委党校课题组 |

镇江市第八次党代会报告明确要求：着力打响"镇合意"服务品牌。中共镇江市委党校迅速贯彻落实党代会精神，结合职能优势，有效整合党校红色阵地联盟的各类资源，成立《"镇合意"服务品牌建设研究》重点课题组，创新研究视角，透过社会公众及企业的角度把握"镇合意"品牌建设的重点，并对前一阶段"镇合意"品牌建设成效进行调查。课题组之所以选择这一视角来观察"镇合意"品牌建设状况，是因为"镇合意"品牌的打造与建设不仅要看各地区、各部门做了什么，更要看社会公众及企业是否真正感受到在镇干事创业更公道、更便捷、更实惠，来镇干事创业更理想、更荣耀、更有吸引力。课题组针对采集数据和实地访谈内容展开梳理与分析，形成此研究报告供读者参阅。

一、调研数据的综合分析

课题组在市、区两级，面向部分社会公众及企业共发放问卷 690 份，回收有效问卷 681 份，有效样本 643 份。在被调查的样本中，男性占 50.8%，女性占 49.2%；年龄在 18~90 岁，其中，25 岁及以下占 34.19%，26~45 岁的占 49.48%，46~60 岁的占 13.81%，60 岁以上的占 2.52%；在文化程度分布中，初中和高中占 39.2%，大专及以上的占 55.4%；从职业上看，从事农业生产的占 12.4%，从事工业的占 22.9%，从事服务业 A（包括科技服务，文、教、卫、体服务，公共与社会组织，金融、软件、计算机、信息服务等）的占 47.2%，从事服务业 B（除服务业 A 外的其他服务业）的占 17.5%。从样本的统计特征可以看出，无论是从社会层次、学历看，还是从职业看，调研的样本都具有无偏向性和客观真实性。

调研数据汇总后，经分析显示，"镇合意"品牌建设的主要指标得分都比较高，经过换算综合得分 90.2 分。这表明，经过前段时间全市上下的共同努力，镇江的营商环境、市场环境、法治环境有了显著的优化，社会公众及企业进一步感受到了市委、市政府提升服务品质的诚意和魄力。一方面，镇江各地区、各部门在贯彻执行市委、市政府"镇合意"品牌建设上步调一致、行动有力，对所在地的社会公众及企业产生积极影响；另一方面，社会公众及企业对营商环境的看法也更加客观理性，对所在地区和相关部门的服务水准形成一定认可。

通过调研数据综合分析和实地访谈，我们发现"镇合意"品牌建设社会感知状况呈现以下几个情况。

（一）"镇合意"品牌建设社会反响总体较好

调查中，无论是社会公众还是企业，大多对"镇合意"品牌建设工作表现出较高的认可和支持。其中，问卷测评得分最高的是"服务便捷"和"办事规范"两项，得分分别为92.3和91.8。这表明，"镇合意"品牌建设确实取得了一定的实效。

（二）全流程、精细化服务初见成效

参与调查的社会公众及企业对"镇合意"品牌建设的感受除了宏观软环境的优化，还有微观服务环境的改善。这主要体现为"服务便捷""办事规范""处理公平""成效显著"四项感知测评的得分排在前四位。这说明，镇江已经超越对营商环境、市场环境等粗放化、碎片化治理阶段，进入到精细化、综合性治理的新的良性发展阶段，为"镇江激情奔跑"进一步夯实了基础。

（三）持续发力、久久为功是关键

部分社会公众及企业对服务品牌建设的持久性存在一些担忧。调研中，大多数受访对象都表示"品牌需要进行持久打造与建设"。这表明，一方面，社会公众感知到镇江发展的软环境有了明显的改善，注重质效的服务氛围和社会环境在不断优化；另一方面，服务品牌的打造和建设仍有进一步改善的空间。其中，一些受访对象表示"还存在规范性不强、服务态度时好时不好的现象"，也有公众认为"品牌建设有应付式现象"。

（四）窗口单位、基层服务是重点

品牌建设实践中会出现一些热度层级递减现象。调研中有受访对象反映"相关业务办理，层级较高同志服务意识更强、服务态度更热情"，"越是基层或具体经办人员服务态度越不稳定，个别也会敷衍了事"。我们要理性认识此类现象，设法在今后建设过程中加以避免。

二、调研的启示与建议

根据调研情况，课题组建议在强化服务品牌建设的基本制度基础上更需要坚持问题导向、目标导向和结果导向，从具体工作的细微处着手，进一步提高服务品牌建设的精准显示度，进一步提升具体工作人员的工作热情，积极推进"镇合意"服务品牌的深度打造，切实做到久久为功。

（一）进一步提高"镇合意"品牌建设工作的精准显示度

提升"镇合意"品牌建设工作的精准显示度，须注重三个方面。

一要善用新媒体做好"镇合意"品牌建设的精准宣传，让"镇合意"品牌建设工作和成效切实被社会公众感知。目前，一些部门的"镇合意"品牌建设在宣传方面还是主要采用传统的方式、依赖传统媒体，结果公众不经常看、不喜欢看，一定程度地导致"镇合意"品牌建设工作出现宣传不少、感知不足的现象。在新媒体时代，要提高"镇合意"品牌建设工作的宣传效度，自然也离不开发挥新媒体的力量。特别要善于运用部门微博、微信等平台，通过图文、音视频等形象化的形式展现公众在与政府打交道和接受政府公共服务过程中较于以往的改进。只有通过这种点对点的、有比较的精准宣传，才能让社会公众实时感知到现在与过去的不同，触摸到各地区、各部门朝着不断优化发展环境方向迈进的动感。

二要更加重视基层，抓紧抓好一点一滴的服务细节。大多数社会公众对政府的印象是在他们找政府部门办事情的过程中形成的。只有一步一步地改变社会公众及企业办事难的问题，一点一滴地改善政务服务环境、市场环境、法治环境、社会环境和人文环境，人们才能从内心真正高度认可"镇合意"品牌建设工作的成效。所以，各地、各部门要注意从基层抓起，从基本公共服务供给和便民办事流程做起，有效提高服务品牌的精准显示度。

三要主动引导社会舆论正确认知"镇合意"品牌具体建设的真实状况。从课题组调研过程和结果来看，绝大部分社会公众对此很热心，也较认真。这是因为，社会公众最清楚什么样的领域、环节容易出问题。通过多种方式主动接受社会公众对"镇合意"建设的评价，将会更鲜明地表现出市委、市政府真心实意优化环境谋发展的决心。

（二）进一步提升具体办事人员的工作热情

当前，按照镇江市第八次党代会部署，镇江正以"扎实奋斗、激情奔跑"的奋斗主题加速奋进，同时处在产业强市发展的关键期。基层或具体工作人员正是发展任务的执行者，也是"镇合意"品牌建设成效的直接体现者。为此，建议针对某些基层及具体工作人员消极应付的现象，建立自我调适、社会认同维护和组织关爱维护"三位一体"的机制，推动"镇合意"品牌的深度打造。

一要增强积极性自我调适。一方面，引导个人自觉学习新的知识和技能以与时俱进，有效提高自身工作情商，重点提升沟通能力、应变能力和妥善处理干群关系的能力；另一方面，为避免个人在心理压力面前采取消极的应对，鼓励个人进行适当的体育锻炼和培养健康的兴趣爱好。

二要提高社会支持度。建议健全让社会公众深层认知与理解公共服务行为的工作机制。尝试在以往"领导接待日"制度的基础上设立"服务面对面开放日"，以开放姿态让社会公众多了解具体人员的工作职责和环境，尽量弥补"干群互信缺乏"的鸿沟，为服务品牌建设争取更大的社会支持和认同空间。

三要强化组织干预。建议重点着力完善相关激励机制，多种方式提升基层或具体工作人员的工作成就感。例如，完善基层的公共服务设施，切实优化基层或具体工作人员的工作条件等。

如此，使市委、市政府主导的品牌建设与社会公众所需更紧密地结合起来，"镇合意"才能牢牢扎根于社会公众及企业心中，从而为镇江"三高一争"提供最有力支撑。

课题组成员：彭智勇、于　江、张美娟

江苏坚持把人才作为发展第一资源的对策研究

——以镇江为样本

| 中共镇江市委党校课题组 |

国家发展靠人才，民族振兴靠人才，人才是发展的第一资源。习近平总书记高度重视人才工作，多次在重要场合针对人才工作发表重要讲话，为人才工作发展掌舵定向。2021 年 9 月 27 日，中央人才工作会议在北京召开，习近平总书记从党和国家事业发展全局的高度，科学回答了新时代人才工作的一系列重大理论和现实问题，为新时代人才工作提供了根本遵循。2022 年 10 月 16 日，党的二十大召开，习近平总书记在报告中强调人才是第一资源，要深入实施人才强国战略，为全国各地人才工作奠定基调。江苏省作为我国发达省份，不仅在经济社会发展方面起到引领带头作用，更是在人才发展上迈出了创先争优的超前步伐。镇江在中央、省委关于人才工作的重要部署下，把人才作为发展的第一资源，紧密结合产业强市的战略决策和高质量发展的战略目标，形成了一系列创新实践，取得了丰硕的成果。

一、镇江把人才作为第一发展资源的重要意义

（一）镇江加速"跑起来"的战略基础

加快高质量发展，关键在人才。没有一大批高质量的人才做支撑，就很难在创新竞争、经济发展竞争的格局中保持长远发展。党的二十大开启向第二个百年迈进的征程，镇江处在创新发展、高质量发展加速跑起来的关键时期，处在奋力谱写"强富美高"新镇江现代化建设的关键节点，急需一大批人才汇聚镇江、贡献才智、建功立业。要实现镇江加速"跑起来"的目标，就要推进人才治理体系和治理能力现代化，把人才作为第一发展资源，把招才引智作为创新发展的"动力源"，以海纳百川的姿态，做到求贤若渴、爱才如命、惜才如金、唯才是用。这样才能让更多人才集聚镇江、深耕镇江，形成人才辈出、人尽其才、人尽其用的生动局面，为推动镇江实现高质量发展提供战略支撑。

（二）镇江提高区域竞争力的重要举措

从区域发展来看，多重国家和区域战略在镇江叠加，"一带一路"建设、长江经济带高质量发展战略深入落实，长三角区域一体化发展作为国家战略被正式实施，此外，江苏自贸试验区、南京都市圈发展、宁镇扬一体化建设，推动形成开放共赢、良性互动的区域发展格局。这些都为镇江融入区域发展大局、提升城市能级、提高竞争力带来了新的发展机遇。在外部竞争越来越激烈的形势下，镇江要赢得区域发展的机遇，就要把人才作为发展第一资源，推进产才结合、产城融合，更加有效地整合创新要素，提高人才资源配置效率，增加镇江参与区域发展战略的优势与信心。

（三）实现"十四五"规划的必然要求

"十四五"时期是我国开启全面建设社会主义现代化国家新征程、向第二个百年奋斗目标进军的第一个五年，也是镇江在新的起点上全面深化高质量发展，深入实施产业强市"一号战略"，加快构建现代化经济体系，奋力谱写社会主义现代化新篇章的关键五年。《镇江市"十四五"重点产业发展规划》明确提出，"十四五"及未来较长时期，镇江将聚焦发展四大主导产业集群和八条产业链，通过三大产业发展实施路径为经济社会运行提供重要依据。推动高质量发展、创造高品质生活、实现高效能治理，离不开强大的产业基础和人才基础。2021人才"镇兴"大会隆重召开，会上发布了镇江"十四五"人才新政，与此同时，人才"镇兴"行动也正式启动，这是把人才作为第一发展资源的生动实践。只有充分挖掘人才潜力，将人才资本转化为生产力，经济发展才有强劲动能，才能够实现高端人才集聚与重点产业发展同频共振，保证镇江"十四五"规划目标如期实现。

二、镇江招引人才的现实做法

近年来，镇江上下不断强化领导、健全机制、加大投入、创新平台，实现了人才总量、结构、素质、贡献率的持续提升，取得了一些创新成果。

（一）"双招双引"融合引智

镇江市将人才与产业深度融合，推动二者同频共振、相互促进，达到1+1>2的效果，形成了一些典型做法。一是协同推进，构筑共抓共管工作机制。市人才办、市商务局共同牵头，市级有关部门全力配合，理顺"双招双引"组织架构。重点产业领域主管部门负责其产业项目及人才信息收集,统筹推进人才项目双引进,市级有关单位做好融合互动各项事务。实行招商引资与招才引智协同考核,符合条件的"引资人"在享受招商引资相关激励政策的同时,同步享受"人才伯乐奖"。二是产才融合,开拓"双招双引"共赢局面。围绕镇江"四群八链"的产业建设结构和高质量发展需要,多战线同步收集重点产业、领域、行业急需急缺人才需求。编制"招商+招才"政策汇编,同步宣传推介镇江人才激励政策和投资创业环境,充分发挥政策聚合效应,提高"双招双引"工作竞争力和吸引力。利用招商引资渠道、招才引智工作阵地及各类社会组织和行业协会等资源,分产业领域统一部署、联合举办"双招双引"活动。三是服务保障,筑优互促互融生态环境。扩大人才服务覆盖面,深化与高校院所互利合作,加大项目和人才协同引进力度,共建共享招商招才平台。实行重点项目落地跟踪机制,安排专人负责,缩短项目落地周期,全力保障项目实时落地。建立常态化、制度化联动服务机制,全程跟进高端人才项目发展壮大过程中统筹协调、平台搭建、督促指导、后端服务等工作,切实做好服务保障工作。

(二)人才"镇兴"揽凤入巢

2021年3月26日,镇江全面启动"十四五"时期人才"镇兴"五年行动。目前来看,聚才效果较好。一是推动形成"1+2+3+8"的人才政策矩阵。出台《关于实施人才"镇兴"行动建设人才集聚福地的若干意见》,推出"金山英才"计划、大学生"聚镇"计划两个核心政策,明确"政策一本通""服务一窗办""权益一码清"的"三个一"政策服务体系,全市8个板块积极响应,分别出台不低于市本级、符合各自地方特点的配套政策体系且已全部落地。二是推动形成党委领导、部门联动、社会参与的人才工作格局。升格市人才工作领导小组,市委书记马明龙、市长徐曙海亲自担任人才工作领导小组双组长,与人才工作联系紧密的29家部门作为成员单位,人才办副主任单位11家。市委常委会6次专题研究人才工作,市政府常务会3次专门研究人才议题,书记、市长专门下达批示13次,现场推进人才工作28次,人大代表、政协委员积极建言献策。三是推动形成"人聚镇江、才享荣光"的人才工作品牌。举办全国百所技工院校校长论坛、招才引智"镇江日"、"'市会'合作助推G312产业创新发展对接会"等活动91场。推出《福地》《镇江有你才荣光》《创新创业在镇江》等系列宣传产品,吸引国家、省、市各级新闻媒体报道180余次。2021年,镇江"中国城市人才吸引力"排名跃升 14 位。四是推动形成财政资金向人才倾斜、人才资源向镇江集聚的鲜明导向。镇江市委在全市上下过"紧日子"、化解债务风险的背景下，2021 年投入人才专项资金 5.16 亿元，增幅 38.3%。2021 年有效申报国家级人才 25 人、成功入选 1 人；入选省"双创计划"人才 24 人、团队 1 个（3 人），较上一年增长 170%；推荐入选省"333 工程"192 人；全年引进培养应届本科以上毕业生 2.36 万人，同比增长 16.2%。城市人才吸引力和集聚度持续提升。

三、镇江的人才工作存在的主要问题

镇江把人才作为发展的第一资源形成了一系列创新实践，初步形成了才聚镇江、才享荣光的局面。从长远角度来看，为了使人才释放活力，助力产业强市"一号战略"，助力镇江高质量发展，还需要厘清人才总体发展存在的不足。

（一）人才的总体存量不足

把人才作为发展的第一资源，首要是拥有一支结构优、素质高、数量足的人才队伍。截至 2022 年 4 月，镇江人才资源总量 61.43 万人。尽管 2021 年引才成绩卓著，但与高质量发展的人才需求相比，仍然显得不够充分。尤其是在以"四群八链"为根本的产业发展规划中，涉及智能制造、新材料、生物医药、新能源等领域的企业急需成熟型人才。

（二）企业引才观念较保守

镇江经济体量在江苏全省来看偏小，企业引才优先考虑年轻型人才以及成熟型人才，且看重学历论文等，忽略实际应用的考量。在引才方式上通常采用人才市场等线下平台或者知名线上招聘平台，未能建立企业与求职者之间的长效互寻机制。大多数政策侧重于人才本身，不能有效突出企业创新主体的地位，这也从侧面导致人才创新成果转化率较低，人才评价政策结果偏差。

（三）人才发展机制待完善

目前镇江人才政策执行缺乏多方联动。一方面，政策宣传和流通不足，部分战略人才存在政策接收不全、政策把握不足、政策理解偏差等问题。

另一方面，政策管控有待加强，部分战略人才政策执行时往往涉及多个领域和部门，过程复杂、问题多元，管理控制机制不完善。这会导致战略人才享受政策的成本较高，进而放弃政策赋予的权利。

（四）人才激励创新不足

镇江现行人才政策以人才激励、培养、集聚和保障等目标为主，在一定程度上对人才流动、交流和评价等目标关注度不够，且实现人才激励的方式有待优化。在政策工具上，当前政策主要使用供给型和环境型两类工具，需求型政策工具的拉动力量不足。同时，政策执行多方联动不够。

四、镇江把人才作为第一发展资源的对策思考

镇江把人才作为第一发展资源，多维度支撑战略人才力量建设，建设高水平人才高地，就要在"引""用""留"上下功夫，围绕产业、聚焦方向、用好人才、做好保障。

（一）筑巢引凤，"千方百计"聚人才

一要提高薪酬待遇，增强城市吸引力。人才不是招来的，而是吸引来的。想在长三角抢人大战的激烈竞争中，把更多的实用型人才吸引到镇江，薪酬待遇是最主要的因素之一。国内部分地区之所以留不住人，就是经济欠发达，薪酬水平过低，不足以支撑各类人才在住房、饮食、休闲等方面的基本消费。鼓励企业灵活运用股份、分红等形式给员工更多的薪酬空间，用待遇吸引人，把更多实用型人才吸引到镇江，让他们能够"住得下，过得好"。

二要聚焦重点地区，引入方式多样化。一是与全国各类高校院所持续对接，用好现有平台，全面推介镇江相关引人政策。二是市、县（区）人社部门一方面要"走出去"引人，增加招聘发布会场次，另一方面要利用网络，收集汇总并发布用人信息，使各类人才都有途径了解镇江，有渠道来镇江就业。要尤其关注北上广等因生活成本过高、压力过大等溢出的年轻人才。三是出台更具普惠性的政策。设立"引进人才特别贡献奖"，对于在引进人才方面有突出贡献的单位和个人，给予税收优惠或经济奖励，并颁发奖章，在精神和物质上同时发力。四是积极开通线上办理人才来镇、留镇事项的专门频道，做到能在线上办尽量在线上办，真正形成人才来镇、留镇的绿色通道。

三要加大宣传力度，提升城市品牌度。据调查，镇江在北方、中西部等城市影响力不如扬州、苏州、南京等城市。由于省外年轻人了解镇江的不多，因此要传统媒体与新兴媒体双管齐下，以广告植入、文艺创作等形式，开展多轮系列宣传。要到东北、西北等地做主题宣传，全面介绍镇江的历史文化典故和山水美景，重点推介镇江的发展前景及产业发展方向，增加镇江在全国范围的知名度，打响金山、北固山、香醋等城市名片推介牌，增强人才来镇、留镇的信心和兴趣。要用好网红元素，把网红人物、网红景点、网红店铺等串联起来，既保留镇江千年传统韵味，又激发出创新元素的生命力。

四要绘制招引地图，招引人才有方向。"十四五"期间，镇江市针对产业强市战略目标，谋划了"4+8+3"的产业发展蓝图。产业发展需要大量人才作为支撑。要深入了解"四群八链"重点产业人才的需求，整理出用人目录。由市人社部门通过政府网站、专业招人用人网站等官方网站及微信、微博等新媒体对外发布人才用工信息，定期组织线上和线下融合的人才招引活动。

（二）搭建舞台，"多措并举"用人才

一要更新用人理念，打响人才服务品牌。人才是镇江事业发展的根本，必须把人才资源开发放在最优先位置。经济的竞争，社会的发展，归根结底是人才之间的比拼。一方面，各行业、各部门要将人才科学培养和使用作为第一任务，落实好"金山英才"等人才计划，打响"人聚镇江、才享荣光"人才服务品牌。另一方面，要破除"唯论文、唯职称、唯学历、唯奖项"的现象，把人才实效作为考核指标，完善人才发展评价激励和创业干事免责机制，营造成果评价的良好创新生态，提高人才创业创新积极性，进而推动镇江高质量发展。

二要产才城教融合，形成人才发展合力。镇江以化工、装备制造、造纸建设、电力、新材料等为主要产业支柱，与常州工业体系相似度高，在苏南处于弱势地位。要实现弯道超车，就要坚定不移走产才城教一体化之路，为人才搭建创业创新平台，坚持以产聚才兴城、以城留才促产、以才强产旺城、以教育才强产。要通过产才城教"四元融合"，为人才发展创造广阔舞台，以人才资源推动区域核心竞争力提升，使镇江在强手如云的区域竞争中赢得机遇。

三要创新平台建设，改革人才发展机制。创新驱动本质上是人才驱动，要结合"四群八链"探索创新链视角下的科技人才多维度多源数据评价方

法，改善人才评价手段，正确实施人才激励。通过各类统计、机器学习方式，挖掘人才发展资源共同体，构建人才梯队序列。对"揭榜挂帅"团队充分信任、放手使用，让各方面人才各得其所、尽展其长。树立突出公正平等价值理念、激发创新创业活力、加强对人才政策和制度落实的科学评估，最大化发挥政策效应，打造有利于人才成长的制度体系。

（三）激发活力，"软硬兼施"留人才

一要推进"一号战略"，创造更多就业机会。产业环境是"留人"的核心要素。镇江要想留住更多的人才，必须有坚实的产业支撑，用优势产业筑起"引人、留人"的蓄水池。要擦亮"镇合意"优化营商环境服务品牌，以良好的机关作风吸引更多企业来镇投资兴业，服务好落户的企业主体。要强力推进产业强市战略，紧扣目标计划，完善产业体系，补齐产业链的短板，以强大的产业体系吸引不同层次的人才特别是熟练技术工人来镇工作生活。同时，不断完善人力资源服务业，为各类人才的就业提供咨询帮助。

二要优化生活环境，提升城市品质。生活环境是"留人"的基础要素。功能完善的设施环境和安全优美的居住环境是一个城市生活环境舒适的关键。要保持房价洼地优势，减轻住房压力。要完善城市基础设施建设，不断提升城市环境品质，丰富城市文化内涵，将镇江历史与时代融合，打造创新包容的文化土壤。要注重文化馆、图书馆、电影院、咖啡厅、公园广场等城市"第三空间"的打造，提升体验式商业业态的供给规模和质量，满足导入人口休闲、逛街购物、餐饮会友、文化娱乐等多元化需求，体现出城市生活空间的互动性和人情味，为各类人才展现可视化的美好未来。

三要提高公共服务水平，营造高效便民环境。公共服务是"留人"的保障要素。靠相关优惠政策"抢人、引人"是高招，但撒下去的钱要有效果，"留住人"才是关键。如果没有优质的公共服务，势必留不住辛苦"引来的人"。未来年轻人会越来越多地考虑一个城市的生活氛围和公共服务水平。因此，要吸引年轻人，就要不断提升公共服务的供给能力，积极营造廉洁高效的营商环境和便民环境，满足落户人口的各类公共服务需求。要通过贴心的服务，努力把引进来的人才变成"镇江人"，进而通过良好的口碑产生"葡萄串效应"，吸引更多的人才来镇江工作、落户。

课题组成员：张玉枚、司海燕、于　江、姚永康、万建鹏

以法治化营商环境提升城市竞争力研究

| 中共镇江市委党校课题组 |

习近平总书记强调法治是最好的营商环境。法治化营商环境建设，既是法治建设的重要内容，也是营商环境建设的重要内容，是一个城市核心竞争力的重要标志。党的十八届三中全会明确提出"建设法治化营商环境"的要求。当前，镇江市经济发展进入由高速增长转为高质量发展阶段，营造良好的法治化营商环境对于促进经济转型升级、提升经济竞争力具有重要作用。

一、充分认识优化法治化营商环境、提升城市竞争力的重要性和必要性

（一）法治化营商环境是镇江城市核心竞争力的重要标志

党的十八大以来，党中央明确提出全面依法治国，并将其纳入"四个全面"战略布局予以有力推进。用法治思维来解决城市治理问题，已经成为广泛共识。在习近平法治思想的引领下，镇江全面依法治市稳步迈上新台阶。法治正成为镇江城市核心竞争力的重要标志。

（二）法治化营商环境是立足新发展阶段、贯彻新发展理念、构建新发展格局的内在要求

《中共中央关于全面推进依法治国若干重大问题的决定》指出："社会主义市场经济本质上是法治经济。使市场在资源配置中起决定性作用和更好发挥政府作用，必须以保护产权、维护契约、统一市场、平等交换、公平竞争、有效监管为基本导向，完善社会主义市场经济法律制度。健全以公平为核心原则的产权保护制度，加强对各种所有制经济组织和自然人财产权的保护，清理有违公平的法律法规条款。"党的十八届五中全会强调，要"完善法治化、国际化、便利化的营商环境"。实践已经并将继续证明，以经济建设为中心，坚持问题导向，全面建设法治化营商环境，对于镇江协调推进"四个全面"战略布局，鼓励大众创业、万众创新，实现"十四五"期间的改革目标，具有重大现实意义与深远历史意义。

（三）法治化营商环境是镇江实现高质量发展的重要举措，是提升城市竞争力的"动力源"

社会主义市场经济本质上是法治经济，法治化营商环境既是市场经济的内在要求，也是市场经济良性运行的根本保障。只有在法治环境下，才能形成有利于公平竞争的规则和秩序，降低交易成本，维护信用关系，保障各种经济活动顺利进行。"栽下梧桐树，引得凤凰来。"打造稳定、公平、透明、可预期的法治化营商环境，对于持续激发市场主体活力和社会创造潜力、提升城市经济软实力、提升企业经营的安全系数、减少投资风险、规范政府职能、进一步推进改革开放，具有重要意义。

二、镇江市建设法治化营商环境的做法与成效

近年来，镇江市不断加强法治化营商环境建设，逐步完善体制机制制度、强化行政执法监管、加强法治服务保障，法治化营商环境建设取得一定成效。

（一）打造"镇合意"服务品牌

坚持以习近平法治思想为引领，镇江全面依法治市取得一系列成绩。2021 年以来，镇江市围绕企业需求，全力打造有热度、有深度、有温度、有高度的"镇合意"服务品牌。镇江市委、市政府高度重视，成立了领导小组，主要领导亲自担任组长。全市掀起了打造"镇合意"服务品牌的热潮，并推出了"丹舒心""句满意""润州最滋润"等子品牌。各部门积极响应，如组织部开展"助力'镇合意'，服务先锋行"，统战部常态化"五送五助"民营企业服务。"智慧镇江"App 也改名为"镇合意"App。《新华日报》等媒体头版头条报道"镇合意"服务品牌工作成效，"镇合意"服务品牌的社会热度与影响力持续提升。2021 年 6 月，为服务产业强市"一号战略"，市委政法委会同市政法各单位制定下发了《全市政法机关打造"镇合意"服务品牌　优化法治化营商环境的二十六条措施》，进一步优化了全市法治化营商环境。

（二）制度建设不断完善

"法治是最好的营商环境"，法治化营商环境建设成为法治镇江建设的重要内容。相关主管部门在广泛调研的基础上，出台了《关于打造新时代

法治化营商环境的实施意见》《关于法治护航民营经济健康发展的实施意见》《镇江市优化营商环境联席工作会议规则（试行）》《关于营造企业家健康成长环境弘扬优秀企业家精神更好发挥企业家作用的实施意见》《镇江市应对新冠病毒支持企业共渡难关的信用修复政策实施方案》等系列文件，法治化营商环境的制度体系不断完善。市发展改革委员会出台《2020年镇江市优化营商环境评价方案》等工作制度，强化了政策的引领作用。镇江市市场监管部门制定全国首个《口罩用熔喷布生产技术规程》市级标准，规范和维护了熔喷布行业生产秩序。市自然资源和规划部门出台《关于做好优化工业项目落户事前服务工作的意见（试行）》，根据自身职能，推出营商环境具体举措，提高了项目落户的质效。

（三）服务效能不断提升

开展警企一警通上门服务机制，简化审批手续，压缩审批时限。审批承诺时限比法定时限提速60%，审批材料压减30%以上，审批时限从5个工作日减到3个工作日。出台为助力企业发展及时退还诉讼费及执行案款的通知，以及关于落实诉讼费退费的工作方案。建立涉企轻微违法减罚免罚清单制度。制定下发关于推动涉企免罚轻罚清单，加强柔性执法，进一步优化营商环境的实施意见。编制涉企领域不予处罚、从轻处罚、减轻处罚三类事项清单。

（四）涉企矛盾有效化解

高效化解涉企矛盾纠纷，提升涉企纠纷调解成功率。全面提速破产审判，积极推进破产案件繁简分流，大力开展破产积案清理，其中无产可破案件均在3个月内审结，简易破产案件基本做到6个月内审结。着力提升执行案件办理质效，有财产可供执行案件法定期限内执结率百分之百。

（五）机制创新不断深化

市发展和改革委员会从深化机制入手，让企业办事更规范、更省事、更省钱，制定进位目标、整改措施、责任分工"三项清单"，在全省创新开展市本级和板块"季度体检"。为了更好地聚焦企业关切、响应项目需求、满足群众期盼，举办了多场"三问计"活动。市发展和改革委会同政务办设立了"12345"营商环境投诉举报专席，受理诉求1103件。定期组织开展专题督查，将省、市重大项目推进一并纳入督查内容，列出问题清单要求立即整改。常态化开展业务指导工作，推动全市营商环境向优向好，有力提升了市场主体的满意度和获得感。

（六）综合监管不断创新

市政务服务部门推进行政许可改革、拓展不见面审批，市本级六大类服务事项不见面率达到 95.8%；提高集约集成服务效能，切实提升惠企利企服务效率。目前，镇江市开办企业平均用时已缩短至 2 天，一般不动产登记业务 1 个工作日内办结比例超 85%。市自然资源和规划部门建立不动产交易登记"绿色通道"帮办服务机制，不动产抵押登记由原 3 个工作日缩短至 1 个工作日内办结，并在全省首创"交房即发证"便民利企举措。市公安部门深入推进综合审批大厅建设，试点综合业务一窗办理，全天候自助服务。市司法行政部门创新举措，推进行政执法"三项制度"全面落实。镇江市成为全省开展行政执法"三项制度"试点的设区市，行政复议、行政诉讼、行政机关败诉案件数实现连续下降，行政复议基层受案点实现全覆盖。

（七）法治保障不断强化

在市域社会治理现代化层面，加快形成共建共治共享的社会治理新格局，促进自治、法治、德治"三治融合"。2020 年，疫情防控交出"全省病例最少、无确诊病例持续时间最长、唯一无农村确诊病例地区"的优异答卷；公众安全感 98.7%，连续四次获评全国社会治安综合治理优秀城市，蝉联全国文明城市和"长安杯"荣誉称号。司法行政部门以领导干部学法用法为抓手，组织各级党委（党组）理论学习中心组开展《民法典》专题学习，开展普法宣讲进企活动，增强了全社会的法治氛围。公安部门以深化扫黑除恶专项斗争为牵引，严打欺行霸市、严重扰乱市场经济秩序的黑恶势力，打掉了一批涉黑涉恶组织，净化了市场环境。检察机关组建涉产权重大刑事案件办案团队，承办了一批有影响的重大案件，提升了涉产权案件专业化办理成效。审判机关加强知识产权保护，加大对知识产权违法行为惩处力度，提高侵权成本，遏制侵权行为。

（八）诚信营商环境更加优化

镇江自古就是"诚信之城"，春秋时期季子挂剑的故事，就出自镇江。传承季子精神，营造诚信营商环境，是全市上下的共同责任。诚信是社会主义核心价值观的重要内容，市场经济本质就是信用经济。针对近年来镇江市严重失信企业占比高于全国、全省平均水平，严重影响营商环境的情况，镇江市开展了优化诚信营商环境专项行动，对严重失信主体进行全面排查，通过互商协调、联合执法、府院联动、约谈提醒等办法强力推进。出台关于对履行完毕生效法律文书当事人给予信用激励和信用修复的意见。2021年对2561家企业完成信用修复工作。稳步推进涉案企业合规改革，试点出台"1+5"配套工作机制。对10起通过合规考察的涉案企业及个人均依法做出不起诉处理，相关经验和做法被《检察日报》刊载。现在，一般性失信已经做到应修尽修，修复申请6481件，同比增长466%，位列全省第一。退出严重失信主体"黑名单"的企业有3646家，严重失信占比从年初的2.94%下降至1.07%，低于全国和全省平均水平。2021年11月，镇江市全国城市信用监测排名从2020年的第97位提升至第44位，实现了冲进前50名的既定目标，全市诚信营商环境达到新高度。

三、法治化营商环境建设中存在的问题与不足

虽然镇江市优化法治化营商环境成效初显，但与上级部署要求、先进地区标准、企业实际需要还存在一定的差距。2021年镇江市营商环境得分89.96分，低于全省平均分1.75分。我们要正视当前存在的一些问题，包括法治化营商环境建设中存在的突出问题和不足。

（一）制度体系建设存在堵点

在立法制规方面存在不足，主要集中在政策落实不到位、制定政策不征求企业意见、政策法规激励力度不够、政策制定不够科学合理等方面。

（二）政府执法监管存在难点

"多头审批""多头评估""多头审图""多头勘验"等顽症依然存在。一是政府部门之间数据壁垒未有效打通，电子政务系统互不统一，存在"信息孤岛"现象。二是政企沟通机制还不完善，一部分企业认为政务信息的公开度或公开方式存在不足。行政执法的统一性未有效实现，事中事后监管的协同性不够。三是存在重检查轻指导、重处罚轻服务现象，在环保、安全生产等重点领域存在"一刀切"的情况。

（三）司法保障能力存在痛点

在相关调查中，司法效率低下是企业反映最多的问题。审理期限长，裁判执行不力，诉讼牵扯的时间、精力较多，很多企业"打得起、拖不起""打得赢、拿不到钱"。部分政法干警存在机械办案、就案办案的思维，行政干预司法、司法监督不力等弊端未从根本上消除，案件受理难、诉讼成本高等现象对企业维护合法权益造成较大困扰。同时，一些案件的立案、诉讼审理周期较长，实际执行到位率有待提高。相对于浙江、上海等地，一站式司法服务、线上线下相结合的工作机制有待健全和完善，效率有待提高。破产纠纷、借贷纠纷等案件的专业化司法服务水平有待进一步提高。

（四）社会法治意识存在盲点

社会法治意识、法治氛围与市场主体期待还有较大差距。调研发现，在大部分企业对社会普法守法情况感到满意的同时，存在少数领导干部规则意识淡薄、部分执法人员执法观念错位、以法治方式开展工作的能力和水平不够的问题。部分民营企业经营管理人员的法治意识较为淡薄，法律风险防控能力较差，常常在不知法不懂法的情况下违法，导致合法权益受损；有的信权不信法，遇事更愿意找政府找领导而不是找法院，甚至宁愿去上访也不走法律途径；有的依法经营、诚信守约的意识不够强，在市场竞争中采取不正当手段，破坏了法治环境。部分工作人员的理念尚未跟进转变，存在上冷下热现象，对服务保障营商环境重要性的认识还不够到位，与实现镇江成为具有重要影响力的长三角区域中心城市的目标要求还有差距。

（五）服务保障法治化营商环境的工作举措有待进一步完善

有关机关在保护经济领域新产业新业态开展前瞻性研究的深度和广度上还较欠缺，在为市场主体提供多元化纠纷解决服务上尚有较大提升空间，行政和司法机关在保障法治化营商环境联动机制建设方面还需提高。法院、检察院与政府及相关部门的沟通协调还不够顺畅，对区域经济社会各类市场主体的历史沿革、现实状况、发展前景、相关诉求了解不够深入，特别是在办理破产案件过程中，与财政、市场监管、税务、住建及国有金融机构等重点部门的交流和共享机制不够健全。

四、先进城市主要做法和经验借鉴

(一) 苏州市

苏州市在国家发改委发布的《中国营商环境评价报告2021》中位列全国第六，在全国工商联发布的"万家民营企业评营商环境"调查结论中蝉联全国第三，获评"营商环境最佳口碑城市"。

苏州市的主要做法和经验借鉴有如下几个方面。

一是施行全省首部关于优化营商环境的基础性、综合性法规。近年来，苏州以"法治第一保障"服务"发展第一要务"，将优化法治化营商环境列入市委全面依法治市委员会年度工作要点。2022年3月1日起，《苏州市优化营商环境条例》正式施行，标志着苏州市优化营商环境在规范化、法治化方面取得重要突破。同时，苏州配套出台《关于进一步促进民间有效投资的实施意见》等政策文件，明确全面放开竞争性行业和领域，为民间投资发展提供政策保障。在为市场主体提供一系列便捷服务措施的同时，苏州规定每年7月21日为苏州企业家日，助力营造亲商安商的社会氛围。

二是减证便民，政务服务大提速。根据《苏州市优化营商环境创新行动2021》，全市普遍推进"一照多址备案改革"，一张营业执照可以备案多个地址，企业不再需要额外办理营业执照。这既简化了后续办理分公司申报材料等一系列手续，也节省了公司网点扩张的时间和经营成本。2021年，市委印发《2021年苏州市深化"放管服"改革优化营商环境工作要点》，系统梳理现有各层级政务服务事项，深化工程建设项目审批制度改革，优化政务服务效能，深入推广"一网通办"，实现基层"互联网+政务服务"全覆盖。全市94个镇（街道）为民服务中心、1841个村（社区）便民服务中心全面开展"一窗综办、全科服务"，开发"一机集成"的政务服务自助服务机，打造"24小时不打烊"的政务服务。苏州工业园区努力打造"免证园区"，实现免提交、减材料政务服务近1000件。

三是全国首发法治化营商环境建设指数。2020年4月，苏州市委全面依法治市委员会印发《苏州市法治化营商环境建设指标体系》，并以指标体系为依据，在委托第三方综合评估的基础上形成指数。为确保全面客观、精准精确和实践实效，"指数"首次围绕立法、执法、司法、守法等环节，将市委、市政府关于法治化营商环境的决策部署分解细化为地方行政立法工作、行政权力运行、司法权力运行、法治社会建设、法治工作组织保障

5个一级指标，并下设20个二级指标、141个三级指标；还在借鉴国内外其他评估体系做法的基础上，首次对总指标和各项分级指标统一采用5分制评分。经评估，2020—2021年苏州市法治化营商环境指数综合得分为4.82分，5个一级指标指数均在4.75分以上。此外，10个县级市（区）和48个参评市级部门各项指标得分情况也详细列明。

四是"两张清单"彰显法治温度。《苏州市优化营商环境条例》制定涉企行政执法免罚轻罚"两张清单"，发布全省首份涵盖市、县两级多领域的企业行政合规指导清单，主动梳理证明事项告知承诺制清单"62+15"项。与此同时，苏州强化司法保护，成为全国唯一拥有4个与营商环境密切相关专业化法庭的城市。苏州市力求提供最优法律服务，实现公共法律服务中心全覆盖。

（二）南通市

南通市政务服务质量连续两次位列全国第一，被评为"中国最佳投资环境城市"和"最具创新环境城市"。

南通市的主要做法和经验借鉴有如下几个方面。

一是深化"放管服"等改革。南通市充分运用被列为相对集中行政许可权改革、综合行政执法体制改革和政务服务标准化建设三大国家级试点的契机，通过分别探索"一枚印章管审批、一支队伍管执法、一套标准管服务"，既精简了政府权力，又规范了市场行为，激发出经济发展新动能。南通市成立了全省首家大数据管理局，加快政府信息系统互联互通。加强诚信体系建设，推进信用信息共享平台和信用门户网站一体化建设，定期通报各地各部门数据归集情况，梳理规范信用承诺事项，强化信用对市场主体的约束作用。

二是完善绩效考评体系。第一，坚持统分结合。要求各部门按照高点定位、争先进位、创新创优的要求，对全市工作目标进行分解、细化和落实，分别形成本部门的年度工作目标内容。第二，坚持纵横结合。纵向考评就是各部门今年和去年相比、年底和年初相比的完成情况，横向考评就是同组所有部门放在一个水平线上比较，同时把各部门放在全省各市中比较。对虽完成任务，但目标定位不高、完成难度不大、没有创新的部门，在考评定档打分时适当降低等次。第三，强化激励导向。良好等次的市管部门单位中，同组考评位次比上年前移10位以上的，授予"争先进位奖"。从市级机关综合绩效考评奖中划出15%~20%，设立机关内部绩效管理考评奖，由各部门单位通过日常考核或能绩考核，合理拉开奖惩档次，推动机关处室建设，强化全员绩效管理。

五、对策与建议

（一）发挥党建引领作用，为产业强市装上"红色引擎"

法治化营商环境建设，不是单纯的经济建设，首先要牢固党的领导核心地位，坚持以习近平新时代中国特色社会主义思想为指导，发挥党建对法治化营商环境建设的导航引路、领航增效、护航保障功能，切实把党的政治建设、思想建设、组织建设、制度建设、纪律建设优势，转化为优化营商环境的建设优势、发展优势。一是发挥党组织的政治优势，进一步增强营商环境建设的方向定力。党组织要全面履行领导职能，充分发挥党建对法治化营商环境建设总揽全局、顶层设计、协调各方的领导核心作用，为法治化营商环境建设定好向、掌好舵。把制度优势转化为治理效能，用系统性制度建设推动治理效能全面提升。同时，参考世界银行、中央及省级的相关评价标准和经验，建立全面科学的评价体系，构建优化营商环境长效机制，着力构建营商环境品牌工程。二是发挥党组织的组织优势，进一步增强营商环境建设的实践魄力。组织覆盖是开展党的工作的前提和基础，要坚持把党组织建在经济社会发展最活跃的细胞上，通过组织设置方式和管理体制创新，实现有效的组织覆盖和工作覆盖，推动在服务型党组织建设上有新成效。发挥各级党组织和党员干部在优化营商环境中的战斗堡垒和先锋模范作用，筑牢优化营商环境的主阵地，争做优化营商环境的主力军，建好"红色专窗"、功能型党支部、"镇合意"服务先锋队，更好赋能产业发展和创新创造，为产业强市"一号战略"搭载"红色引擎"，实现党建"基因"融入发展"血脉"。三是发挥党组织的思想优势，进一步增强营商环境建设的开放活力。围绕党中央、国务院关于优化营商环境工作的一系列重大决策部署，抢抓机遇谋划未来，尤其是面对宁镇扬一体化、长三角一体化、苏南国家自主创新示范区建设等当前最现实的机遇，在新发展格局中加快重塑定位，在区域一体化大趋势中把准方向，进一步提高政治站位，切实增强危机意识和忧患意识，紧盯各类市场主体多元司法需求，紧扣服务保障法治化营商环境工作主线，提升主动服务、优质服务、高效服务能力。通过部门联动、组织联盟、资源联享，将服务需求与服务职能无缝对接，多角度为企业和项目纾难解困。坚持以人民为中心的发展思想，以企业和人民的需求为导向，进一步增强工作的主动性，创造性地把中央和省、市的部署、政策转化为具体方案、转化为创新举措、转化为现实生产力，不断激发新的动能、新的活力。

（二）突出公平公正，营造法治诚信的治理环境

全面推进依法治市，依法履行法定职责，打造不分所有制、不分内外资、不分大中小、一视同仁、公平公正的法治化环境。一是推进多元共治，营造产业强市的法治氛围。全面落实"八五"普法规划，将《优化营商环境条例》等相关法律法规纳入区各级领导干部和工作人员的重点学习培训内容，将普法宣传与产业、旅游、文化等相结合，加强法治文化阵地建设，开展丰富多彩的法治实践活动，引导社会各界了解法律、贯彻法律、运用法律。创建市、镇、村三级联动的"法律明白人"培训工程，通过培养在身边、在网格的"法律明白人"，引领全社会学法、守法、用法。在巩固传统纸媒阵地的基础上，注重发挥微信、抖音等新媒体平台的作用，形成立体多维的宣传矩阵布局。定期策划优化营商环境的宣传专题，营造亲商、安商、护商的良好法治氛围。二是创新包容审慎监管。针对新产业、新业态、新模式的性质和特点，探索开展触发式监管等新型监管模式，研究制定包容审慎监管实施细则。在部分领域实施柔性监管、智慧监管，制定不予实施行政强制措施清单、轻微违法违规行为免予行政处罚事项清单。行政机关不得在未查明违法事实的情况下，对一定区域、领域的市场主体普遍实施责令停产停业、责令关闭等行政处罚。三是进一步加强协作配合。加强同地同级政法单位间的沟通，建立定期会商等工作机制。加强在强制执行对民营企业从宽处理幅度、对案件查封冻结物资处理等方面的协作力度。发挥好工商联、相关行业协会的作用。建立健全对口联络、联席会议、工作例会、情况通报等常态化工作机制，共同推进服务保障，优化营商环境工作取得实效。四是提高对法治化营商环境重要性的认识。强化执法队伍法治建设，提高执法人员法治素养、执法水平和依法行政能力，通过每一个具体案件体现执法水平。规范行政执法行为，坚持"法无授权不可为、法定职责必须为"，依法惩处营商环境违法违规行为；坚持宽严相济、处罚适当的原则，推广运用说服教育、劝导示范、行政指导等非强制性手段，依法慎重实施行政强制，坚决防止过度执法、越权执法、违规执法。

（三）加强政策集成，营造亲商友商的政策环境

发挥政策法规的引领、规范、保障作用，不断改善政策支持环境，依法保护各类市场主体产权和合法权益。一是全面贯彻优化营商环境条例。深入贯彻落实党的二十大和党的十九届四中全会精神，认真组织实施《民法典》《优化营商环境条例》等法律法规，坚持以产业强市发展战略为目标，以"法治是最好的营商环境"为理念，以市场主体法律地位平等为原则，以依法维护企业和企业家合法权益为目的，将依法治理贯穿于经济发展全过程和各方面，加快制定优化营商环境的相关配套政策，加大营商环境改革立法力度，为市场主体提供明确的制度指引。二是完善政策法规制度。将完善优化营商环境长效机制和重点改革事项相结合，结合镇江实际，迭代升级出台本地区营商环境综合性改革措施，发挥政策综合集成效应。坚持把制度创新和制度供给作为关键，实现一个改革事项对应一个方案、一套操作规范、一批应用场景、一套评估体系。加强规范性文件的公平竞争和合法性审查，防止地方保护、限制竞争，在政策源头贯彻市场主体法律地位平等原则。建立完善企业家参与涉企政策制定机制，在出台重大涉企政策前听取企业家意见建议，加强立法论证，确保政策透明公开公平。三是构建好亲清政商关系。坚持亲清原则，真心诚意与企业家交朋友，主动沟通增进政商关系，做到"无事不扰、有求必应"。注重系统集成，协同推进产业配套、基础设施、人力资源、公共服务等，全方位推动亲商友商。四是增强营商环境建设的清廉魅力。贯彻《镇江市非公有制经济人士"亲""清"自律公约》等政策文件要求，强化政治引领、机制创新、效能革命、转型升级、队伍建设，系统探索"五突出五强化"工作模式，以严而又严、实而又实的态度抓队伍、严管理、强基础，为营商环境优化提供坚强的纪律保证。

（四）坚持公平审慎，营造安商稳商的监管环境

确立"人人都是营商环境，事事都关营商环境"的发展理念，把企业和群众获得感、满意度作为工作落脚点，推进简政放权，完善政务服务，规范执法监管，营造公平竞争环境，增强市场主体的获得感。一是健全专业服务体系。持续贯彻落实上级"放管服"改革要求，按照《镇江市深化"放管服"改革三年行动方案（2021—2023 年）》（镇办发〔2021〕19号）、《2021 年全市政务服务"4+1"改革实施方案》（镇政服〔2021〕37号）等文件，按照便利化、国际化要求，清理非行政许可审批事项，严格

控制新设行政许可。推进"一件事"改革，优化办事流程，缩短审批时限，实现"一件事一次办"。二是突出优化事中事后监管。坚持宽进与严管相结合，在推进企业经营自主便利的同时，着力加强事中事后监管。全面梳理公布涉企事中事后监管清单，规范行政检查行为。加强对企业的行政指导，实施检查问题"一次性告知"。推行联合涉企检查，实行"一次检查，全面体检"。在监管手段上，深化推进"互联网+监管"，积极运用大数据、物联网、人工智能等技术为监管赋能。在监管效能上，推动"双随机、一公开"监管和信用监管深度融合，完善分级分类"信用+智慧"监管，提升事中事后监管整体效能。三是突出权益保护，着力健全信用修复机制。积极为市场主体重塑良好信用创造条件，释放司法保障和服务温度，协同政府相关部门建立失信主体退出帮扶约束机制，从源头减少失信主体产生。创新工作方式方法，积极推进个人破产改革试点工作，努力让诚而不幸的人获得重新创业的机会。精准靶向解决破产重整企业的信用修复问题，探索为失信行为主体提供重塑自身信用的合法途径，更好保护市场主体合法权益。将信用修复等方面的有效做法纳入法治轨道，营造良好的信用环境。

（五）彰显创新引领，营造爱商助商的开放协同环境

加强政府、社会和企业多方协同，共建共治，优化法治化营商环境。一是着力打造优质普惠的企业全生命周期服务。进一步提高市场主体活跃度，发挥政策优势和开放优势，围绕企业全生命周期，围绕企业设立、资金流动、人才服务、国际贸易、创新创业等，着力打造营商环境创新工程，作为营商环境建设的重要抓手，全力当好服务企业和人才的金牌"店小二"，有效助力招商引资和企业发展。二是健全法治人才保障。完善国家工作人员学法守法用法制度，提高领导干部运用法治思维和法治方式推动发展的能力，加大法治人才储备，选拔具有法治工作经历的干部充实经济部门，改善经济部门人才队伍结构。三是优化法律服务，提供产业强市的法治保障。结合"产业强市"战略，制定全市法律服务产业发展规划。加大政府购买公共法律服务力度，加强对公共法律服务的政策支持。引导开拓招商引资、新能源等新型法律服务业务领域，培养一批高端涉外法律服务人才，建立法律服务产业大数据库。积极创新涉企公共法律服务载体，构建多元供给法律服务模式，主动整合工商联、经济学会部门等资源，送法进商会、进园区、进企业。组建公益法律服务团队，围绕产业强市提供矛盾纠纷调处、项目招引合同"体检"、法律风险论证、法律专题培训等一揽子公益法律服务，最大限度满足企业需求。四是构建以规则机制衔接为重点的制度型开放新格局。拓宽国际视野，构建制度型开放新优势，着力打造开放包容的涉外营商环境。对标国际一流水平，复制推广中国（江苏）自由贸易试验区、南京江北新区、苏州工业园区、上海临港新片区等成熟经验和典型做法，以制度创新为核心，加大营商环境制度集成创新改革，加快推进国际合作园区等开放性平台建设，推动优势叠加、创新协调、融合发展。加快释放自贸区的开放活力，复制推广自贸试验区的各类投资贸易便利化措施，形成良好的政策示范效应，营造国际一流的营商环境，努力成为最具革新活力和创新效率的产业功能集聚区，打造对国际商品和全球资源的强大引力场。

课题组成员：周秋琴、杨艳艳、殷亚伟、王　甜、李秋阳

镇江生态文明建设的成就、经验与实现碳达峰的对策研究

| 中共镇江市委党校课题组 |

党的十九届六中全会通过的《中共中央关于党的百年奋斗重大成就和历史经验的决议》指出："党的十八大以来，党中央以前所未有的力度抓生态文明建设，全党全国推动绿色发展的自觉性和主动性显著增强，美丽中国建设迈出重大步伐，我国生态环境保护发生历史性、转折性、全局性变化。"2020年以来，按照中国政府向世界作出的力争2030年前实现碳达峰、2060年前实现碳中和的庄严承诺，全国各地将碳达峰、碳中和纳入生态文明建设整体布局，努力推动"双碳"工作落地见效。作为国家低碳试点城市的镇江坚持"生态优先、绿色发展"理念，加快推进生态文明建设，积极探索绿色低碳发展路径，先行先试、创新发展，努力为全国生态文明建设贡献镇江力量。

一、镇江生态文明建设的成就和经验

镇江是第二批国家低碳试点城市、全国首批生态文明建设先行示范区，也是江苏省唯一的生态文明综合改革试点城市。"十三五"期间镇江陆续出台了一系列政策措施，加快推进低碳城市建设，发挥示范引领作用，推广先进经验，多措并举，推动生态文明建设提质增效，努力满足人民群众对优美生态的需求。

（一）构建制度体系，引导文明发展

镇江以推动国家生态文明先行示范区建设为目标，制定出台《镇江市生态文明建设综合改革试点实施方案》《镇江市生态文明建设规划》《关于加快推进生态文明建设的实施意见》《镇江市深化生态文明建设综合改革实施意见》等一系列文件。建立健全领导机构，加强部门沟通协调，完善国土空间开发保护、绿色产业发展、污染修复治理、资源总量管理、生态环境风险防范、生态环境保护责任六大制度。实施低碳城市建设"九大行动"，发挥组织推动、考核评价、问题协调、检查监督等多方作用，有力推

| 镇江调查. 2023 |

072

动生态文明建设取得实效。

（二）明确产业定位，推动绿色发展

以产业转型、绿色发展为导向推动高质量发展。2017年1月，镇江市在国内率先出台《绿色工厂评价指标体系》，启动绿色工厂创建。镇江成为全国工业绿色转型发展试点城市。目前，省级以上工业园区实现循环化改造全覆盖，培育了18家国家级绿色工厂，镇江经济技术开发区创建成国家级循环化改造示范试点园区并入选国家级绿色园区。确立"四群八链"产业发展布局，通过一系列"补链、强链、延链、融链"措施，推动产业转型升级。加快绿色工厂、绿色园区、绿色产品、绿色产业链与供应链培育，促进产业绿色发展。

（三）加快环境整治，改善生态环境

以节能减排为目标导向，开展环境专项整治行动。"十三五"期间镇江累计关停取缔"散乱污"企业909家，关停小化工企业347家，淘汰水泥产能508万吨、煤电机组99万千瓦、钢铁2.5万吨，煤电机组关停容量占全省关停总容量的24%。2020年，全市单位地区生产总值能耗比2015年累计下降19.36%，完成"十三五"能源发展规划目标。深入开展蓝天、碧水、净土保卫战，持续改善生态环境。2020年全市PM2.5年均浓度较2015年下降35.6%，国、省考断面水质达标率、优Ⅲ比例均达到100%。持续推进长江经济带生态环境问题整改，着力解决长江豚类自然保护区等出现的一批突出问题。保护区内现有水生动物75种、鸟类111种，江豚观测2天可达到38头次。长江沿岸造林绿化5700余亩。实施城镇污水处理攻坚"333"行动，城市建成区黑臭水体基本消除，获评全国海绵城市建设优秀试点城市。

（四）创新发展模式，打造低碳品牌

作为国家低碳试点城市，镇江坚持先行先试，创新发展，为全国积累了不少经验，品牌效应越来越强。镇江市以加强城市治理体系和能力建设为重点，在全国率先建成城市碳排放核算与管理云平台，融入了以探索产业"碳转型"、项目"碳评估"、企业"碳监测"、区域"碳考核"为主要内容的"四碳"创新，逐步构建城市低碳发展管理体系，全力做好城市"碳管家"。其中，"实施固定资产投资项目碳排放影响评估制度"的经验做

法，被国家发改委列入国家新型城镇化综合试点等地区经验。"十三五"期间，全市取得了经济稳定发展、环境质量改善和碳排放强度降低三方面较好成绩，这些成效与经验被认为是丰富了全球气候治理的"中国方案"。

二、镇江推动生态文明建设、实现碳达峰面临的矛盾和问题

如今，镇江迈进现代化新征程，进一步加快生态文明建设，以确保2030年前实现碳达峰这一重要目标任务，但仍存在诸多矛盾和问题。

（一）产业结构偏重

镇江的产业结构以传统重化产业为主，如建材、化工、造纸、电力等。从产业占比看，重工业总产值占规上工业总产值比重为80%左右，工业应税销售"百强企业"中，一半左右为造纸、化工、机械等传统产业。从产业发展层级看，产业结构整体处于价值链中低端，高能耗、高污染产业比重较大，绿色环保产业、高新技术产业占比较小。2020年镇江市六大高耗能行业工业总产值约占工业总产值三成，但能耗占比达八成以上。就当下而言，既不能为减碳"一刀切"地关停所有"重化"企业，也不能为追求经济增长速度盲目上项目，经济发展与减污降碳之间矛盾凸显。

（二）能源消费偏煤

镇江的主要支撑产业是能源工业，镇江的能源消费以化石能源为主。从能源消费结构看，全市煤炭消费占一次能源消费比重超过70%，远高于57%的国家水平；非化石能源占能源消费总量的比重仅为5%左右，远低于15%的国家水平。从污染排放情况看，由于电源结构以煤电为主，如谏壁、高资、句容华电三大电厂的污染排放占到燃煤污染排放总量的70%~80%，因此污染排放控制难度较大。人均碳排放量在全省处于高位。可见，镇江在短期之内大幅减少煤的消费不现实，必须在保障能源安全、经济社会正常运转的前提下推动减碳行动。

（三）科技支撑偏弱

科技创新是推进生态文明建设和减污降碳的重要动力。就目前看，镇江科技支撑力、科技创新力偏弱，还不能满足"双碳"产业发展需要。一是缺乏关键技术。关键技术、核心技术是科技创新的硬核，还存在"卡脖

子"现象。如扬中工程电气产业整体创新水平不高,核心元器件技术受制于人;光伏产业中"技术跟随"现象突出,在高端、关键工艺技术方面与国外领先水平相比仍存在较大差距。二是创新活力不足。与长三角发达城市相比,镇江高新技术企业、新型研发机构、孵化器数量较少,高层次创业人才和高端创新团队紧缺,人才吸引力不够,制约科技创新能力。

三、以实现碳达峰为目标导向推进镇江生态文明建设

习近平总书记在中央财经委员会第九次会议上强调,实现碳达峰、碳中和是一场广泛而深刻的经济社会系统性变革,要把碳达峰、碳中和纳入生态文明建设整体布局,拿出抓铁有痕的劲头,如期实现 2030 年前碳达峰、2060 年前碳中和的目标。为此,镇江要以实现碳达峰为目标导向推进生态文明建设,努力为实现"双碳"目标贡献镇江力量。

(一)提高思想认识,强化责任担当

确保 2030 年前实现碳达峰,首先要在思想上重视,在工作中落实,在责任上担当。习近平总书记强调,"双碳"目标不是轻轻松松就能实现的。要提高战略思维能力,把系统观念贯穿"双碳"工作全过程,注重处理好 4 对关系:发展和减排的关系;整体和局部的关系;长远目标和短期目标的关系;政府和市场的关系。习近平总书记要求,各级领导干部加强对"双碳"基础知识、实现路径和工作要求的学习,做到真学、真懂、真会、真用,增强各级领导干部推动绿色低碳发展的本领。因此,要认真学习、深刻领会习近平总书记关于"双碳"工作的一系列讲话和要求,在实际工作中运用新思想武装头脑,把"双碳"工作纳入生态文明建设整体布局,求真务实、积极作为,确保如期实现碳达峰目标。

(二)制定达标规划,稳妥有序推进

实现碳达峰、碳中和,是党中央统筹国内国际两个大局作出的重大战略决策。一要制定达标规划。党中央、国务院及相关部委陆续出台了"1+N"政策体系,明确"双碳"达标时间表、路线图、施工图,为推动经济社会绿色低碳发展提供重要指导。镇江要按照党中央要求,结合市情,制定科学达标规划,明确碳达峰目标、实施方案和具体措施。制定规划、出台文件要坚持系统观念,统筹谋划经济、能源、产业等绿色低碳转型发展的

重点任务和重大工程，并与"十四五""十五五"规划有机衔接。二要稳妥有序推进。按照党中央要求，稳妥有序推进碳达峰工作，把握好尺度，避免"跑偏"。首先，注意合理性，不急功近利。要根据国家统一部署结合本地经济社会发展实际情况，先立后破，合理设定碳达峰的时间和碳达峰的目标值。既不搞"碳冲锋"，也不搞运动式"减碳"，而是要科学合理、稳妥推进。其次，注意差异性，不搞"一刀切"。根据不同行业、区域设计科学目标，分解相应任务，既要量力而行又要尽力而为。最后，注意有序性，不好高骛远。科学把握碳达峰节奏，明确责任主体、工作任务、完成时间，稳妥有序推进。把碳达峰工作与镇江现代化建设紧密结合，推动经济社会高质量发展。

（三）把握核心路径，推动绿色转型

碳达峰不是简单的环境问题，而是经济社会全面绿色转型的行动。国际经验表明，碳达峰的核心路径是"一控一增一减"——"一控"指严格控制能源消费总量，"一增"指大幅增加非化石能源供给，"一减"指持续减少以煤炭（含焦炭）为主的化石能源消费。因此，镇江碳达峰的核心路径如下。一要持续减少以煤为主的能源消费。严格落实国家煤电、石化、煤化工等产能控制政策，新建、扩建高耗能高排放项目严格实施产能等量或减量置换，控制"两高"项目上马，持续减少以煤炭（含焦炭）为主的化石能源消费方式。二要大幅增加非化石能源供给。在保障能源安全供应、清洁高效利用的前提下，优化存量产能，扩大可再生能源使用占比，大幅增加风电、光伏、生物质能的装机容量，提高非化石能源消费比重。三要加快能耗"双控"向碳排放"双控"转变。加强生态环境准入管理，严格执行环评标准。聚焦重点领域和重点行业，包括工业、能源、建筑、交通等重点领域和电力、造纸、建材、化工等重点行业，大力实施减污降碳，加快从能耗"双控"向碳排放"双控"方向转变，推动产业绿色转型。

（四）加强双向引导，动员社会力量

要正向激励和反向约束双向引导生产方式、生活习惯、消费模式向绿色低碳方向转型。一要出台激励政策。运用财税、利率等政策工具，激发各类主体主动实施节能减排、减污降碳的内生动力。金融机构加快推出"低碳"绿色金融产品，运用金融资本支持绿色低碳企业发展。二要强化约束政策。据悉，生态环境部明确提出"达峰行动有关工作将纳入中央生态

环境保护督察，并对各地方达峰行动的进展情况开展考核评估"。可见，实现碳达峰是推进生态文明建设的重要任务，也是上级生态环境保护督察、高质量发展考核的刚性要求。强化约束性政策，倒逼企业主动承担减污降碳、保护环境的责任。三要动员社会力量。加大宣传教育力度，向广大市民普及碳达峰、碳中和知识，增强社会公众对节能减排、绿色低碳理念的认同。举办绿色低碳生活主题活动，引导广大市民积极参加低碳活动。同时，在行政事业单位、各级组织开展示范创建，推动低碳实际行动。通过动员社会各方力量，营造良好氛围，使全社会尽快形成绿色低碳的生产方式、生活习惯、消费模式。

（五）抓住发展风口，促进产业升级

据有关机构估算，实现《巴黎协定》确定的全球温升控制目标，全球需要投资1000多万亿美元。中国实现碳达峰、碳中和的目标需要130多万亿元人民币的投资，也就是说，未来每年大约有3万多亿的资金进入中国"双碳"市场。可以预见，投资绿色低碳产业大有可为，"双碳"产业将迎来极好发展机遇。据了解，为实现"双碳"目标，国家将新增三大投资需求：新增大量风电、光伏等非化石能源投资；高耗能、高排放产业为降低排放，需要新增大量清洁能源设备、低碳排放设备等技术改造投资；为实现快速降低碳排放，需要新增大量绿色、低碳、零碳等技术投资。这三大新增投资需求分布在能源、工业、建筑、交通等众多行业领域。为此，镇江一要抓住发展新机遇，瞄准"双碳"投资新领域，加大对风电、光伏等非化石能源投资，加大对绿色、低碳、零碳等技术投资，加快运用低碳技术对传统产业进行改造升级；二要加快产业提质增效，围绕"四群八链"产业布局，加强对新能源、装备制造、新材料、生物医药等产业的项目扶持，推动绿色低碳产业与人工智能、区块链、5G通信、工业物联网等新兴技术融合发展，促进高碳产业走向绿色化、低碳化，提高产业发展质量。

（六）加快科技创新，夯实技术根基

实现碳达峰的发展趋势是技术为王。镇江要紧跟低碳技术发展前沿，加快技术研发，加强多方合作，推进技术创新，夯实技术根基。一要加快技术跟进。未来"双碳"产业发展关键性的技术有三个方向。首先是电气化技术，如智能电网、储能、核能、动力电池技术等。其次是对难以脱碳环节通过新型燃料替代实现深度脱碳，进而实现对化石能源的替代。最后

是通过节能提效或负碳技术等，实现减污降碳。根据这三个技术方向，结合镇江产业定位，加快技术创新，即加快智能电网、储能、动力电池技术研发，提升电气化水平；加快深度脱碳技术的研发与示范，降低能源消费对化石能源的过度依赖；加快工业、能源、交通、建筑等领域节能降耗、零碳技术、负碳技术的研发、示范和应用，提高能效、减少污染。二要加强技术合作与研发。加强与国家重点实验室及国外的技术合作与研发，突破相关核心技术，开展低碳/脱碳技术集成示范。镇江市与中国技术交易所签署合作协议，共建中国技术交易所（镇江）绿色技术交易服务中心，围绕技术交易与科技成果转化提供多项服务。只有紧盯技术前沿，加快技术创新，加强国内外合作，夯实技术根基，才能为实现碳达峰提供重要科技支撑。

（七）增加生态碳汇，提升生态价值

实现碳达峰是一项系统工程，要坚持降碳、减污、扩绿、增长协同推进。既要做好减法即前面提到的节能减排、减污降碳，同时也要做好加法即保护生态系统、增加生态碳汇、提升生态价值。一要增加生态碳汇。生态碳汇一般指通过植树造林、植被恢复等措施吸收大气中二氧化碳的过程，同时还要注重草原、湿地、海洋等生态系统对碳吸收的贡献，以及土壤、冻土对碳储存和碳固定的维持作用。镇江要加强生态系统保护，强化国土空间规划和用途管控，有效发挥森林、湿地、江河、绿地、土壤的作用，大力增加碳汇，提高固碳能力。二要提升生态价值。近几年全国生态环境好的地方尝试生态产品价值实现机制，如浙江省丽水市在全国率先探索生态产品价值实现机制促进经济生态效益双提升，取得较好的效果。镇江有良好的生态环境，又有低碳城市建设的经验，应充分发挥生态资源优势，建立健全生态产品价值实现机制，将生态产品的生态价值转化为经济价值，使绿水青山转化为金山银山，为实现碳达峰开拓一条重要途径。

课题组成员：孙忠英、何玉健、高　亮

镇江乡村治理中的风险与防范

| 中共镇江市委党校、镇江市委法规室联合课题组 |

乡村治理是治理体系中最基本的治理单元。没有乡村治理的现代化，就没有国家治理体系和治理能力的现代化。近年来，随着工业化、城镇化、信息化步伐的加快，乡村经历着前所未有的变化。现在，乡村从脱贫攻坚走向全面振兴，要解决的是综合性发展的问题，复杂程度更高，这便使乡村治理面临更多风险挑战。尤其是农民群众容易出现身份转化和职业转化等多重不适应，在遭遇风险时将难以承受风险损害，甚至会发生严重矛盾冲突和各种群体性事件，给社会和谐埋下隐患。防范和化解乡村治理中的风险，关系到国家现代化视域下乡村治理体系的建成，更关乎我国农业农村现代化的实现和中国特色社会主义制度优越性的发挥。课题组通过实地走访和调研，对镇江乡村治理中的风险进行了归纳、分析，并集思广益，提出多层面防范和化解的对策思考，以期从学理层面对乡村振兴的实际工作有所启发和推动。

一、乡村治理各类风险的具体表现

课题组走访了镇江市农业农村局、乡村振兴局和政法委等相关部门，并赴句容、扬中开展基层访谈，了解实际情况。在调研基础上，就镇江乡村治理风险的具体表现，课题组做了如下归纳。

（一）生计能力不足引发的风险

脱贫攻坚阶段，贫困农户物质资本增加，生活条件持续改善，但部分村民致贫要素主要为缺乏自然资本、人力资本、技术资本。这类要素短期内难以改进，可能限制村民生计能力提升，加上村级集体经济发展不平衡不充分问题依旧突出，有村民稍有变故就易引发返贫的风险。

（二）精神生活不佳引发的风险

调研中有村民反映"平时在家里，除了看电视，就只能听狗叫。集体活动几乎没有，文化娱乐更单调得很"。农村文化设施总体较薄弱，不够接地气。部分群众精神世界空虚，法律意识不强，消遣娱乐变为聚众赌博。农村成为赌博"重灾区"。还有一些群众盲目走进宗教世界。根据官方统计，我国90%的教徒和宗教组织在农村地区。

（三）安全保障不够引发的风险

近年来，农村社会保障制度改革取得一定成效，但是与城市相比还处于较低层次，教育、医疗等诸多方面与城市相比存在很大差距。农村的公共服务措施离农民群众的需求相差甚远。农村居民消费结构升级加快，但同时带来一些居家安全风险，如山寨食品较多、液化气瓶超期服役、用电线路不规范等。村民风险意识缺乏，相关部门的风险防范常识宣传和普及不到位。近年来电信网络诈骗猖獗，村民受骗上当时有发生。

（四）问题处置不当引发的风险

一是突发情况引发的风险。从"非典"、禽流感，再到新冠疫情的防控，乡村应急人员、技术、设备等储备体现出不充分、不完备的特点，农村基层在防控重大突发事件方面应急治理能力薄弱。二是信访矛盾纠纷引发的风险。一方面，涉法涉诉类的信访，通过法律程序已经终结的，有些村民还是继续到政府上访。另一方面，对初信初访处理意见不满意的信访人，利用自媒体或通过网络投诉多次重复信访，严重降低信访部门化解效率，增加社会不稳定风险。

二、乡村治理风险的成因分析

（一）乡村人口的流动性加剧治理难度

大量青壮年人口流向城市，一定程度上抽离了乡村社会的主体力量。乡村常住人口中的老龄人口比重持续提高，人口结构不优的情况愈发突出。流向城镇的农村青壮年人口，并不是所有人都能在城镇定居，出现了大量"两地人"。一方面，"人地分离""人户分离"，村委会不能完全掌握外出者确切流向和具体地址，对已经"虚化"的分散各地的管理对象（其户籍还在村庄）很难进行有效管理。另一方面，有些外出务工者不能融入所在城市，进城以后有可能不断变换工作或者去其他城市，在城市的社会关系是"陌生人"。"两地人"成为"双重陌生人"，很容易造成管理上的"两不管"，增加了乡村治理的不确定性和随机性风险。

（二）基层组织的战斗力没有充分发挥

由于历史原因或选人用人制度不够完善等，一些党员干部得不到群众认可，工作难开展；有的党员干部服务意识不强、现代基层治理理念有所欠缺，仍然沿用传统的管理思维和方式，且形成了习惯性认同，不适应现代化的管理手段和方式；村"两委"班子和党员队伍缺乏稳定的后备人才，一些大学生"村官"和选调生因乡村生活的条件所限或其他原因也很难长久在乡村安心工作；村"两委"行政化的问题依然存在，有地方依旧采用"一班人""说了算，定了干"的"为民做主"的领导方式，村务管理执行不透明、过程结果不公开，对村务工作监督不到位，等等。

（三）"三治融合"的新活力没有有效激发

空心化、人才流失、村民结构不均衡等，一定程度上增加了乡村治理的难度；村民日常交往更趋功利性，不关心或者根本不懂什么是乡村治理，更关心自己能够得到的眼前和实际的利益；作为乡村社会"内部精英"的"乡贤"在目前乡村治理中没有受到足够的重视，游离在治理主体之外；在推进乡村现代化的改革浪潮中，多元文化对传统价值理念进行着冲击，乡风文明在部分乡村逐渐淡化，乡村文化传承受阻，德治在乡村治理中没有得到充分的重视；村民法治意识不强，访谈中有村民表示所谓"法治宣传"基本都是在村子的文化广场上拉横幅、摆桌子、发传单，法律规范不能深入民心。

三、乡村治理风险化解及防范的对策建议

有效的乡村治理是全面推进乡村振兴的题中之义，而乡村风险防范与化解是乡村治理的关键，需要从多层面共同推进。

（一）党建引领，协同共治

农村治理不再是以村"两委"为主要治理主体的二元结构。乡村振兴下的治理主体是多元的，理应包括基层党委、基层政府、基层社会力量和乡村群众等。实践中，各个主体并没将各自的优势充分发挥，有时反倒因利益分配问题而产生摩擦，消耗资源。积极构建以农村基层党组织为核心，政府引导，村民自治组织为主体，经济组织、群众组织、社会公益组织等共同参与的一核多元、协同共治的治理模式才是破题之举。

一是党建引领。加强农村基层党组织的政治引领能力、经济发展能力，提升服务水平，"强党建""固阵地"，把农村基层党组织建设成坚强战斗堡垒，总揽全局、协调各方，不断促进农村基层党建工作与防范化解乡村治理风险的深度融合。二是明确分工。《村民委员会组织法》规定，乡镇人民政府与村民委员会的关系是"指导、支持和帮助"。要科学、依法划分乡镇人民政府、村委会的事权范围。乡镇人民政府要明确自身的服务性功能，村委会要提升自身的自治能力。三是协同共治。乡村治理的任务目标一定程度上是经由各治理主体不断博弈、协调、合作过程所确定的。治理主体的不同利益决定了他们在解决利益冲突时的需求也不同，这就要农村基层党组织和基层政府秉持沟通协商的理念，主动引导各主体参与，积极对话，听取意见，努力协调各方的利益，制定最优决策、寻找最佳治理方案、形成最大公约数。

（二）产业赋能，人才"镇"兴

产业兴旺是解决农村一切问题的根本前提，产业融合发展是乡村振兴的支撑点和关键所在。科学规划，结合自然资源的禀赋、社会资源的沉淀和产业基础的积累，宜种则种、宜养则养、宜林则林、宜旅则旅、宜工则工、宜商则商，因地制宜，避免重复投资和同质化竞争。关注引导和激励龙头企业、工商资本、社会名流等社会资源助力乡村振兴，推进城区企业发展链条向农村延伸，尽可能将绿色生态的种养业、加工业和特色手工业放在乡村，产村融合，让村民就近就地就业。整合资源、互补资源、用活资源，大力发展新型化三产，主要包括网络新零售、个性化定制、精准化配送、居家养老保健等能为乡村居民就近提供生活与生产性服务的新型服务业。加强农产品品牌建设，鼓励具有地域特色和文化传统的产品申报注册商标、名牌产品和地理标志，把特色地域资源优势转化为市场竞争优势。抓住国家大力发展数字农业的契机，将数字技术与农业发展深度融合，构建大数据服务平台，建立市级平台间、辖市区平台的数字农业联动机制，积极探索数字农业发展路径，让数字化驱动农业现代化。

乡村振兴必须依靠一支强有力的"三农"工作队伍。一是创新人才引进与培育。完善引才育才用才留才长效机制，畅通智力、技术、管理下乡通道，搭建平台，建立有效激励机制，不唯职称、不拘一格，不求所有、但求所用，鼓励和支持外来人才创业就业。同时，盘活开发本地人才资源，发掘传统技能技艺大师。发挥本市高校资源优势培养科技创业带头人，培育新型职业农民。二是优化干部队伍结构。基层党组织引导村民正确参加换届选举工作。公开选拔，党委考察，选出素质高、能力强、群众公认度高的村级带头人，进一步健全驻村第一书记的选派管理、村级后备人才选聘管理等制度，并不断提升干部履职能力。三是发挥党员先锋模范作用。科学、动态管理，保证党员队伍的纯洁性和先进性，把素质高、能力强、信仰坚定的党员充实到党务工作队伍中来，组织开展党员联系农户、党员户挂牌、承诺践诺、设岗定责、志愿服务等活动，强化党员的身份意识、岗位意识、责任意识，推动党建引领走深走实。

（三）服务保障，三治融合

加大对乡村的资金投入，优化平台、整合资源、便民服务，继续强化农村社会公共服务和社会保障体系建设，加强基础性、普惠性、兜底性民生保障；从文化知识、科学技术、政策和信息等方面加强服务引导，把满足百姓根本利益的公共需求作为提升能力的主要方向，形成为农民群众服务的常态化机制。

一是自治为本。村"两委"成员作为村民的"带头人"，要为村民参与治理搭建平台，拓展渠道，确保普通村民充分参与自治，健全村民大会和村民代表大会制度。推广"戴庄经验"，发展农业社会化服务组织，培育集体经济联合体，探索"村社协同"乡村治理模式。二是法治保障。优化权责清单、加强村务公开，从法律人员、普法宣传、纠纷解决机制、法律服务体系等方面推动法治资源下沉，让法治扎根乡村。三是德治支撑。进一步弘扬社会主义核心价值观，建立道德激励约束机制，凝聚村民价值认同。发挥村规民约在乡村德治中的积极作用，用美德感召村民和睦相处。出台鼓励发展乡贤文化的政策措施，完善乡贤回乡的配套政策，搭建新乡贤参与乡村建设和回乡创业的平台，发挥乡村人才在乡村治理过程中的榜样和模范带头作用。

（四）科技助力，文化润泽

依靠"互联网+电子政务"，让数据和网格员多跑腿、村民少跑腿，使村民及时更好地享受到政府服务；村民足不出户，即可利用现代信息手段了解村级事务、发表意见、参与管理；创新开展"大数据+基层治理"，通过大数据分析和预警，将"事后风险"提到"事前预防"，同时，全面联系、联动治理主体，实现精细化管理。通过网格内的信息化平台，实现监督与处置相分离，有效提高基层治理效率。

文化的兴盛关系到乡村持续发展的内生动力。要筑牢传统文化根基，大力实施乡风文明提升工程，涵养村民文明素质。加强乡村文化遗产保护，深度挖掘乡村传统艺术、传统民俗、人文典故和地域风情，利用重大纪念日、传统节日开展活动，增强村民文化和情感认同，用文化浸润人心。推进乡村文化阵地建设，按照有场地、有师资、有制度等要求，推进农家书屋、农村文化站建设，为群众提供更多的文化活动，用文化丰富精神。传统文化与时代结合，将农耕文化、传统文化、革命文化、先进文化通过宣传教育的方式潜移默化地渗透到乡村道德建设中，深入新时代文明实践建设，用文化振兴乡村。

课题组成员：张　雯、毛励竞、何水清、王少寅、盛玉全

江苏推进省域社会治理现代化研究

——以镇江为样本

| 中共镇江市委党校课题组 |

高效的市域社会治理可将重大矛盾问题和各种风险隐患化解在萌芽、解决在基层，为实现省域社会治理现代化奠定基础。本文以镇江为样本，对社会治理现代化在市域层级的实践进行分析和阐述。

一、推进市域社会治理现代化的重要意义

市域社会治理是国家治理的基石之一，加快推进市域治理现代化，是推进基层社会治理现代化的关键一环，关系到国家治理体系和治理能力现代化顶层设计的贯彻落实，关系到市域社会的和谐稳定及党和国家的长治久安。

（一）中央不断探索根治"城市病"的实践良方

改革开放以来，我国经济迅猛发展，人口、技术等各类要素越来越向市域聚集，城镇规模不断扩张。城市高速发展带来红利的同时，也产生一系列难以根治的"城市病"，如环境污染、基础设施和服务滞后、交通拥堵、房价上涨等。这些"城市病"的出现，一定程度上阻碍了经济增长，扰乱了社会秩序。党的十九届四中全会指出，要坚持和完善共建共治共享的社会治理制度，为市域社会治理开出了"对症良方"。推进市域社会治理现代化，标志着我国在社会治理的制度和实践层面，向现代化不断趋近。

（二）应对各类新型社会矛盾风险挑战的正确选择

当前，新型社会矛盾风险的传导性、流动性不断增强，从酝酿发酵到集中爆发，周期不断缩短，牵涉的利益群体、资金往来、具体诉求等各类矛盾要素更加复杂。而市级享有地方立法权，具有相对完备的行政和司法权限，具有更大、更灵活的自主创新空间，能够更好地统筹基层，完善微观层面的操作方案和具体解决办法，将风险隐患化解在萌芽、解决在基层。

推进市域社会治理现代化，就是要突出市级层面在地方社会治理中的"主导者"角色定位，更为有效地应对城乡区域发展过程中各类新型社会矛盾风险和挑战，落实落靠以人民为中心的发展思想。

（三）落实省委决策部署，建设"强富美高"新镇江的重要举措

2021 年是"十四五"规划开局之年，省委明确提出要全面推进社会治理现代化，镇江市作为长三角一体化、宁镇扬一体化等区域发展战略的重要成员，在社会治理方面已经形成一些地区经验和典型做法。例如，京口区京口路街道阳光世纪花园社区"一个核心，三方联动"的治理模式、京口路社区"336 工作法"等较为成熟的治理经验，被中央、省、市多家单位学习借鉴。对镇江市社会治理典型案例进行调研梳理，就存在的短板进行分析，有助于进一步提高镇江社会治理效能，更好地推进市域社会治理现代化和建设"强富美高"新镇江目标的实现。

二、镇江市域社会治理现代化的现状分析

（一）镇江市域社会治理的典型案例

1. "一核两网三集成"的社会治理新体系初见成效

以镇江新区为代表，实施的"一核两网三集成"社会治理体系，探索出一条高效能治理新路径。"一核"即坚持党建引领核心。镇江新区坚持推动"支部建在网格上"，党组织和基础网格同步设置、党组织负责人和网格长同步配备、党建工作与网格事务同步推进。"两网"即建好企业和社会两个网格。镇江新区实现社会网格和企业网格全覆盖，构建起精细化社会治理共同体。划分出"镇街道—村社区—片区"的三层级社会网格；新布局 38 个企业网格，2400 多家企业均可享受线上线下快捷高效服务；梳理项目推进、帮办代办等 10 项服务清单，干部下沉一线提供专班志愿服务；各园区板块、镇街道建成 7 个集成管理分中心，实现"一个平台总调度"。"三集成"即深化集成受理、集成办理、集成处理。以企业群众需求倒逼政务流程再造，实现"集成受理—集成办理—集成处理"全流程闭环运行。开通 88012345 热线，上线"清上加亲，宜企在线"微信小程序，畅通了诉求信息渠道；派单事项"24 小时内响应，48 小时内办结"；按照事项的难易程度，分别通过网格员、集成管理指挥中心、分管委领导或常务会议解决处理。通过这一新体系的实践，治理单元更细化，更加贴近企业群众需求，

社会治理效能持续提升。

2. 打造了新时代社区工作者职业体系建设的"京口样本"

针对社区工作者队伍建设普遍存在的队伍不稳定、选聘不规范、晋升不通畅、能力不适应、任务不明晰、保障不到位、社区工作者职业荣誉感归属感不强等突出问题，京口区在全省率先开展社区工作者职业体系建设试点，探索形成了"六有六化"工作路径。一是以系统化思维破解队伍突出问题。把破解社区工作者队伍建设突出问题立项为市委、区委"书记项目"，按照人力资源管理"六大模块"，出台《关于构建京口区社区工作者职业体系的意见（试行）》"1+6"文件，梳理出50项重点工作项目，明确时间节点和责任分工，组织部牵头民政、人社等单位协同落实，编制了集制度、实践、理论成果于一体的《"书记项目"地图册》，为全市构建社区工作者职业体系提供了可复制、可推广、可借鉴的"京口样本"。二是以综合化方式拓宽队伍源头活水。依据各社区服务人口，核定每个城市社区"社工编制"，同时建立社区工作者信息库，实行员额控制、动态调整。推行资格认证和持证上岗制度，面向在岗的街道和社区工作人员考聘"双全"社工，纳入"社工编制"管理，有效破解了社区工作者的身份难题。三是以专业化培训提高队伍综合素质。构建"1+X"社区工作者素质培养模式。"1"即实施"双全"社工培养工程，设置通用、业务、提高和综合课程4大类50项培训内容。"X"即打好以学代培、以赛促培、以践带培"组合拳"，通过赴先进地区现场教学、开展"双全"社工技能大赛、举办"网格故事分享会"、实施"三社"联动等措施，提升了社工队伍素质。四是以制度创新打通队伍晋升通道。建立并实行社区工作者基本报酬与岗位等级相对应并定期增长机制，每3年晋升一个等级，使每个社区工作者在工作年限增加、岗位提升、能力素质提高后，岗位等级和薪酬待遇随之提高。同时，加大从优秀社区工作者中定向招录公务员、发展党员、选拔人才力度，并推荐担任各级党代表、人大代表和政协委员，切实提高社区工作者的工作积极性。五是以多样化手段激励队伍干事创业。建立"三岗十八级"薪酬体系。"三岗"即社区正职、副职和工作人员三种岗位。"十八级"即各岗位按照工作年限、受教育程度、相关专业水平等综合因素，设置1至18级岗位等级和基本工资系数。对应岗位等级按"最低基本工资×基本工资系数"确定基本工资，为年收入的70%；剩余30%根据考核情况确定4个档次绩效工资，使多劳多得成为常态。六是评价有导向，以科学化考核激发队伍生机活力。编制翔实的社区工作者岗位说明书，建立工作实绩、网格服务和群众满意度占90%权重的考核评价机制，把考核结果作为岗位调整、等级调整、薪酬待遇、奖励惩戒、续聘解聘的重要依据，并对工作业绩特别优秀的社区工作者予以表彰奖励。

（二）镇江市域社会治理存在的问题分析

1. 智慧型社区网格化治理模式还没有全面推开

从全市层面来看，还有部分社区开发层次较低，各层级、各部门数据未能有效整合，基层网格工作人员疲于应付，无法适应多元化、高标准的服务需求。以官塘街道为例，52名网格员中，村（社区）干部占比近50%，年龄50岁以上占比42.3%，对信息化应用不熟悉。一些社区受传统路径依赖的影响，管理思维还居于主导地位，多元主体治理格局尚未真正形成。部分网格员主要精力在抓网格登录率、巡查走访率和事件办结率等考核指标上，主动联系服务群众的意识不强，一些街道机关部门、村（社区）和网格的资源整合、协同配合还不强，房屋、人员、事务等信息未能实现有效共享，对矛盾纠纷、安全隐患、环境污染、群众诉求等事务的处理未形成合力。

2. 城乡接合部成为推进基层治理的薄弱点

一是城市化进程"提速"带来矛盾纠纷。征地拆迁、道路施工、工业集中区建设等造成的矛盾纠纷，直接关系群众切身利益，处置难度较大。2020年镇江市列控的"非访"重点人中，约70%的原始诉求问题均与农村土地征用拆迁和城镇房屋拆迁补偿相关。二是人口结构复杂导致治安问题突出。城乡接合部居民就业不稳定，法制观念淡薄，违法犯罪现象相对较多。从2019至2020年镇江市城乡接合部各派出所接报的有效违法犯罪警情看，约占市区所有违法犯罪警情的40%；立案侦办的涉黑涉恶犯罪案有45%发生在城乡接合部。三是体制不畅造成管理薄弱。城乡接合部基本上仍然沿用村级管理体制，有的村即使已经改成社区，但本质上仍然是村级组织。行政体制改革滞后和属性的不统一，导致城乡接合部行政管理权力交错，效率低下。

3. 社会组织参与社区治理的成效不够理想

一是社会组织自身能力不强。多数社会组织人员不稳定、用工随意性大、管理相对松散，党组织覆盖率偏低，主动参与社会治理的意愿不强；部分社会组织定位不明确、服务质量低，生存和发展过多地依赖于政府部门。二是政府支持扶持力度不够。对社会组织还缺乏规范化、制度化的扶持政策，政府支持力度尚显不足；政府向社会组织购买服务的机制不健全，特别是在服务项目的招标、评估、监督等方面不够专业透明，政府需要转移的职能与社会组织能够提供的服务衔接不畅。三是公众认知和认同程度不高。部分街道、社区对于如何借助社会组织的力量开展公共服务，缺乏系统思路和有效举措；群众对于社会组织知晓率还不高，认同感有限。这都不利于社会组织健康快速发展。

三、推进镇江市域社会治理现代化的对策建议

推进市域社会治理现代化，必须强化问题导向、效果导向，坚持有的放矢、精准发力，加快形成人人有责、人人尽责、人人享有的社会治理共同体。

（一）深化社区网络治理，推动智慧型网格化全面铺开

一是构建完善具有快速决策能力的大数据研判中心。利用大数据分析技术、物联网技术等，对社会治理数据进行深度挖掘，重点关注服务小微企业、科技创新型企业，重点关注危化品、渣土车、建筑工地等特殊对象，重点帮扶高龄老人、五保人员、帮教对象等特殊人群，把这些与基层群众息息相关的大数据归集好、治理好。同时进一步完善市、县（区）和基层社区的信息资源共享交换体系，打破纵向、横向部门系统单线壁垒，全面实现信息系统集成，有效破解信息碎片化、条块化、人力和运行成本高、快速反应能力不足等问题。二是因地制宜强化协调联动机制。进一步明确社区网格和职能下沉部门的职责，强化联合整治、联动管理，把文明创建、公用设施、建设管理、市（村）容环卫、卫生健康、社保医保、民政事务、纠纷调解、社会治安、安全生产、道路交通、生态环保等领域的事项纳入社区综合网格建设管理内容，与各管理部门根据机制需要协同组合，对小区管理难点、顽症问题进行联动、综合治理，推动道路管理边界和灰色地带、时间盲区，以及涉及相关企业、单位问题的整改，真正做到"民有所呼，我有所应"，把矛盾诉求化解在源头、消除在萌芽。

（二）细化工作标准，进一步完善乡村治理路径

一是要坚持党建引领。要以党支部标准化建设为基础，严格落实"三会一课"等制度，充分发挥党支部在推进乡村振兴、实现乡村治理现代化

进程中的作用，将党员凝聚在农业产业链上，将党旗插在田间地头，切实提升党员和群众对基层党组织的归属感和认同感。要通过组织开展党员联系农户、党员户挂牌、承诺践诺、设岗定责、志愿服务等活动，推动党员处处带头、事事当先，带动群众全面参与农村社会治理。二是要强化系统推进。要丰富"自治"体系，持续推进村事村办、村民自治，形成村务全面公开、村民全程监督、发展全民参与、利益全员共享的乡村治理新格局。如茅山镇丁庄村合作联社通过社员积分管理制度，将社员诚信经营、遵规守约、邻里互助等情况折算分值纳入社员积分激励，有力提升了农民建设美丽家园、和谐家园的治理意识。要发挥"法治"作用，紧盯乡村治理中存在的"漠视法规"突出问题，不断强化法治的宣传和运用，让群众办事依法、遇事找法成为行为准则和自觉习惯。要筑牢"德治"基础，结合新时代新要求，大力提倡、推广移风易俗，注意用榜样的力量带动村民奋发向上，不断提升农民素质和乡风文明程度。要提高"智治"水平，建立健全集信息采集、纠纷受理、智能研判等功能于一体的社会治理智慧系统，精准发现问题、快速解决问题，推动乡村治理转型升级。三是要注重以人为本。群众是乡村治理的中坚力量，要通过各种途径收集群众所思所想，发动群众积极参与自治。如京口区四牌楼街道制定的阳光议事规则"四类十六条"，就很好实现了"民事民提、民事民议、民事民决、民事民评"。四是要优化资源配置。以农民生产生活需求为核心，推动农村空间布局各类资源科学整合，切实把各类要素资源精细精准精明投入到农村最薄弱、最需要、最重要的环节，特别是在土地流转、技术支持、资金投入等方面给予最大支持力度，不断激发乡村治理的内生动力。

（三）坚持综合施策，妥善解决城乡接合部治理难题

一是要进一步强化基层组织功能。加快推进"村改居"后社区居委会的职能转变，推进审批服务综合执法一体化平台的运用，建立人与人、人与物、人与组织的有效连接，提升城乡接合部基层治理网络化、智能化水平。积极探索"党建+"社区治理模式的创新路径，推进党建与社会治理的深度融合，切实增强基层党组织在社会治理中的向心力、凝聚力。充分发挥村（社区）对就业的促进作用，结合城乡接合部的人员特点，尽可能开发适合的就业岗位及一些公益岗位，保证绝大部分人员能够就业。二是要建立健全开放性公共服务体系。针对外来居民多的特点，建设更加完善的一站式服务中心，将社区居民的教育、医疗、社保、民政等方面的服务整

合进来，一窗式受理、一站式办结、一条龙服务、阳光下操作，推动居民社会保险等相关服务的异地办理业务，使外来居民在社区就能享受到便捷的服务。三是要加快构建新的社区文化纽带。打造线上线下融合的交流平台，线上充分发挥微信群、公众号等新媒体平台作用，推送生动有趣并受广大居民欢迎的社区新闻与活动，并以此为依托构建网上办事平台；线下定期开展养老服务、健康讲座、少儿培训等贴近居民生活的系列活动，促进不同阶层社区居民交往交流交融，培育良好社会生态。促进乡土文化与城市文化的交流融合，组织丰富多彩、具有社区地域特色的文体活动，切实增强居民特别是外来居民的融入感和获得感。

（四）优化社会组织培育，打造新型社会治理共同体

一是要加强对社会组织的培养。以"共治"为核心，对政府的权力边界、社会组织的活动边界、群众的权利范围进行清单化整理，进一步优化、降低社会组织注册登记门槛，也可以用政府购买服务、定点培育等形式进行扶持，或是招聘社会事务社工，以专职社工的职业化代替政府直接管理。二是要着力推进社会组织专业化建设。就社会组织内部结构和制度，建立有指导意义的模板，明确其内部分工和职责，强化专业人才的引进和培养，加强与社会其他资源的相互沟通联系，引入更富有专业性的企业、机构参与其中。同时加强宣传激励，通过召开社会组织推介会和各类特色活动，积极宣传优秀社会组织案例，推动学习交流，强化线上线下双推荐，营造社会组织良好发展环境。三是要注重创新服务模式。如京口路社区创新打造了道德、食品、艺术、民生、健康、时间"六大银行"。道德银行实行"5换1"制度，即入驻团队和居民可免费使用社区各类活动场地，但每活动5小时，就需要在社区梳理制作的困难家庭"需求清单"里挑选1项，提供1小时的服务。在社区的牵线下，社区内的商家和群众通过这些"银行"对贫困家庭实行结对帮扶；贫困家庭通过这些"银行"实实在在受益，并且会更加愿意尽自己所能帮助别人，有效提高了群众参与社会治理的积极性和主动性。

课题组成员：张玉枚、司海燕、姚永康、
李秋阳、万建鹏、戴　勇

共同富裕视域下的城乡法律保障研究

| 中共镇江市委党校课题组 |

中共中央在关于第十四个五年规划和二〇三五年远景目标建议中首次把"全体人民共同富裕取得更为明显的实质性进展"作为到 2035 年基本实现的远景目标之一。城乡法律保障是社会发展的路径，镇江要实现新时代共同富裕，必须与城乡治理相统一，为城乡发展和共同富裕勇担责任、靠前指挥。

一、镇江城乡法律保障的现状

为深入贯彻落实法治，护航城区法治战略，充分发挥法治在保障乡村振兴战略中的核心作用，镇江着力完善公平公正的城乡法律保障服务体系，厚植法治土壤。

（一）纵向全覆盖，全面构建三级公共法律服务体系

目前，镇江建成了市、区、镇、村四级大众法治网络体系，设立了法律服务点、弱势群体律师援助中心、矛盾调解室、公证办事处、涉法涉诉联合接访中心等功能室。镇（街道）挂牌成立镇（街道）公共法律服务中心，并依托新建成的司法所设立公共法律服务中心一站式服务大厅。各镇（街道）全部成立了 12348 法律服务队和法律诊所。村（社区）均建成了司法惠民服务站和律师工作室，覆盖率达 100%，基本建成了覆盖城乡的一体化综合法律服务体系。镇江法治办加强基层村（社区）法治文化建设，所有村（社区）法治宣传栏实现全覆盖。其中，凤凰社区百米法治文化长廊、金港社区法治文化公园等被评为省级法治文化示范点。

（二）横向全整合，全面深化基层民主法治建设

镇江在市、区、镇（街道）三级中心充分整合公共法律服务资源，将法治宣传、人民调解、公证法援、特殊人群管理服务全部纳入公共法律服务范畴，为新区群众提供"一站式、窗口化、综合性"公共法律服务。区、镇（街道）两级公共法律中心均设立矛盾调解室和律师咨询室，常年有人

民调解员、法律服务律师坐班，一般矛盾就地化解，疑难复杂纠纷经专职调解员、律师、司法所长合议会商，绝不激化上交。不断完善"四民主，两公开"，加强党务、村（居）务公开，大力强化"民主决策、民主管理、民主选举、民主监督"，在村（社区）建立"有话请您说"群众议事平台，大力畅通群众利益诉求表达渠道。现有多个村（社区）被评为国家级民主法治示范村（社区）、省级民主法治示范村（社区）。

（三）服务零距离，全面提升公共法律服务水平

镇江在全面建成区、镇、村三级公共法律服务体系的基础上，推行12348法律服务队和"一村一顾问"服务机制，为多家村（社区）配备了法律顾问律师。法律顾问律师定期到所挂钩联系的村（社区）开展法治讲座，帮助化解矛盾纠纷，协助制定村规民约，提供免费法律咨询，群众不出村（社区）即能得到零距离、全方位、高质量的法律服务，基本形成了"农村1小时""城市半小时"的公共法律服务圈。镇江积极推进镇、村网格化管理，先后制定下发了《关于创新网格化机制的意见》《关于切实加强创新网格化社会治理机制工作的通知》等一系列文件，构建了安全监管、环境保护、城市网络、法律咨询、医患治理、工会保障、社会团体、志愿服务、平安综治、基层党建等"十网归一"的乡村社会治理格局。

（四）强化科技赋能，全面拓展线上线下法律服务功能

2022年以来，每个社区和村都建立了"法律民生群"，每个微信群均吸纳群众100人以上，在线为群众提供法律服务，形成了线上线下有效联动、网络平台与实体平台无缝对接的服务机制。同时城市法治建设体系做到城市法律保障的新要求，积极探索"数据决策、数据管理、数据创新"管理方式，提高城乡法治管理的工作效率。利用智慧法治应用平台，建立覆盖市、区、镇（街道）、村四级的高科技手段的法律保障系统，通过网络管理的整体运作，依托数字化法治系统，坚持精准采集、精细处置、精心核查，推动科技与法治相互促进、融合发展，全面建设大数据下的智能法治镇江。

二、共同富裕视域下镇江城乡法律保障的路径

法治是治国理政的基本方式，在促进全体人民共同富裕的道路上，法治是重要的保障。因此，镇江必须运用共同富裕视域，打造城乡法律保障

的路径，用法治的视角看待共同富裕，用法治的头脑思考共同富裕，用法治的方法抓好共同富裕。

（一）用法治融合城乡文化

镇江将法治文化建设植入吃、住、行、游、购、娱各个环节，广泛开展图文并茂、形象生动、群众喜闻乐见的文化活动，组织丰富多彩的法治文艺下基层、以案释法宣讲、法治文艺汇演、法治书画展览、法治图书阅读、法治微电影联播等群众性法治文化活动，推动法治文化深入人心。

1. 注重法治文化宣传

镇江通过青山绿水的地理优势，推动法治文化融入镇江印记，着力打造与城乡发展相协调、与生态环境相融合、与公共文化服务相互补的法治文化景观集群。按照全线一盘棋、区域有特色的思路，紧抓沿江特色示范段建设项目，积极推动各地将法治元素融入沿江生态景观带建设，百里沿江法治文化长廊美景逐步形成。在长长的滨江步道上，普法小卫士"小蓝鲸"带路，"保护长江"等普法小贴士点缀其中。市民可以在休闲娱乐中观赏法治短视频，翻阅法治书籍，新颖独特、形态各异的网红"法治景点"可以让市民遇见法律、感受法律、学习法律。目前，镇江法治文化乡村旅游体验线已成体系，环境保护服务中心、滨江公园普法志愿者驿站、长江生态法治主题公园、长江青少年素质教育实践基地等沿江区域特色法治文化阵地串联成线，犹如一串美丽的珍珠流光溢彩、熠熠生辉，显示了无限的生命力。

2. 合理设立法治文化阵地

近年来，镇江着力打造文化特色鲜明、法治内涵丰富、文明程度较高的村级法治文化阵地，形成"覆盖城乡、便捷群众、设置合理、形式多样"的村级阵地建设体系。按照镇江"乡村振兴示范村、先进村"培育整体方案，针对纳入培育的先进村、示范村的法治文化阵地达到600平方米以上、设立法治宣传电子屏的要求，推动村级阵地建设落地生根、提档升级。目前，已完成多个先进村、示范村建设任务，建成省级和市级法治文化阵地。镇江茅山风景区创成镇江市首家省级"法治文化特色园"，以法治文化建设为中心，茅山风景区司法所、网格化集成管理中心、江苏省检察官学院、茅山风景区旅游法庭、景区法治文化广场为布局，通过"一中心，五阵地"的形式，将一个个蕴含着法治文化元素的景点串联呈现，以此形成镇江市首条法治文化体验线。润州区七里甸街道青少年平安法治文化公园，是镇江市以青少年平安法治文化为主题的普法公园，占地面积大约1000平方米，通过法治漫画、名家名言、普法园地、人物拼图等展示平安法治文化，是青少年休闲、娱乐的主要场所之一。

3. 将传统文化融入到法治学习中

镇江创新普法形式，在《民法典》宣传月活动中，各村居中心路段编发普法小册子，以《民法典》小知识为主要内容，以通俗易懂的形式解读《民法典》基本原则，并辅以有趣的漫画小故事，让来来往往的群众驻足学法，被称赞为老百姓学法的"小红书"，大大提升了普法依法治理成效。群众在娱乐中受到了法治的熏陶。传统文化通俗易懂，朗朗上口，群众易接受易入脑。镇江通过正确引导，让法治文化建设与传统文化相结合，形成了普法宣传与书法、戏剧表演等相结合的宣传氛围。

（二）用法治护航城乡融合发展

1. 把牢政治方向，深入学习贯彻习近平法治思想

镇江坚持把学习贯彻习近平法治思想作为一项长期的政治任务，深刻领会科学内涵，精准把握实践要求，把这一重要思想转化为法治镇江建设的强大动力和生动实践。镇江将学习贯彻习近平法治思想纳入镇江市法治建设中长期规划和年度工作要点，纳入党委（党组）理论学习中心组学习、干部教育、理论培训，下发学习计划，提出明确要求，推动学习贯彻习近平法治思想落实见效。全市多次召开专题学习会，举办习近平法治思想各类培训、调训、讲座近百期，培训人员近万人次。

2. 加强党的领导，统筹推进法治镇江建设步伐

镇江充分发挥党总揽全局、协调各方的领导作用，加强整体谋划、顶层设计，将法治建设归为镇江全市总体考核目标和年度工作重点工作，与经济指标统一管理、部署督促、奖惩考核；出台《法治镇江建设规划（2021—2025年）》《镇江市法治社会建设实施方案（2021—2025年）》《镇江市贯彻落实〈法治政府建设实施纲要（2021—2025年）〉实施方案》等文件，将法治建设纳入年度工作计划，结合自身实际，分解任务清单，压实主体责任，推动工作规范化、制度化、科学化；严格执行党政主要负责人履行推进法治建设第一责任人职责规定，将履行推进法治建设第一责任人职责情况列入年终述职内容和常规巡察范围，层层压实责任，着力构建上下贯通、协同高效的工作体系。

3. 突出提质增效，全面推进科学立法、严格执法、公正司法、全民守法

镇江准确把握新时代法治建设规律，以科学立法为前提，完善立法体制机制，确保所立的法规规章都能够立得住、行得通、真管用；以严格执法为核心，深化全省法治政府建设示范市创建，完善依法决策机制，健全行政决策风险评估机制，推动各级各部门依法行政、依法履职；以公正司法为保障，深化司法体制改革，健全司法权监督制约体系，筑牢维护社会公平正义底线；以全民守法为基础，健全完善领导干部学法用法长效机制，全面推进领导干部任前学法考法制度和宪法宣誓制度，实施城乡"法律明白人"制度，建立"办事依法、遇事找法、解决问题用法、化解矛盾靠法"的法治体系。

4. 紧扣中心大局，充分发挥法治固根本、稳预期、利长远的保障作用

镇江坚持围绕中心、服务大局，把法治建设与全市中心工作、重点工作更加紧密地结合起来，切实以法治促发展、以法治抓改革、以法治保稳定；制订普法公益项目 35 个；开展村规民约、居民公约专项梳理活动，培育村（社区）"法律明白人"6000 余名，创成国家级民主法治示范村（社区）11 个、省级 358 个，723 个村（社区）实现"援法议事"全覆盖。通过常态化、立体式、精准性的全民普法，有力有效推动了全民守法。全面推进证明事项告知承诺制，持续优化法律服务供给，扎实开展"我为群众办实事"实践活动，人民群众的法治获得感不断增强；常态化开展"六防六促"，深化"四治融合"，推进"三零"创建，依法严厉打击违法犯罪问题，有效维护社会大局稳定。

（三）法治建设提升群众获得感

1. 打通基层治理网络"活细胞"，使习近平法治思想进千家入万户

以网格为单位，设立以 40 至 60 户为一个单元的微网格，吸纳老党员、老教师、社会民营组织进入微网格，同时将"法律明白人"嵌入微网格，在网格内开展矛盾纠纷调解、法律法规宣传、社会治理各类信息收集，通过"唠家常话长短""小马扎小方凳小圆桌"等形式将习近平法治思想及基层法治化治理理念带入千家万户，引导广大百姓"办事依法、遇事找法、解决问题用法、化解矛盾靠法"的法治思维，真正意义上实现居民自我管理、自我服务、自我教育的全面自治。

2. 通过传帮带"练筋骨",为乡村振兴注入法治动能

整合公共法律资源,定期邀请驻村居法律顾问组织辖区网格员、微网格员、"法律明白人"等志愿者开展习近平法治思想、宪法、《民法典》、《反家庭暴力法》等法律知识宣讲活动,并通过参与村规民约制定修改、重大疑难矛盾调解、援法议事等活动,向基层村组织灌输依法治理理念。组织驻村居法律顾问在项目评估、合同签订、项目落地等活动全过程给予法律风险防控把关,针对项目中的疑难问题召开专题研讨会,确保项目顺利落地。同时,定期走访辖区中小微企业,为企业经营中的用工、合同及制度建设"搭脉、问诊",并提供全方位的"法治体检",不断提高企业管理人法治意识及法律素养。

3. 集中发力"壮中枢",促进法治建设走实走深

为进一步优化法律顾问制度建设,出台《镇江市人民政府法律顾问工作规则》,对法律顾问的选聘、服务范围、考核管理等作出具体规范,同时将公职律师、社会律师吸纳入法律顾问队伍,打造了一支熟悉政府事务、能够运用法治解决实际问题的法律顾问服务团,为市、镇两级政府重大行政决策提供法律咨询与法律意见,确保重大决策部署有法可依、有据可循。先后组织结对律师深入村(社区),开展"打击传销和金融诈骗"普法宣传、"迎新春,讲法治,惠民生"专题普法讲座、"宪法进万家"等活动,通过法治讲座、法治报告会、广场法律咨询、典型案例分析等形式,给村(居)民普及相关法律知识,零距离服务群众,提高广大村(居)民尊法守法意识。

三、用法治力量保障共同富裕的对策建议

用法治力量保障共同富裕的有效推进,犹如搭积木,最终环环相扣才能形成良好的闭环,为安宁和谐的社会奠定坚实基础。

(一)创新农业农村领域执法,优化法治化营商环境

切实履行部门监管职责,推进包容审慎监管和柔性执法工作落实。可以制定《农业农村领域实施包容审慎监管和柔性执法的指导意见》,优化农业农村领域营商环境,助力企业持续健康发展、做大做强做优。在"两轻一免"清单基础上,补充调整完善农业农村领域包容审慎监管和柔性执法"四张清单",即《不予行政处罚事项清单》《从轻行政处罚事项清单》《减

轻行政处罚事项清单》《不予实施行政强制措施事项清单》。将镇江市农业农村领域社会信用好、成长潜力大的企业纳入包容审慎监管和柔性执法企业名录。对纳入名录的企业，优先采用非现场监管、触发式监管、提示性监管等柔性监管方式，除投诉举报、大数据监测、转办交办案件线索及法律法规和规章另有规定外，根据实际情况可不主动实施现场审查；在进行"双随机、一公开"监管时，对纳入名录的企业，可以以非现场监管、书式材料审查为主，减少对企业正常生产经营活动的干扰。对符合国家和省、市政策导向、有发展前景的农业农村领域新业态、新模式、新产业、新经济等企业，实行包容审慎监管和柔性的执法程序，优先采取"教育提醒、劝导示范、警示告诫、行政提示、行政指导、行政约谈"等包容监管方式，审慎使用行政强制、行政处罚等严厉执法措施。对于符合《不予实施行政强制措施事项清单》中所列举的情形，农业执法部门在执法中不采取强制措施；对于符合《不予行政处罚事项清单》中所列举的情形，当事人积极改正的，可免予行政处罚，不录入市场主体信用档案。依托"镇江市一体化监管平台"（在建）和国家企业信用信息公示系统，运用企业信用风险分类结果，科学确定双随机监管的对象、比例和频次，开展差异化、精准化监管，实现监管"无事不扰"而又"无处不在"。聚焦普遍性问题和市场存在的突出风险，针对监管职能交叉的领域积极推进部门联合双随机监管，切实减少涉企检查数量，有效解决重复监管、多头执法等突出问题。探索推进在农业农村领域进行信用分级分类管理，出台分级分类监管办法，对信用风险较高的，纳入重点监控名录。按照新修订的《行政处罚法》的原则要求，修改完善《农业农村领域行政处罚裁量标准》，并向社会公开，全面规范全系统行政处罚行为。针对被列入经营异常名录（标记为经营异常状态）的、被列入严重违法失信名单的、受到农业部门行政处罚并公示的三类农业农村领域市场主体，沟通镇江市信用办、镇江市市场监管局，争取在镇江市农业农村局网站开通"国家企业信用信息公示系统信用修复"功能，畅通信用在线修复渠道，发布信用修复流程图，助企重塑信用，促进稳定发展。继续推进"证照分离"和审管联动工作，通过"审批—备案—承诺—准入"的优化方式，破解"准入不准营"问题，简化审批程序、精简审批材料、压减审批时限，有效降低市场主体许可成本，进一步激发市场主体活力。出台加强审管联动提升事中事后监管效能工作实施意见，明确审批职责，夯实监管责任，强化审管协调联动。理顺信息共享机制，为提升事中事后监管效能提供监管参考信息。

（二）培养"法律明白人"，把矛盾化解在萌芽状态

在"法律明白人"的选任、培育、考核方法上具体化，发挥"法律明白人"在社区、乡村、网络社会治理中的最大优势，助推基层社会治理提质增效。首先，通过健全工作机制、压实基层责任、完善选任制度，实现在选任上做文章，树立社会治理"主心骨"。其次，通过培育机制联动化、内容精准化、形式多样化，在培育上做拓展，构建社会治理"蓄能池"。通过组织"法律明白人"参加法庭旁听庭审、法律业务培训，提高其运用法治思维和法治方式，熟练应对突发安全事件、公共卫生事件、弱势群体事件的能力。建立"法律明白人"业务交流群，开展线上培训和业务交流。最后，采取强化法律意识、维护和谐稳定、依托网格化管理机制等措施，在考核方法上下功夫，解好社会治理"方程式"。

"法律明白人"是法律法规的讲解员、宣传员，也是社情民意的传递员。通过法治培训，人民群众能更加规范和明确自己的职能。社区更和谐，邻里更和睦，人民群众才能把更多的精力放在生产生活上，日子也才能越过越好。培训后可以把工作细分得更加科学、合理、规范，避免出现法律上的偏差，更有助于结合实际解决基层邻里纠纷等问题，把矛盾纠纷化解在萌芽状态，形成广大人民群众尊法、学法、守法、用法的新格局和良好氛围，促进人民群众共建共治共享，做到矛盾不出村、矛盾不上交、化解在基层。持续开展"法律明白人"培养工程，通过"线上+线下"培训的方式，有效提升"法律明白人"在参与安保维稳、宣传政策法规、引导法律服务、化解矛盾纠纷、基层社会治理等工作方面的能力、水平和素养。"法律明白人"能在推进基层民主法治建设、提高群众法治素养、预防和化解社会矛盾、促进"三治融合"中发挥示范引领作用，为经济腾飞奠定良好的社会环境基础。

（三）模拟法庭进校园，法治教育润无声

青少年的健康成长始终是党和国家关心的大事，人民法院可将坚持审判职能与社会治理相结合、教育挽救和司法保护相统一的原则，持续开展"司法为民，关爱未成年人健康成长"法治宣传教育活动。通过模拟法庭、法治名誉校长进校园等方式，形成院、校联动，努力提升法治校园建设水平，依法守护未成年人各项权益，陪伴青少年成长每一步。要注重法治教育宣传的实效性，促使青少年不断增强自觉遵守法律、尊崇法律的信念并争做法律的忠实崇尚者、自觉遵守者和坚定捍卫者，让青少年在学习和成

长的道路上时刻沐浴着法治的阳光。例如，某校为进一步深化法治宣传教育，增强学生的宪法意识和法治观念，在校园中营造学法、用法的浓厚氛围，开展"未成年人故意伤害"等主题的模拟法庭活动。模拟法庭的审判长、审判员、书记员、辩护人、法定代理人、被告人、公诉人等由法学社的学生组成。法庭公开审理了一起由检察机关提起公诉的被告人故意伤害案，呈现了一名中学生不忍同学的敲诈辱骂殴打，在同学毫无防备的情况下用砖头致其重伤，后法庭经过调查、辩护、教育及最后陈述进行审判的情景。整场模拟法庭展演严格按照法定程序有序进行，气氛庄严。庭审结束后，法院法官可以从案例设置、刑事诉讼的程序及学生们对法言法语应用能力等方面展开点评及现场教学。法官以丰富的审判经验、深厚的专业知识、生动的语言给同学们上了一堂普法课。模拟法庭进校园，将被动灌输法律知识转化为主动学习模式，同学们身临其境，认真参与全过程，更加直观地了解审判过程的程序，切身感受法律的庄重威严、公平公正，接受了一次最直观生动的法治教育。这样的活动，进一步增强了青少年的宪法意识、国家意识、规则意识，并使其在之后的学习生活中能够多学法、用法、遵守法律，时刻绷紧法律这根弦。

课题组成员：杨艳艳、周秋琴、殷丽娟、高　磊

科学把握习近平城市群建设理念，
助力镇江融入南京都市圈

| 王　甜 |

随着经济全球化和区域一体化的深入推进，长三角城市群和皖江城市带等区域发展战略的深入实施，以及都市圈城镇的快速发展和重大基础设施的建设，长三角区域空间格局重组进程明显加快，南京与周边城市同城化和一体化发展诉求日趋强烈。2000 年 7 月，江苏省提出打造以省会南京为中心的南京都市圈。2003 年 1 月，江苏省政府批准《南京都市圈规划（2002—2020）》。该规划荣获该年度国家建设部优秀城市规划设计一等奖。2021 年 2 月 8 日，国家发展和改革委员会官网公布复函，明确同意《南京都市圈发展规划》，并请苏皖两省发展和改革委员会认真组织实施。这是国家层面批复同意的第一个跨省都市圈发展规划，标志着南京都市圈建设上升到新的战略高度。南京都市圈的建设有利于全国区域协调发展总体战略的实施，有利于长三角一体化发展战略的实施，有利于提升南京的区域影响力。现如今，南京都市圈成员囊括了南京、镇江、扬州、淮安、马鞍山、滁州、芜湖、宣城和常州的溧阳、金坛，包含 33 个市辖区、11 个县级市和16 个县，总面积 6.6 万平方公里，常住人口超过 3500 万，2020 年地区生产总值达 41750.78 亿元，占全国比重为 4.1%。镇江地处南京都市圈和上海都市圈的交汇点，长江经济带、长三角一体化、宁镇扬一体化等重大战略机遇在镇江叠加，可以说镇江正面临宝贵的发展机遇。习近平总书记对区域协调发展作出了一系列部署与要求，深刻理解和科学把握习近平总书记提出的城市群建设的重要精神对全面现代化新镇江的建设来说具有重要的战略意义。

一、习近平总书记关于城市群建设的重要论述

习近平总书记曾多次强调城市群建设在区域经济协调发展，乃至整体国土空间布局中的重要地位。

（一）城市群建设是我国区域协调发展的客观要求

2013 年 12 月 12 日，习近平总书记在中央城镇化工作会议上的讲话中指出："城市群是人口大国城镇化的主要空间载体，像我们这样人多地少的国家，更要坚定不移，以城市群为主体形态推进城镇化。"2014 年 2 月 26 日，习近平在北京市考察工作结束时指出："从国内外区域经济圈发展看，超大城市周边都有一批布局合理、层次鲜明、功能互补、规模适度的重要节点城市，对区域经济社会发展起着强有力的支撑作用。"这就进一步明确了城市群建设、经济圈构建对于区域社会发展的重要意义。不仅如此，习近平总书记还指出，城市群的发展是社会发展规律的必然要求。2019 年 12 月 16 日，习近平总书记在《推动形成优势互补高质量发展的区域经济布局》一文中强调："产业和人口向优势区域集中，形成以城市群为主要形态的增长动力源，进而带动经济总体效率提升，这是经济规律。"2020 年 11 月 1 日，习近平总书记在《国家中长期经济社会发展战略若干重大问题》中强调："我国各地情况千差万别，要因地制宜推进城市空间布局形态多元化"，"要推动城市组团式发展，形成多中心、多层级、多节点的网络型城市群结构"。

（二）城市群建设要注重统筹发展与安全

习近平总书记在《国家中长期经济社会发展战略若干重大问题》中指出："增强中心城市和城市群等经济发展优势区域的经济和人口承载能力，这是符合客观规律的。同时，城市发展不能只考虑规模经济效益，必须把生态和安全放在更加突出的位置，统筹城市布局的经济需要、生活需要、生态需要、安全需要。要坚持以人民为中心的发展思想，坚持从社会全面进步和人的全面发展出发，在生态文明思想和总体国家安全观指导下制定城市发展规划，打造宜居城市、韧性城市、智慧城市，建立高质量的城市生态系统和安全系统"，"城市之间既要加强互联互通，也要有必要的生态和安全屏障"。

（三）城市群建设要统筹地方自身发展与协同发展的关系

2018 年 4 月 26 日，习近平总书记在深入推动长江经济带发展座谈会上强调："沿江三大城市群在各自发展过程中能不能结合所在的区位条件、资源禀赋、经济基础，放在长江经济带高质量发展'一盘棋'中研究提出差异化协同发展的新目标新举措？各大中小城市在明确自我发展定位和方向时能不能立足整个城市群的发展定位和方向，找到自己错位发展的重点方向，解决好同质化发展的问题？这些问题都有必要认真研究思考。推动好一个庞大集合体的发展，一定要处理好自身发展和协同发展的关系，首先要解决思想认识问题，然后再从体制机制和政策举措方面下功夫，做好区域协调发展'一盘棋'这篇大文章。"

（四）城市群建设要坚持系统谋划与高效集约

习近平总书记在多个场合强调，在区域协调发展中，城市群建设要始终坚持系统性、高效性、集约性。2019年8月26日，习近平总书记在中央财经委员会第五次会议上指出："新形势下促进区域协调发展，总的思路是：按照客观经济规律调整完善区域政策体系，发挥各地区比较优势，促进各类要素合理流动和高效集聚，增强创新发展动力，加快构建高质量发展的动力系统，增强中心城市和城市群等经济发展优势区域的经济和人口承载能力。"针对城市群建设，习近平总书记对东部部分地区及西部部分地区"盲目摊大饼""一市独大"的弊端进行了警醒，指明城市群建设要不断优化城市群内部空间结构，合理控制大城市规模，有意识地培育多个中心城市。2014年2月26日，习近平总书记在北京市考察时就强调："要加强规划和建设，提高城市综合承载能力和内涵发展水平，突出城市地域特点和人文特色"，"发展城市群，不能只考虑居住空间，还要考虑就业容量、配套设施、服务功能、资源环境等"。这体现了习近平总书记对于城市群建设的系统性理念。对于区域发展战略，习近平总书记还强调要"做好空间规划顶层设计，有序推进，避免盲目性"，"要增强系统思维，统筹各地改革发展、各项区际政策、各领域建设、各种资源要素"，"以城市群为主体构建大中小城市和小城镇协调发展的城镇格局，加快农业转移人口市民化"。2021年10月22日下午，习近平总书记在山东省济南市主持召开深入推动黄河流域生态保护和高质量发展座谈会，强调："城市群和都市圈要集约高效发展，不能盲目扩张。"

二、镇江融入南京都市圈的现状

国家发展改革委2019年2月19日发布了《关于培育发展现代化都市圈的指导意见》，明确了都市圈的定义。都市圈实际上指的是城市中将规模较大的城市或者是覆盖范围较广的城市当作中心，将1小时通勤圈划分为规定范围的城镇化空间状态。同时，根据 2018 年出台的《南京市总体规划（2018—2035）》，镇江市正好位于南京市"一小时通勤圈"和"一日生活圈"以内，属于典型的南京都市圈成员。自南京都市圈理念产生以来，镇江一直作为"圈内人"积极融入城市群建设。在体制机制方面，2013 年，8 市共同成立了南京都市圈城市发展联盟，明确了都市圈决策层、协调层、执行层三级运作机制；镇江、南京共同研究了宁句特别合作区共建方案，建立了毗邻区域融合发展的合作机制。在基础设施方面，宁句城际轨道交通工程等项目加快建设，南京禄口机场在都市圈 7 市均建立异地候机楼，实现了航班查询、机票销售、异地候机服务的无缝对接。在产业体系方面，2010 年 4 月 10 日，南京大学镇江高新技术研究院成立，成为南京大学紧密结合学科建设在镇江进行科技成果转化、科技创新创业的战略基地。在民生服务方面，实现了南京、镇江、扬州、马鞍山四市公交一卡通，扩大公交一卡通使用范围，促进公交、地铁、旅游、医疗等领域互联互通。都市圈主要城市汽车客运实现联网售票。社会保障方面，宁镇扬三市的居家养老购买服务取消了户籍限制，三地居家的老年人可以共享三市的生活照料、家政、康复护理和精神慰藉等服务。宁镇扬淮四市医疗保险结算平台与省医疗保险异地就医结算平台实现联网并投入使用。

虽然南京都市圈建设给镇江的高质量发展提供了诸多战略机遇，但是在都市圈建设中，镇江也面临着诸多挑战。一方面，南京在省域中心城市中的首位度并不高，会产生区域经济的带动力不强的问题，首位度过高则会对镇江形成挤压，造成"一市独大"的局面。因此，南京的发展规模问题是镇江高质量发展的一大影响因素。另一方面，是都市圈的跨省级行政区治理问题。跨省级都市圈建设在中国是首次开展，尚缺乏相关经验。南京都市圈地处苏、皖两省，如何实现跨省区交通及基础设施一体化、市场一体化、生态环境治理一体化和公共服务均等化问题也是一项重大挑战。

三、镇江进一步融入南京都市圈的几点思考

南京和镇江山水相连，人文相亲，联系紧密，融合发展由来已久。南京中心城区人口 800 万，是都市圈的中心。句容人口 50 万，距离南京主城 40 公里，是与南京中心城有机联系的行星城，可实现与南京中心城半小时通勤，城市轨道连接可承载一定的"双城双栖"人口，形成专业化产业园区。要推进句容与南京毗邻区域率先优化融合，把句容打造成为连接南京

与镇江主城区的"桥梁纽带"。镇江中心城区人口 130 万，距离南京主城 70 公里，是都市圈二级城市，城际铁路连接南京半小时通达，可以通过合理的房价、完善的公共服务、便利的交通和良好的生态环境吸引部分南京主城外溢的年轻人、老年人。此外，要探索与南京都市圈内城市优势互补、分工协作、协同发展的跨区域多领域合作联动机制，加大资源共建共享和有效整合力度。总之，镇江可通过不同的空间载体承载南京都市圈发展所带来的全方位需求。

（一）构建融入都市圈大交通格局的立体交通网络

都市圈实现同城化，前提是交通通达。完备的交通网络是推进都市圈同城化的重要抓手，也是加强城市间要素流动的重要基础。镇江位于南京半小时通勤圈和上海一小时商务交往圈范围内，要在区域层面强化与都市圈大通道联系，参与新兴通道建设，以线带面，融入城市群。一是推进宁镇城际轨道项目建设，满足镇江与南京同城化发展通勤要求。二是加快推进扬马城际铁路建设，加强与禄口机场的快速客运联系。三是加速推进 G312 宁镇段快速化建设，形成镇江主城对接南京主城的快速联系通道。四是加快推进 S243 镇江段快速化建设，形成镇江至句容的快速联系通道。此外，还应加快南沿江铁路、宁句城际等项目建设，推进镇江市域句容至茅山线、扬镇宁马城际（镇江至马鞍山段）等项目建设；加快镇江五峰山大桥南北接线、328 国道、205 国道等改扩建，构建南京都市圈环线高速公路。

（二）依托南京都市圈，发展镇江特色产业

习近平总书记强调，城市群中的各城市要结合所在的区位条件、资源禀赋、经济基础，在高质量发展"一盘棋"中注重差异化协同发展。因此，镇江在南京都市圈建设中要立足整个城市群的发展定位和方向来明确自我发展定位和方向，找到自己错位发展的重点方向，解决好同质化发展的问题。而旅游产业和养老产业是镇江特色产业的重要着力点，也是南京都市圈辐射镇江城区的重要手段。

在旅游方面，要着力打造沿宁镇山脉区域文化旅游经济带。携手共保宁镇山脉，推进矿坑修复等治理工程，保护"山—水—城—乡"相互依存的自然文化地理环境，限制商业地产开发，适度发展生态依附性的旅游、康养、创新功能。突出宁镇山脉、茅山等省级生态功能重要区的保护和修

复，贯通宁镇山脉生态廊道，串联宁镇常三地的文旅资源。突出全域旅游发展理念，围绕栖霞山、宝华山风景区、十里长山、林场茶场、一方万亩荷塘、湿地公园等生态和文化旅游资源，做好长江和宁镇山脉生态文化大文章，培育以生态休闲、农业观光、自然教育、文化康养为主要产品的生态文化旅游业，打造若干深度旅游线路。

在养老方面，要着力打造长三角重要区域中心养老产业城市。目前，我国老龄化趋势不可避免，而江苏省是全国老龄化程度最高的省份。预计到 2035 年，江苏省 65 岁以上老龄人口将达到 2200 多万人。镇江发展养老产业优势突出。一是医养结合。镇江市有再生医学小镇，在再生医学的医疗康复产业及其相关的疗养休闲旅游产业上具有一定特色。二是生态环境优良和生活成本较低。镇江具备承接都市圈异地养老人群的区位、环境、价格等多重优势，应抓紧机遇，大力发展养老产业。

（三）推动南京都市圈协同治理新格局

同城化的发展需要同城的协作治理。为了更好地发挥南京都市圈的带动辐射作用，需要在提升交通立体化、产业协同创新之外，加强社会治理方面的协同合作。镇江为更好地融入南京都市圈，在法治化协同、数字化协同等方面下足了功夫。2021 年 10 月 27 日，镇江市八届人大常委会召开第三十七次会议。会议听取、审议和表决通过了《镇江市人民代表大会常务委员会关于加强跨市域轨道交通运营和执法管理若干问题的决定（草案）》。该决定经表决通过后，拟同时提交江苏省人大常委会审查批准，并于宁句轨道交通正式通车之日起同步实施。届时，该决定将成为国内首部针对跨市域轨道交通运营和执法管理工作进行规范的地方性法规。此次协同立法是实质推进跨市域制度协同的务实之举，有助于进一步强化跨市域城市治理现代化的法治支撑，推动生产要素在都市圈内跨区域自由流动和高效配置，提升南京都市圈一体化高质量发展水平。在跨市域轨道交通管理机制的顶层设计上，本次立法按照有效整合资源、构建长效机制的原则，提出在市一级政府层面建立协调机制，相关城市开展区域共同治理，加强对重大问题的综合研究，开展信息共享、突发事件应急处置合作等。这有利于在现有框架内，以法治方式逐步推动南京都市圈轨道交通运输发展方式能级提升，实现基础设施一体化、运输服务同城化、治理能力现代化。此外，2021 年 9 月 10 日，长三角地区网络交易一体化监管第三次协作会议暨南京都市圈网络交易监管联盟第一次工作会议召开，上海、江苏、浙江、安徽4省（市）26个城市（区）市场监管局以腾讯视频形式参会，并"网签"《南京都市圈网络交易监管联盟备忘录》。截至2021年9月，镇江市有网络交易平台4家、企业官网7639个、移动应用程序269个。《南京都市圈网络交易监管联盟备忘录》促使长三角地区一体化合作更加常态化、信息化，也更具开放性。

作者单位：中共镇江市委党校

城市社区治理的历史进路与镇江实践

| 殷亚伟 |

社区的概念，可以追溯到 19 世纪末。根据斐迪南·滕尼斯的定义，社区是由具有共同习俗和价值观念的同质人口组成的关系密切、相互帮助的人性化团体。社区展现出来的是关系紧密的共同生活。滕尼斯将社区和社会做了区分，认为社会是公众性的，走进社会就如同走进了异国他乡。显然，在滕尼斯的定义中，社区是建立在不涉及相互利益的人与人之间的共同体，是建立在亲厚淳朴的自然感情之上的。随着工业化的推进，城市社区出现并不断发展，其组织基础和结构功能等都在不断发生变化。社区的概念也在不断演变。美国芝加哥学派认为，社区是占据在一块或多或少明确地限定了的地域上的人群的汇集和组织制度的汇集，是文化的相互混合、相互作用的大熔炉。这些理论更加接近于现代城市社会的内涵。当前的中国社区基本遵循着如下的特征，即拥有共同稳定的活动区域、治理机制、沟通模式及行为偏好，这些是探讨社区基层治理问题的框架基础。

一、传统中国城市基层治理的历史追寻

中国古代城市的形成是一个漫长的演化过程。作为军事和行政功能之载体应运而生的古代城市，侧重点并不相同，城市管理的手段也在不断发展。古代城市的管理，初期是闾里制，即把全城划分为若干里作为居民区，商业手工业被限定在定时开闭的市中，里和市是相互隔离的，相互之间的交流也不通畅。从闾里制、里坊制、坊市制到厢坊制，中国古代城市经历了从单一职能到复杂任务的转换，城市治理也由封闭、半封闭到逐步融合开放。随着近代中国被迫卷入世界资本主义市场，机器大工业的发展改变了传统的经济结构和阶层结构，中国城市从具有相对单纯的政治军事功能逐步拓展到具有政治、经济、文化和社会等多种功能。各个行业的人口涌入城市，催生了城市的繁荣，也让城市基层社会治理呈现出多元化的面貌。城市资产阶级和无产阶级队伍的不断壮大，使得中国近代政党的产生和发展又与城市的发展有着千丝万缕的联系，政党变迁与现代城市治理的互动由此拉开帷幕。

可以说，中国城市治理在思想上绵延了家国一体的儒家思想的传统，同时来自于乡土中国的自治实践也深刻影响着治理成效。历史文化传统对于现代城市社区治理的关照有这样一些表现，诸如对大一统秩序的追求和认同，对良序社会价值伦理的遵循，对国家管理体系的认可。中国城市治理从一开始就从属于国家管理体系，带有行政的色彩，这也形成了传统文化当中对于治理主体的认同。现代社会对于传统的自觉的历史继承，构成了城市治理中的文化传统、社会心理、思维模式、运行逻辑的基础。

二、新中国城市社区治理的探索发展与现代化进程

新中国成立后，新生人民政权的首要任务就是稳定社会秩序、尽快恢复生产。人民军队接管上海之后，废除了旧社会的保甲制度，将里弄逐步组织起来，实现了新型组织居民委员会的逐步覆盖。人民政府赋予居民委员会基层政治动员和公共事务管理的职能，在解决公共服务问题的同时强化政治动员和社会治理功能。随后，各地陆续建立了居民代表委员会和居民小组。1954 年的《城市居民委员会组织条例》第一次用法律的形式明确了居民委员会的性质、地位和作用，规定了居委会属于群众自治性居民组织，而不是基层政权组织。依照宪法和法律的规定，实现自我管理、自我教育、自我服务、自我监督的基层群众自治制度逐步形成。与此同时，《城市街道办事处组织条例》规定，街道办事处是城市政府部门的派出机构，主要任务是办理上级人民委员会交办的居民工作事务，指导居民委员会工作。由此以街道办和居委会相结合的街居制完成了对没有纳入单位制的群体的纵向一体化的管理，与单位体制相互辅助，为日后进化为社区制奠定了基础。

从新中国成立及改革开放后的城市治理实践来看，党的领导是城市社区治理形态发展的核心线索，是理解中国城市社区治理现代化进程的一把钥匙。以实践为标准的治理生态，推动着城市基层治理的一系列改革实践。不论是改革开放前，还是改革开放之后，不论是否接触国际治理理论经验，中国社区治理都与中国的知识和实践相结合，与中国的政治历史文化社会传统相磨合，不断形成一种统合型的治理形态。始终秉持着人民至上的价值理念追求，真正践行基层社会运行过程中自我管理、自我服务、自我监督、自我教育等自治理念，其中全心全意为人民服务体现了城市基层治理的核心价值与最终归宿。

三、党建赋能镇江城市基层治理的新实践

高效能治理是承载要素资源集聚、建设长三角重要区域中心城市的有效保障和基础支撑，其内涵一定是顺应群众期盼、满足群众需求、成果群众共享。镇江市润州区坚持问题导向，主动适应城市社会群体结构和组织架构的变化，以引领治理为落脚点，创新探索城市基层"全域党建"，以"六统十八联"为抓手，全面增强城市基层党建整体效应，推动党的政治优势、组织优势转化为城市基层治理优势。"全域党建"是城市基层党建的世界观，解决了"是什么"；"六统十八联"是"全域党建"的方法论，解决了"怎么干"。

规划有机统合治理主体，通过"政治统领""组织统联"的机制重塑，打破"单兵作战"传统模式，将多元主体整合吸纳到基层治理的过程中来。发挥区委牵引性作用，统抓"全域党建"；区委党建工作领导小组下设"全域党建"指导委，吸纳教育、民政、市场监管等职能部门作为成员单位；做深街道"大工委"制、社区"大党委"制、网格党支部，构建"区委统、街道联、社区拢、网格兜"四级红色主轴。横向到边，有机连接区内各领域党建，强化民政、司法、市场监管等行业系统主管部门党委（党组）业务监管和党建指导"一肩双责"，推动街道社区、单位、行业党建互联互动，形成聚合态势。宏观链接，区级制定党建联盟章程，创新实行"三结三定"，即条块结对定点、支部结盟定责、党群结对定事，引导全区街道社区（村）与五百多家驻区、跨区单位、有关部门、"两新"组织签订共建协议，使不同主体联动协作在有广泛联系的基础上更有硬性约束。微观激活，探索示范片区联建、星火计划联育、行动支部联组等具体方式方法，组建多个党建示范片区、行动支部，实现城乡社区、公益组织、中介机构、物业公司、商圈市场、商务楼宇等微观主体的全面激活。

充分整合全域治理资源，推进阵地统建、资源统用，为创新基层治理提供一个有声有色的舞台，实现治理资源在基层的有效集聚。首先，打造"党性"浓厚阵地。强化街道社区党群服务中心政治功能，根据服务人群特征、服务半径等因素，打造集"四统一""六个有""一窗一墙（厅、馆）三室"为一体的功能完备、"党性"浓厚的党群服务中心，做到社区群众需要什么，党群服务中心就做什么，让群众愿意来、经常来。其次，实行区域载体联享。通过党建联盟、大工委、大党委等平台，挖掘整合各类组织、信息、阵地等资源，建立全域载体资源清单，并通过发布资源目录、项目

化认领、建立红色基金等形式，推动党员常态下沉社区认领岗位，签订双向服务清单，并肩开展活动。最后，创设线上线下集群。线上以区域型社区党群服务中心为主阵地，重点在居民小区、街巷广场、商务楼宇等区域，打造多个集学习、活动、服务、调解、议事等功能于一体的"党建微家"，构建覆盖全区的"红色服务圈"；线下建立区、街道、社区三级党建微矩阵，绘制党群服务中心、党建微家、开放资源"三位一体"的全域红色地图，形成线上虚拟掌上生活圈。

有序引领治理民主，通过治理统抓，激活民主参与制度，丰富民主参与渠道，推动基层治理相关方议事共商、集思广益。首先，充分发挥基层组织优势，实现网格联治。结合网格划分，推行党建网格与综治、民政、安监等网格多网合一、一网通办，同步优化调整网格党组织设置，全区社区（村）网格实现了党组织全覆盖，网格党组织负责人、网格长全面实行"一肩挑"。整合社区工作者、物业服务人员、职能部门等各方力量，融入相应网格。具体操作上，试点"1+1+1"模式，即在具备条件的一个网格中建设一个党建微家、成立一个行动支部。网格党支部负责全面掌握网格内基本情况，重点做好民情调查、矛盾化解、治安防范、便民服务等工作，实行各级网格负责人姓名、职责、服务承诺、联系方式"四公开"。其次，充分发挥群众工作优势，推动共商共治。持续完善党组织领导下的民主协商，把党组织的主张转化为群众的自觉行动。引入参与式方法，抓好三级事务联商。网格内，建立快速响应机制，每周上报社情民意提案，确保"小微问题"现场处理、不出网格；社区内，建立议事共商机制，社区党组织牵头，邀请相关部门、驻区单位等多方通过召开居民代表议事例会和社区事务会商会对提案进行处理；全域内，建立综合协调机制，对反映集中、普遍，具有倾向性、全局性的问题，特别是跨街道、涉及多部门的问题，上报区指导委协调解决，确保社区治理不留盲区。最后，充分发挥志愿服务优势，促进民生幸福。全面开展政务、生活、法律、文体、关爱、党员"六项服务"联办，通过微信公众号、宣传栏等方式公布服务范围、服务内容、服务职责、服务时限、责任人和联系方式，方便居民按需查找。推行居民点单、党组织下单、志愿者接单"三单式"服务机制，梳理建立民生需求排行榜，整理公布辖区内购物、家政、快递、维修等便民服务资源，整合社会组织、专业社工、社区志愿者、在职党员等力量，共同参与六项服务，推动供需精准对接，提高党组织服务群众的精细程度。

强化党建引领基层治理，组织上建强主轴、高位协调是核心。城市基层党建是一项系统工程，涉及条条块块、方方面面，关系互不隶属，层级不尽相同，必须从更高层面建立统一领导、协调各方、有序推进的机制，增强市、区两级党委的领导力、组织力、牵引力。在"全域党建"推行过程中，润州区在区级建立指导委，发挥"一线指挥部"作用，有效整合相关职能部门、行业领域，确保了"全域建设"一个步调整体推进、一套标准督导落实。推进上横向到边、纵向到底是关键。城市基层党建每一个环节、每一级组织都很关键，必须构建起上层发力、底层用力、层层给力的责任体系。在"全域党建"推行过程中，润州区将其作为区委"书记项目"，由一把手亲自协调、亲自推动，同时将其列入街道党工委、直属党委、社区党组织书记基层党建重点任务清单，并建立起"两级领办""双月点评""季度观摩""年底述职""评选表彰"五项机制，形成了"三级联推"的浓厚工作氛围。效果上引领治理、服务民生是根本。要更多从基层治理的视角来思考党建工作，发挥党的组织优势和党组织的整合社会功能，用党的资源来撬动社会资源，用体制内组织带动体制外组织，避免党组织单打独斗、包办代替，体现"治理"的本意。在"全域党建"推行过程中，润州区通过红色网格联治、党群事务联商、六项服务联办、为民项目联认等举措，切实把党组织和党员作用嵌入基层治理各个环节。

城市基层治理体现的是系统治理、源头治理、综合施策，必须把加强党的全面领导贯穿始终。城市基层治理是国家治理体系和治理能力现代化的重要组成部分，必须加强党的领导，把党的建设放在首位。要注重发挥区委牵引作用，健全领导体系，建强"红色主轴"，通过以"轴"带"轮"，使辖区内各类党组织"动"起来，形成互联互动的"齿轮效应"。把建立共同价值取向贯穿始终。互联互动的根本是找准双方的利益连接点，要注重运用互利思维和柔性方式，深化组织联结"纽带"，增强日常联系"黏性"。一方面，要强化行业、单位党组织与街道社区党组织的"横向关联"，充分释放和放大单位、行业党建的"外溢"效应；另一方面，要推动街道社区党建与新兴领域党建融合共享，用党建资源撬动社会资源，用体制内组织带动体制外组织，把党的工作做进去、把资源要素带出来。把以人民为中心的理念贯穿始终。服务群众是基层党建和基层治理的永恒主题。要坚持把服务群众、造福群众作为党建引领基层善治的出发点和落脚点，寓治理于服务之中，通过有力举措积极下沉部门资源、整合辖区资源、放大社会资源，形成"握指成拳"的合力，打通服务群众的"最后一公里"。

作者单位：中共镇江市委党校

基层党建引领社区治理研究

——以京口区为例

| 姜 华 |

党的十八大以来，习近平总书记围绕加强和创新基层社会治理作出一系列重要论述，这些指示为进一步完善社会治理体系提供了根本遵循。党的十九大报告强调，要加强社区治理体系建设，推动社会治理重心向基层下移，发挥社会组织作用，实现政府治理和社会调节、居民自治良性互动。面对新时代的新形势，党的十九届五中全会进一步提出"健全基本公共服务体系，完善共建共治共享的社会治理制度，扎实推动共同富裕，不断增强人民群众获得感、幸福感、安全感"。

一、党建引领社区治理的必然性

随着国家社会经济制度的改革，原有的传统社会管理模式日渐失效，难以解决新环境下出现的社会问题和社会矛盾，建立以居民主要生活空间——社区为中心的新型城市基层社会治理体系成为时代需要。

（一）社区治理的基本方式

目前，根据政府和社区全能配置方式的区别，社区治理主要分为自治型、行政主导型和混合型三种治理模式。

1. 自治型治理模式

这种模式的社区往往具有明确的地理界限、健全的组织机构、明确的权限职责。自治型社区以发达工业化国家英美为主，并且由于社会政治、经济制度的发展，社会化工作专业性较高，是一种较为成熟和完备的治理模式。自治型治理模式实施过程中，社区的各项具体服务性工作一般由非政府、非营利组织操作实施，这就要求这些区域有完善的法律法规，以确保这些组织在社区治理中既能发挥作用，又能受到规范限制。

2. 行政主导型治理模式

行政主导，顾名思义，就是政府行政力量要在社区治理中占有绝对的影响力和控制力。这种模式多存在于中新型工业化国家和地区，要求政府设立专门的社区治理管理部门负责社区工作的指导、管理以及财政上的支持，管理运行主要依靠行政指令的层层下传。

3. 混合型治理模式

这种治理模式的特点是政府和社区以合作关系，在社区治理中共同发挥作用。以自治为主，政府承担主要款项拨给。这类社区治理机构既包括政府人员，也有地方代表和其他社团或机构代表。政府对社区治理担负规划、指导、监督等职能，并通过相关部门实现。

（二）政党领导型社区治理模式优势

各类社区治理模式都有自己特有的优势，也有各自适合的国家环境和外部条件。从城市社区治理工作的发展历程和现状分析，我们可以借鉴他国社区治理中的合理部分，但更应立足国情、社情，选择最适合自己的治理模式。

1. 党的领导是中国特色社会主义制度的最大优势

中国共产党领导是中国特色社会主义最本质的特征，是中国特色社会主义制度的最大优势。中国特色社会主义制度的成功实践证明，中国共产党在中国革命事业和建设事业中起到了关键性的指引作用，党的领导是各项具体工作取得成功的有力保证。

新时代对中国特色社会主义建设提出新要求。十八大以来，国家治理体系和治理能力现代化成为中国特色社会主义建设的重大战略任务，而这一现代化水平很大程度上体现在基层。2017 年 6 月，中央文件首次将基层党建同社会治理相联系，提出"把加强基层党的建设、巩固党的执政基础作为贯穿社会治理和基层建设的主线，以改革创新精神探索加强基层党的建设引领社会治理的路径"。

2. 政党领导社区治理是人民利益的有力保障

"人民"是政府一切工作的出发点和落脚点，而社区是人民居住、生活的主要区域。同时，社区作为城市的基础单位，也是城市治理的基本组成部分。一方面，社区是党和国家路线方针政策的最终落地点，对人民群众起到引领作用；另一方面，社区是人民群众反映利益需求的最直接诉求点，和人民群众的生活质量息息相关。

中国共产党是工人阶级的先锋队，自成立之日就代表了全体中国人民的利益。中国特色社会主义建设已经取得了举世瞩目的成绩，为中国人民谋利益始终是中国共产党的初心。要把党的全面领导落实到最基层，就必须把党的组织建设延伸到社会治理的最末端。如果说基层党组织是中央决策部署的"最后一公里"，社区的党组织则是这一公里中的"最后一米"。我国的社区工作，只有在党的领导下，才能真正实现以人民的利益为中心。

3. 政党领导社区治理是社区治理现代化的重要表现

完善和发展中国特色社会主义制度、推进国家治理体系和治理能力现代化，是全面深化改革的总目标。只有坚持党的领导，才能保证国家治理体系和治理能力现代化沿着正确方向稳步前进。

社区党组织是城市社区治理的领导核心，它在社区治理中承担着政治思想引领、发展区域经济、生活环境美化、整合各类团体、提升市民文化、协调邻里矛盾、保障日常安全等多重责任。这意味着，基层党的建设不但是社区治理的关键，而且在科学推动社会治理现代化过程中占据着重要地位，直接影响着社会治理的水平和质量。

只有将基层党建与社会治理实践有机结合，进一步发展和完善党建引领下的社会治理体系，实现基层党组织有效覆盖和有效服务，才能把党的组织优势、制度优势转化为治理优势和治理效能，构建基层社会治理新格局。

二、京口区党建引领社区治理的经验

京口区城市化率高达 97%。聚焦中央对社区治理提出的新要求，立足辖区内社区工作新情况，街道社区党组织紧扣主责主业，立足城市基层党建创新发展阶段，创新探索新工作路径，取得明显成效，打造了一条走在全省前列的党建引领社区治理的"京口路"。

（一）京口区党建引领社区治理的典型案例

京口区正东路街道京口路社区党委，深入学习贯彻习近平总书记提出的"两个最大政绩"重要论断，在社区治理工作中始终坚持"党建让社区生活更美好"的理念，创新工作方法。近年来，京口路社区获评全国和省级先进党组织、全国最美志愿者服务社区、省文明社区等荣誉，社区书记获评省"百名示范"村书记、最美基层干部、"江苏好人"。超千人前往社区学习取经。通过座谈和参观学习，我们发现京口路社区在党建引领社区治理工作中主要有三个亮点。

1. 创新"3366"工作法

京口路社区是涉农社区，在两村合并后，社区的老百姓面临着身份从农村居民到城市居民的转变。有社区居民称这种困惑是"身体进入新社区，生活停在过去时"。社区各项工作的开展也是困难重重。要做好社区的治理工作，首先要精准了解居民的需求，为此，京口路社区创新了"3366"工作法。

第一个"3"指的是三听，即"每天听民意、入户听困难、决策听需求"。京口路社区下设两级网格，通过线下"五星"网格走访，将传统的"坐等群众找上门"工作方式，转变为"主动上门找群众"。这一方法能够更多了解群众需求，扩大服务工作的范围，近三年精准服务 3000 余人次。

第二个"3"指的是三进，具体就是文明进小区、卫生进楼栋、服务进家庭。这里倡导的是"家帮家、邻帮邻"的生活理念，通过"三进"工作建立党员服务长效结对机制，让困难家庭成员感受到邻里关怀。

第一个"6"说的是六事，即居民参与"说事、理事、议事、办事、评事、督事"。通过这一举措，建立了"绿色通道"，畅通了民意。社区的 8 个网格，整合了辖区内 100 多个单位资源，17 名党员组成自管会，解决助学等居民急难愁盼事 1200 余件。

第二个"6"是六中心。在社区的工作楼内，可以看到社区为居民"量身定做"的党群服务中心、居民生活服务中心、社会组织孵化中心、城市乡愁忆享中心、老人日间照料中心、医疗卫生服务中心。通过六中心平台，社区孵化 15 个社会组织服务社区居民，收集 50 余件老物件让居民怀旧惜今，为社区 130 余名高龄老人提供基本的生活和医疗服务。

"3366"工作法得到了社区居民的充分认可，有居民称赞道："3366 就是好，居民心思全知晓。最后一米畅通了，听党的话向前跑。"

2. 创新"六大银行"服务平台

作为"3366"工作法为民服务效能的延伸，京口路社区创新平台整合方式，打造"六大银行"。这一平台彰显了社区党建工作的初心、爱心和巧心，把服务送到居民的心坎上，用服务点亮了百姓生活，让百姓充分享受到国家发展的各项民生福利，有助于百姓形成听党话、跟党走的自觉。

"六大银行"具体就是食品银行、道德银行、艺术银行、民生银行、健康银行、时间银行。通过"六大银行"，社区梳理辖区内经济实体，盘活闲置资源，充分利用各方力量，解决居民实际困难，提升居民生活品质。例如，食品银行与辖区内 13 个爱心商家合作，开展"助老、助困、助残、助学、助军、助医"活动，达到对困难家庭的精准帮扶。道德银行和艺术银行与15支爱心团队合作投身公益事业，不仅帮助了弱势群体，还为社区培训出4支近100人的群众艺术团队。民生银行将集体收入的1/3支出反哺于民，目前已累计支出300万元资助1000余人次。健康银行的重点在社区居民医疗服务工作，包括定期开展专家讲座、专家问诊。时间银行主要采取志愿者模式，在社区登记服务时间，以服务换服务，让奉献者成为共享者。目前，"跑银行"已成为京口路社区居民幸福生活不可或缺的部分。

3. 率先制定"三岗十八级"社工职业体系

社区工作事繁责重，人员流动频繁。要做好新时代的社区治理工作，一支高素质队伍是前提条件。这支队伍不仅需要坚定的党性，还要具备较高的专业技能。为了破解社区工作队伍留不住人的问题，京口路社区率先破题，建设社工职业体系，以"三岗十八级"为核心，落实"六有六化"工作举措，形成社区工作者招聘、培养、管理、考核等一体化建设的完整链条。通过这一举措，社区选拔了一批责任心强、年轻有活力、有拼搏精神的年轻人，充实了工作队伍。

按照"全科+全能"要求，社区工作者推行资格认证和持证上岗制度，将持有"双全"社工证的区财政负担的社会化用工纳入"社工编制"管理，有效破解社区工作者身份难题。在这一管理模式下，受理和办理公共服务事项的效率明显提升。目前，京口路社区7名"双全"社工全部落实"三岗十八级"薪酬，待遇提升65.2%，35岁以下班子成员占比43%。通过由"单科医生"变为"全科医生"，70%的人员从繁重的工作中解放出来。通过每天下沉网格，每周1次网格工作分享，社工网格长带出了一批专业的志愿社工。抗疫期间，社区70余名社工、党员组成"抗疫先锋队"，通过"网格化+铁脚板+大数据"，为社区居民打造一张全覆盖的安全网。

京口路社区通过搭建平台和创建抓手，充分运用各种资源，让社区居民实实在在感受国家治理现代化的获得感，让社区服务于民的形象得到提升。

（二）京口区党建引领社区治理的经验总结

为进一步加强党建在创新社区治理中的引领作用，满足人民群众美好生活需要，建设人人有责、人人尽责、人人享有的社区治理共同体，京口区委先后创建"365"社区治理服务体系、"红色物业"、"美丽京口"等项目，大力改革创新基层治理，推进社区治理体系建设，获得了一些成功经验。

1. 加强组织协调统筹

京口区历来重视各项目层层推进深化，一贯坚持发挥街道党工委和社区党组织在社区治理中总揽全局和协调各方的领导核心作用，在基层党组织覆盖、社区环境建设、社区服务功能、网格治理水平、居民自治力量等方面接续用力，推进与辖区内各类组织衔接有序、互动良好，构建起以社区党组织为领导、居委会为主导、居民为主体，辖区机关企事业单位、群团和社会组织以及在职党员干部等多方参与的社区治理共同体。

以"365"社区服务系统为例，区委出台《关于建设京口区"365"社区治理服务体系的意见》，召开推进会，成立领导小组，建立联席会议制度，编制下发重点任务分工、社区自治、社区法治、社区德治、机关部门基本公共服务、街道（园区）社区治理服务6组工作项目清单，打造以"八强八化"为主要内容的工作格局，全面统筹，具体落实，改革创新基层治理服务体系。

在"红色物业"项目中，区委书记、区长任双召集人，形成20个部门单位共同参与的物业管理联席会议制度，明确各方职责，统筹协调和研究部署全区物业管理提升工作实施推进，协调解决社区管理中综合性的重点、难点问题，形成工作合力。

"美丽京口"项目则以"街社吹哨，部门报到"等机制载体，执行"机关党组织结对到社区、机关党员联系到小区"制度。按照社区和驻区单位资源清单和需求清单，提供精准服务。利用各类公益组织，发挥党建带群建作用，推动各级群团组织重心下移、资源下沉，强化各级志愿者队伍建设，引导群团骨干力量深入社区治理一线。

2. 激发群众自治机制

完善社区党组织领导下的基层群众自治制度，健全各类居民委员会下属委员会，配备必要的专职工作人员。完善居民小组长、居民代表、楼门栋长等居民自治组织体系建设，充分发挥社区党组织为民服务专项资金的杠杆作用，开展"参与式"治理，推广"社区—网格—自管会—居民"四级治理模式。

深化居住小区、院落、楼栋等"微自治"，引导居民自我服务自我管理。建立以群众自治组织为主体、社会各方广泛参与的新型城乡基层社会治理体制。在雩北村"老弗士"工作站，邀请德高望重或有专业素养的人参与，形成多方参与的自治共建队伍。促进群众自我管理、自我服务、自我教育、自我监督，实现"民事民议、民事民办、民事民管、民事民定"。

围绕自治制度、阵地、队伍建设及特色活动开展等打造近 100 个自治品牌，如鼓楼岗社区的自治品牌就是搭建一支由社区骨干、辖区党员、网格长、居民代表等多方参与的社区邻里守望、互助共治共建队伍。完善社区居民会议各项制度，如居民代表议事会、社区事务议事会、网格居民协商议事会、社区事务会商会等，围绕居民群众关心的热点问题开展协商，寻求居民利益的最大公约数，充分保障居民民主权利。大力促进社区、社会组织、社会工作深度融合。形成在社区建设基础上的互通互动，提供政府公共服务和社会组织购买服务，实施居民自治下单、社区接单、社会组织定制服务、社工全程参与的工作模式。

3. 提升网格治理效能

网格化的深化落地让社区治理"最后一米"变得高效精准。按照最新网格划分，优化调整网格党支部设置，全区 295 个综合网格实现党支部全覆盖。将党支部和党小组建在网格，把社区服务纳入网格治理范围。按照"八必有"（有场所、有标识、有党旗、有组织、有职责、有活动、有品牌、有公示栏）要求，推进网格党群服务站全覆盖。全区共建成集党建活动、民主议事、便民服务、矛盾调处和文化娱乐等多位一体的党群服务站 30 个，为网格党支部、楼栋党小组和小区居民党员开展活动提供场所。

完善社区分片包块、入户走访、代办服务、联系群众等制度，着重夯实社区内重点群体的服务工作。京口区大部分小区是城区的老小区，居民老龄化现象普遍。针对这种情况，京口区打造 17 家居家养老服务中心，为 1436 名老年人提供助餐、助浴等助老服务，安装方便老年人出行的扶手 204 个。

完善社区网格化服务管理机制，发挥网格党支部纽带作用，规范社区网格设置和服务管理事项。加强网格员队伍建设，深入推行"五星"网格服务机制，健全网格事件处理、反馈、核查等制度，打造多网合一、智能高效的社区网格化管理模式。按照"按需建群""一格多群"要求，依靠党员骨干、百姓名嘴等红色触角，加强社区、网格服务群众微信群建设，建立相应的诉求收集、解决、回应机制。健全"四议两公开"民主决策制度，开展多元主体参与的协商，因地制宜拓展议事形式。

4. 打造专业工作队伍

按照人力资源管理"六大模块"，京口区委、区政府出台《关于构建京口区社区工作者职业体系的意见（试行）》"1+6"文件，形成了由员额管理、选任转聘招聘及人事档案管理、职业培训、"全科+全能"社工考聘、岗位职责和绩效考核、职业薪酬体系构成的"工作链"。

在推进中，组织部牵头民政、人社、财政、编办和各街道（园区）协同落实，每月编制《"书记项目"纪实手册》；编制集制度、实践、理论成果于一体的《"书记项目"地图册》，为全市构建社区工作者职业体系提供可复制、可推广、可借鉴的"京口样本"。

政府给予社区工作者职业发展空间，以制度化创新打通队伍晋升通道。在京口区，社区工作者每三年晋升一个等级，随着工作年限增加、岗位提升、能力素质提高，他们的岗位等级和薪酬待遇也相应提高。薪酬待遇专项经费目前已列入区财政预算。优秀的社区党组织书记有机会选拔到街道领导岗位，优秀社区工作者有资格参加定向公务员招录和推荐担任各级党代表、人大代表和政协委员。

三、党建引领社区治理面临的困境

梳理和分析基层党建引领社区治理方面的探索和实践，会发现其中不乏成绩和好的经验，但一些困难和实践中有待解决的问题也是显而易见的。

（一）引领理念共识不足

在城市社区的党建工作推进中，仍有一些街道和社区的工作人员在党建的重要性认识上存在不足。

主要有两种表现。一是理念陈旧，对社区工作仍然停留在传统的管理层面，服务的核心意识不强。一些社区的服务内容多来自于上级规定，与社区居民的需求还存在差距，提供的服务还较为单一，方式也缺乏时代感。第二种表现是认识高度不够，就党建做党建，对如何推进工作品牌把握不精准。基层党建工作应从党领导的事业这一视野考察，党的基层组织要从战略高度去谋划。深刻理解人民对美好生活的美好向往，是我们党的奋斗目标，正确认识到基层党建的工作是实现这一目标的重要手段。只有树立大党建的理念，才能真正将国家和社会的现代化与人民幸福生活精准对接，真正让党建引领社区治理工作创新、创优。

（二）引领平台系统化不足

调研发现，目前部分社区与驻区单位、"两新"组织等党组织共驻共建、互联互补，实现资源整合利用最大化的格局还未真正形成。一些社区反映人员不够用、资金不够用、资源不够用，往往存在重复投入的问题，在治理中缺乏平台，或是平台系统化不够，无法调动所有资源为社区所用。

社区治理内部情况也较为复杂。首先社区治理的组织基础就由社区党委、居民委员会、物业公司、业主委员会共同构成。这四个组织的自身利益、权责任务、运作方式都不相同，在处理社区治理工作中，存在潜在的矛盾冲突。社区治理还涉及多种群体，如社区工作者队伍、志愿者队伍、社群组织等，他们和社区之间以及互相之间，关注度、黏合度、对社区工作的参与度也不尽相同。另外，社区治理工作还涉及各政府部门，各类事务的定性方式、处理方式，都要按照具体的工作条款办理。这就要求社区党建工作以科学搭建系统平台为主要抓手，提前化解潜在的矛盾冲突，同时充分利用各类资源，在资源间构建良性互动关系，形成社会治理工作的合力。

（三）引领机制制度化不足

调研发现，不同社区各有特色，党建创新存在差异。目前城市社区的党建引领社区治理的创新工作还处于实践探索阶段，就整体而言，尚未形成一套完善的制度体制。

相比基层实践而言，制度更具有稳定性、长期性和科学性。现行阶段，各社区内部有自己的工作制度，区一级有具体项目实行方案，市一级有部分工作规定，但基层党建创新仍缺乏来自于上级部门的统一规划指导。虽然有一些好的做法被作为典范推广，但每个社区的情况不尽相同，一味地模仿复制，势必影响基层党建创新的效果和质量。这就要求加强顶层设计，总结好的做法的内核，为基层党建创新工作提供理论依据和规范引领，从而提高基层党建的科学性，从根本上实现社会治理现代化的整体性。

四、党建引领社区治理的优化路径

党的领导是我国城市社区治理的本质特征，在基层党建引领社区治理的路径探索中，有几方面的工作需引起重视。

（一）凝聚党建引领社区治理共识

思想是行动的先导，思想也是无形且巨大的力量。城市社区的基层党建引领工作，先要在思想上形成共识。第一，在社区治理工作中，始终以习近平新时代中国特色社会主义思想为共识。新思想是马克思主义理论与中国实践相结合的最新理论成果，也是做好新时代建设工作的行动指南。要将这一思想贯穿基层党建引领社区治理工作的始终，满足新的社会主要矛盾对工作提出的新要求。第二，深刻理解基层党建在社区治理工作中的重要意义，认识到社区治理对社会治理现代化的重要作用。这一认识不仅要求社区工作者自身具备，还要各层级、各部门乃至全社会达成共识，给予足够重视。第三，转变传统理念，树立大党建格局，适应新时代的角色转变。党建在社区治理中要起到引领作用，社区工作人员要从管理者转向服务者，在高质量的服务中体现高水平。

（二）完善党建引领社区治理制度

全面依法治国是四个全面的重要内容之一。无论是基层党建工作，还是社区治理工作，依法、依规都是应有的实践路径。

顶层设计方面，制定和完善各类规章制度，对基层党建工作的具体要素、操作程序、方式创新等方面做出整体统一的规划，既可以对基层党建工作提供根本性指导，也是政党建设科学化、党的工作科学性的客观要求。对社区治理中的基层党建工作者来说，明确的标准和规范也为具体工作提供了行为依据，一定程度上保护了工作人员的利益。

基层实践方面，从事基层党建工作的相关人员应加强调研。各地有各地的民情风俗，各社区有各社区的自然和客观环境，要从本地实情出发，探索适合自身的引领方式。基层党组织应围绕群众的诉求，畅通各种渠道反映民意，以顶层制度要求指导工作，以群众的满意度检验工作。

（三）搭建社区治理多元化平台

在新时代的社区治理工作中发挥党在基层的领导核心作用，已不再是传统意义上的组织包办所有的工作，而是搭建平台，以"政治引领+资源整合"的方式运用各种力量共同实现社区治理现代化，体现"共建共治共享"。

从情感共鸣和利益鼓励两方面，引导居民参与社区事务的决策管理。对于一些特殊群体，如老年人，想参与社区事务却又受到客观限制，就要创造条件支持他们融入社区治理工作。

注重整合利用驻区单位、社团、民间组织资源，搭建平台，实现资源的重组、在人员、资金和设备上充分利用和共享。在社区治理中实现多元利益主体共建合作格局。

（四）打造党建引领社区治理队伍

目前，京口区基层党建工作者的薪资收入和岗位职级已有了制度保障，优秀的基层党建工作者可以通过多种渠道在职业道路上上升，但受众范围还不够广泛。如现有制度中，对岗位转变的年龄限制使一些一直从事基层党建工作的老党建人失去了机会，可以考虑适当放宽条件。在鼓励激励政策上，不违反相关规定的情况下，应解放思想，优秀者尽可享受。

对基层党建工作者还应科学培训，以提升其工作能力。京口区目前已对社区"头雁"进行培训，但层次上、周期上还缺乏科学规划。社区工作看似琐碎，实质与时代直接接轨，工作中需要时代意识、掌握最新法规政策和技术技能。在学习方式上，可以设置短信、微信课堂等信息载体，拓宽党组织活动空间。我们党是一支学习型政党，终身学习也是社区工作者的应尽之责。

（五）运用党建引领社区治理现代化技术

社区治理工作中，现阶段应用比较多的还是网络技术，应在网络阵地拓展党建功能。例如，网格化工作中，可以实施网上办公，提高工作效率。网格长通过 QQ 群、微信群发布信息，与网格内居民沟通，为居民提供更为便捷的服务。

社区治理要充分运用好现代信息网络手段，推行网络化、信息化，提升党建工作整体水平。新的信息设备往往不是一次性投入的，费用和操作技术问题是未来要解决的一个难题。一些社区配备了电子屏幕、远程监控等设备，但费用高，没有投入日常使用，只是间或使用；或者技术要求高，设备出现问题后自己无法解决，影响工作。社区治理一方面要注意引进培养相关专业的人才，另一方面要加大合作力度，积极推行城市、街道、社区在设施、设备、信息等方面共享共建，打造互惠互利、上下贯通的管理工作平台。

作者单位：中共镇江市委党校

关于宁镇扬基础设施一体化建设的几点思考

| 郭　杰 |

经过多年建设，宁镇扬三地已经初步实现了基础设施的互联互通，初步具备了一体化发展的基础。但是，对比国内外城市群协同发展的成功案例、对照省委省政府对宁镇扬一体化发展的战略部署、对应三市人民尤其是镇江市广大市民的实际需求和殷切期盼，宁镇扬离基础设施一体化还有不小的差距。这一差距，既源于三市在思想认识上有种种纠结争执，也源于三市之间政策机制上有种种障碍壁垒，还源于三市有各自不同的规划意图、投资方向和建设重点。面对宁镇扬一体化发展这个必选项和必答题，镇江需要从破解五大发展课题的高度，审大小而图之、酌缓急而布之、连上下而通之、衡内外而施之，通过不断拓展基础设施建设空间、加大基础设施建设力度、提升基础设施建设现代化水平，推动镇江逐步从所谓"苏南洼地"转变为"长三角要素汇聚的港湾"和"宁镇扬宜居的福地"。

思考之一：必须突破"小我"局限，以坦荡和合的胸怀推进基础设施建设

过去，宁镇扬三地都致力于"一亩三分地"的精耕细作，既为彼此一体化奠定了比较扎实的基础，也相互遗留了许多利益冲突；现在，我们处于宁镇扬一体化发展的战略机遇期和发展窗口期，需要摒弃零和博弈的"小码头情结"，走出安适自足的"大市口视野"，以共建命运共同体的坦荡和合胸怀推进基础设施建设。

一要当好主人，坚定维护自身的核心利益。我们要本着一体化发展的共同价值取向，多推进能够促进彼此发展的项目，坚决不搞"损人利己"的项目，尤其不建"损人又害己"的项目。同时，我们要积极参与协作议事平台建设，并利用这个平台消除障碍、化解矛盾、协作共赢。例如，镇江飞地共青团农场、高桥镇的基础设施建设，以及扬州二电厂的改造扩建问题，镇江必须主动作为。

二要担好主责，加快推进市域一体化。"欲治其国者，先齐其家；欲齐其家者，先修其身。"在宁镇扬一体化中，我们必须眼睛向外、手心向内，找到宁镇扬基础设施一体化和市域基础设施一体化的最大公约数。通过推动市域内每一类基础设施的成网连片，来充分调动所辖各地参与市域一体化的积极性。要防止只注重城际一体化而忽视市域一体化的倾向。例如，122省道的南京到句容段已经实施快速化改造，建议句容到丹阳段也尽早实施快速化改造。

三要唱好主调，鼓励辖市区多元多向联通。最近，省委、省政府支持和鼓励南通建成上海"北大门"的政策信号，应该能促使我们更加理性地对待各辖市区追求多元多向发展的愿望和行动。退一万步说，就算将来三个市的行政区划发生重大调整，那也是谋求更高层次的区域发展的历史必然。我们认为，辖市区与周边城市基础设施建设的主动对接行为，不仅能促进当地更好更快地发展，还能整体提升镇江的区域形象和综合实力。

思考之二：必须尊重客观规律，以适度超前的进度推进基础设施建设

推进宁镇扬一体化发展，需要我们重新审视过去的发展模式，上顺天、下应人，高位谋划、科学规划、合理布局、超前建设，为一体化发展提供有力的硬件支撑。

一要尊重城市发展规律，让既有城市定位更鲜明。大凡治事，必须通观全局，不可执一而论。《长三角区域规划》《苏南现代化建设示范区规划》《宁镇扬同城化发展规划》指明了镇江市的发展定位，我们必须放弃"苏南唯一中等城市"的纠结，摆脱铺摊子求规模的城市粗放发展模式，着眼于如何建成全国重要的先进制造业和战略性新兴产业基地、区域枢纽城市、国家生态文明先行示范区、现代山水花园城市和旅游文化名城的需要，走精致发展、集约发展的正路；科学修编各类发展规划，精心设计城市，注重镇江市的城市功能修补和市域生态修复，以久久为功的工匠精神，让镇江更具影响力和吸引力。

二要尊重市场经济规律，让要素资源配置更优化。世人熙熙攘攘皆为利，这是市场经济的必然现象，也是客观规律。我们现在既要理性看待城际"人才往高处走""消费往高端跑"的情形，又要清醒看到城际还存在"资本往成本低处流""人往宜居处生活"的现象。保持生产力发展布局和主体功能区规划的定力，满足市场优化资源配置的基本需求，以不断加密成网的基础设施建设成果，来达到错位发展的目的。例如，在沪宁高速增开句容道口、将镇江出入口南移，就是非常成功的案例。现在，我们应尽快改造高速支线，充分发挥沿线土地的使用价值，减弱沪宁高速的过道效应。

三要尊重工程建设规律，让项目有限成本更高效。罗马城并不是一日建成的，同样，宁镇扬基础设施一体化也不可能三两年就实现。因此，我们应综合考量每一个工程项目的必要性、可行性和规模量，科学计算每一个工程项目的资金成本、时间成本、民心成本和政治成本，既要能满足产业发展和公众需求的当下要求，又要能撬动整个基础设施体系发挥最大的综合效益。例如，既要论证新建宁镇城际轨道的必要性，又要论证沪宁老电气化铁路剩余运能的挖掘可行性，力争以最低成本满足公众对宁镇交通的通勤化需求。

思考之三：必须舞动龙头工程，以定做必成的意志推进基础设施建设

一是宁镇扬基础设施一体化的内涵丰富、外延广泛，既包括人们熟知的综合交通体系、市政设施体系、水利设施体系，也包括信息网络、生态环境、村镇基础、能源动力等方面基础设施建设内容。《宁镇扬同城化发展规划》和《中共江苏省委 江苏省人民政府关于加快新一轮基础设施建设为推进"两聚一高"提供坚强保障的意见》都已具体部署，这里就不再一一赘述。我们认为，镇江市应重点在综合交通、信息网络和生态环境三个方面，抓住重点领域的重点项目，以定则必做、干则必成的意志大力推进。

二是建设完善的综合交通网络体系。综合交通网络体系是要素资源流动的血脉系统。要按照安全畅通、集约高效、便捷公平、智慧绿色的建设目标，在原有城际交通网络的基础上，通过加密、提速等方式，积极构建以城际轨道、城际快速公路和过江通道为骨干的复合型城际通道，强化市际与市域两个交通系统的无缝对接。加快推进镇江主城区到各辖市、各辖市之间、各辖市到重点乡镇的瓶颈路段的快速化改造。抓住全省港口码头资源大整合的机遇，加大江河岸线资源整治，重点提升长江和京杭运河镇江段、市域内主要内河的航道运能。

三是构建新一代信息基础设施体系。信息网络体系是信息社会发展的必备基础。要利用南京被定位为国家互联网骨干直联点的区域便利，积极参与"网络强省"和"数字宁镇扬"的规划、建设和管理，协同建设连接三地的光缆传输干线网，实现市域城乡光纤宽带网络的深度覆盖。稳步发展三市"三网融合"，鼓励数字电视、手机电视等核心业务大规模应用。大力推进"智慧镇江"建设，重点跟踪督查镇江市的生态云、政务 E 办事、云神工程、智慧旅游等项目进展，尽快建成镇江市各重点领域的数据资源中心，稳步推进宁镇扬三市的大数据处理中心建设。

四是积极推动生态保护和环境整治一体化。生态环境是镇江市的立市之本，更是镇江市在宁镇扬一体化中的特色优势。要倡导流域治理理念，严格落实"今后长江不搞大开发共抓大保护"的要求，与宁扬两地协同推进"长江风光带"建设，抓紧规划布局宁杭生态经济带和宁镇山脉科创廊带的基础设施体系，及时化解毗邻区域基础设施建设的邻避冲突。加快实施"263"行动计划，重点围绕水气污染治理、固体废弃物综合利用与安全处置、新型污染防治等区域性重大环境问题，全面开展城际之间和市域内部的环境联防联治。

作者单位：中共镇江市委党校

宁镇扬区域协同推进长江国家文化公园建设研究

| 臧璐衡 |

建设国家文化公园，是以习近平同志为核心的党中央作出的重大决策部署，是推动新时代文化繁荣发展的重大文化工程。习近平总书记高度重视国家文化公园建设，作出系列重要指示批示，部署出台相关重要政策文件，为中国特色国家文化公园建设指明了目标方向、提供了根本遵循。长江江苏段流经中国沿江经济社会发展的发达地区，源远流长的长江文化与社会主义现代文明新形态相得益彰，不仅可以为长江国家文化公园注入丰富的历史内涵，还可以彰显长江文明生生不息的时代意蕴。宁镇扬一体化是贯彻区域协调发展理念的具体举措，也是积极融入长三角一体化国家战略的重要抓手。宁镇扬区域协同推进长江国家文化公园建设有利于充分发挥区域优势，扩大一体化范围，同时能够保护好、传承好、弘扬好长江文化，推动长江经济带与长江文化带互相融合。

一、相关理论研究

（一）协同治理理论

协同治理理论是一门新兴的交叉理论，主要以两门理论为基础：自然科学的协同论和社会科学的治理理论。1971 年，理论物理学家赫尔曼·哈肯首次提出协同学，即研究普遍规律支配下的有序的、自组织的集体行为的科学。后来随着治理理论的融入与发展，主体间的竞争与协作过程成为协同学的关注重点，而各协同治理主体之间的相互合作也呈现出一致性、动态性和有效性。我国学者对协同治理理论进行了分析研究，总结出如下特征。第一，治理主体的多元化。这里的主体包括政府、社会组织、企业、家庭以及公民个人，他们可共同参与公共事务治理。这打破了以往以政府为核心的权威，赋予了其他治理主体权威性。第二，平等协商与自愿协作。协同治理更加强调多元治理主体的自愿协作，而不是政府强制，鼓励相互之间进行平等协商和合作。第三，组织间的协同。协同治理的过程需要各个组织之间的协同，并且离不开政府部门制定的目标以及集体规则的指导。第四，共同规则的制定。共同规则的制定离不开各组织之间的竞争与协作，同时，政府组织作为规则的最终决定者，其意向在很大程度上影响着最终结果。因此，相互之间的信任是其协作的良好基础。总而言之，协同治理理论涉及多元主体，建立集体规则、制定相应的目标、建立彼此之间的互信关系是进行协作的前提和基础。这能够聚集各方优势，补齐短板，共同发力，打破以政府为主要核心进行社会治理的局面，有效整合多元主体的力量参与治理。

（二）利益相关者理论

20 世纪 60 年代，利益相关者理论在美国、英国等国长期奉行外部控制型治理模式的企业中逐步发展起来。唐纳森和普雷斯顿发展了第一个有影响力的二级利益相关者理论，不过仍主要站在企业的角度。1984 年，费里曼对广义的利益相关者进行定义："企业利益相关者是指那些能影响企业目标的实现或被企业目标的实现所影响的个人或群体。"该定义认为，影响企业目标实现的个体或者团体都是利益相关者，如政府及非政府组织、社会组织及公众等团体，而不仅仅局限于企业，这也扩大了利益相关者的范畴。万建华在管理理论与实践中，将企业的利益相关者划分为两个层级：第一级利益相关者是包括财务资本所有者、人力资本所有者、政府、供应商和顾客在内的各类主体，与企业之间拥有官方或契约关系；第二级利益相关者包括社会公众、环境保护组织、消费者权益保护组织、新闻媒体等。这与费里曼对于利益相关者的定义有异曲同工之处。查克汉姆将利益相关者分为契约型和公众型，前者包括股东、雇员、顾客、分销商、供应商等，后者包括政府部门、媒体、全体消费者、监管者等。国内还有学者认为，利益相关者是指那些在企业中进行了一定的专业性投资，能够影响企业目标的实现，并承担了一定风险的个体和群体。

二、推进长江国家文化公园建设的意义

长江是我国第一大河流，与黄河一起并称中华民族的母亲河。长江在中华文明的起源和发展中发挥了极其重要的作用，它是中华文明多元统一的象征，极大地丰富了中华文明的文化多样性。"江河互济"构建了中华民族共有的精神家园。2020 年 11 月，习近平总书记在南京全面推动长江经济带发展座谈会上指出，长江造就了从巴山蜀水到江南水乡的千年文脉，是中华民族的代表性符号和中华文明的标志性象征，同样也是社会主义核心

价值观的重要源泉。长江国家文化公园的建设将充分激活长江丰富的历史文化资源，系统阐发长江文化的精神内涵，深入挖掘长江文化的时代价值。这对于深入贯彻落实习近平总书记关于国家文化公园建设系列重要指示精神，丰富完善国家文化公园体系，进一步提升中华文化标识的传播度和影响力，延续历史文脉，具有重大而深远的意义。

（一）有利于促进长江经济带与长江文化带的融合

建设长江国家文化公园，让长江经济带与长江文化带相得益彰。长江全长约 6300 千米，横跨我国东部、中部和西部三大经济区，流域总面积 180 万平方公里，是中国第一大、世界第三大流域。长江流域占中国国土面积的 18.8%，其经济带集聚的人口和创造的地区生产总值则占全国 40% 以上，在中国社会经济发展中具有举足轻重的地位。建设长江国家文化公园，是把长江文化保护好、传承好、弘扬好，延续历史文脉，坚定文化自信，推动长江优秀传统文化创造性转化、创新性发展，改变长江文化带建设相对滞后的状况，让长江经济带与长江文化带精彩共舞。

千百年来，长江流域已经形成了丰厚的水文化。不论是精神层面、社会层面还是物质层面的水文化因子，都是长江国家文化公园建设不可缺少的资源。在长江国家文化公园建设过程中，应注意将典型、优秀的水文化因子作为长江国家文化公园的重要构成部分。这些水文化因子包括自然和人文结合的因子、有利于长江水环境和自然保护的因子。例如，在长江中下游存在较多的矶头，不仅对长江的河道安全和生物多样性具有重要的价值，也同样具有景观价值和丰厚的历史文化内涵。再如，长江流域民众传统的水信仰，包括长江上游各民族丰富的水信仰、长江中游的湖泊信仰等，是人们与自然交流的精神桥梁，对于人们秉持敬畏自然的心态、保护水环境有重要的价值。长江流域各民族人民涉及水的节日和社会生活习俗，乃至于因水而构建起来的生活方式，都是有着重要传承价值的文化遗产。

（二）有利于坚定文化自信，促进长江文化的传播

"文化是一个国家、一个民族的灵魂。文化兴国运兴，文化强民族强。没有高度的文化自信，没有文化的繁荣昌盛，就没有中华民族伟大复兴。"建设长江国家文化公园，既是落实共抓大保护、不搞大开发的重要举措，也是加强对沿线文物和文化资源的修缮和保护，深入挖掘长江文化时代价值的契机。延续历史文脉、坚定文化自信，有利于进一步提升中华文化标

识的传播度和影响力，向世界呈现绚烂多彩的中华文明。继黄河、大运河、长城、长征国家文化公园后，建设长江国家文化公园，可以更好地实现"江河城路互济"，共同构建中华民族共有的精神家园。

（三）有利于建设开放共享的新格局

建设长江国家文化公园，有利于凝聚多元主体力量，形成开放共享新格局。长江国家文化公园的建设范围综合考虑长江干流区域和长江经济带区域，涉及上海、江苏、浙江等13个省区市。需要在党中央的坚强领导下，在国家文化公园建设工作领导小组的统筹指导下，凝聚多省市的特殊优势资源，精心组织、协同推进、有序实施；需要加强顶层设计、跨区域统筹协调，充分发挥中国特色社会主义制度优势，着力形成开放共享的建设格局。

三、宁镇扬区域协同推进长江国家文化公园建设的实践路径

宁镇扬区域协同推进长江国家文化公园建设必须坚持协同治理理论，从宁镇扬各区域实际出发，协同多元主体的力量，依托长江优势资源，真正传承和弘扬长江文化，解决好生态环境问题，将长江文化与长江经济带的发展相融合，大力弘扬长江文化时代价值。对于长江国家文化公园建设，要从"主体—资源—利益"三个层面探索协同治理的实践路径。

（一）坚持多元主体的长效协作

长江国家文化公园建设必须要突破政府单一主体的治理模式，建立以政府为主导、多元主体协同的治理机制，促进各个主体之间的相互协同，充分发挥各方力量来提升"长江大保护"的整体效能，建立多元主体协同治理新格局。

首先，要协调各地政府之间的关系，促使各地方政府共同推进长江国家文化公园建设。宁镇扬三地政府应建立横向生态补偿机制，协调利益关系，调动地方政府跨界合作的积极性，同时积极深入学习贯彻习近平总书记的重要指示批示精神，提升对长江国家文化公园的认识及理解。其次，要坚持流域"一盘棋"，统筹多元主体的力量，促进协同发展。从生态环境层面来看，推进长江国家文化公园的建设必须重视宁镇扬长江岸线的自然生态修复，面对生态环境突出的问题，要建立"源头严控、过程严管、后

果严责"的保护体系，严格落实自然资源保护负面清单，完善环境资源执法体系。宁镇扬三地需建立联合体，围绕长江全流域生态环境问题及其治理目标，打破行政壁垒和地方保护主义现象，坚持流域"一盘棋"，合理确定各区域治理目标并细化分解，统筹上下游、左右岸不同区域，协同开展生态环境保护修复，同时强化科技支撑的协同创新，统筹聚集科技人才，开展深度合作。要引入市场主体和社会力量，提高生态公共服务供给效率和公众满意度，建立政府主导、市场运作和社会参与的协作共建路径。

（二）促进多方资源的有序整合

宁镇扬区域有着不同的历史渊源和文化成果，要促进三地政策资源、文化资源、市场资源、经济资源等多方资源的有序整合。整合的目的在于克服政府行动的碎片化，取长补短，挖掘优秀长江文化。

首先，要实现资源的有效配置。宁镇扬区域有着各自不同的历史文化资源，要寻找这些文化资源的共同点，系统谋划思考长江文化的创造性转化和创新性发展，实现已有资源的合理配置。其次，要对长江文物及文化遗产进行保护。建立宁镇扬区域长江文化遗产分级分类名录和档案，形成较为全面且实时更新的长江文化遗产数据库。对于一些长江流域历史文化名镇或者名村，在开发资源过程中注重保护和修缮，避免过度开发。要及时进行开展长江历史文化街区认定，实施名镇名村、传统村落综合整治，保护好传承好利用好特色文化资源和珍贵传统文化风貌。最后，要有序开发和挖掘区域优势资源。随着时代的发展，乡村振兴成为继脱贫攻坚后的又一重要任务和使命。因此，要统筹好长江国家文化公园建设与城乡发展的关系，通过公园建设增强长江流域城市竞争力，以文化为动力引导城乡发展。要注重树立长江文化保护传承利用的典型，将资源和基础设施向乡村倾斜，打造一批特色文化产业城镇，推动文化支撑的长江沿线乡村振兴。

（三）推动多重利益的动态协调

在长江国家文化公园建设中，多元主体的协作是前提，多方资源的整合是基础，而多重利益的协调是重要保障。因此，要从利益相关者理论角度出发，理顺流域及属地之间多元利益主体间的合作博弈、权责分担和动态演变逻辑，探索利益动态协调的路径。

首先，要完善收益分配、风险分担及政策保障机制。一方面，要明确划分各方主体的责任。南京、镇江、扬州三地政府要确立好收益分配机制以及风险分担机制，划清权利和责任，并相互监督，以促进各方之间的顺利交流与合作。另一方面，建立健全政府保障机制，实行兜底政策，合理配置资源，对三方达成的合同或协议及时进行动态调整，同时要引入社会资本，确保项目的长期良好运营。2022 年 6 月，栖霞区与句容市、仪征市签署了《宁镇扬核心区长江文化保护与传承战略合作协议》，结合宁镇扬文旅资源的丰厚性、互补性，进一步深化文化、文物、旅游、体育、广播电视等全方位的交流与合作。在推动区域协同发展、打造"宁镇扬同城化"战略核心区的大背景下，要保护好传承好弘扬好长江文化，并全力推动文物合理利用及非遗产品更好地融入现代生活，让百姓共享文物和非遗保护成果。

其次，要建立多方主体沟通协调机制，实行 PPP 项目。PPP 模式是政府与社会资本合作的一种项目运作模式，有利于协调政府与社会资本的利益关系，在一定程度上缓解政府的资金压力，调动社会资本的积极性，实现动态平衡。各区域之间要建立信息分享渠道，保证信息数据的有效共享，注重各个主体的利益表达，同时要引入第三方评估机制，引导社会资本关注长江国家文化公园建设，提高协调沟通的积极性。

最后，要建立合理完善的利益保障机制。长江国家文化公园建设涉及的领域及利益方方面面，因此利益冲突时有发生。为了保障相关利益主体的合法权益，各地区应完善相应的法律法规建设，完善合作协议条款，明确长江国家文化公园建设中各个利益相关者的职责和权利，同时要引入第三方监管机构，比如文化协会、第三方组织等，充分发挥其监督和评估作用，加强利益监督。

作者单位：中共镇江市委党校

党建引领基层社会精细化治理

——以镇江为样本

| 张美娟 |

习近平总书记明确指出："治理和管理一字之差，体现的是系统治理、依法治理、源头治理、综合施策。"基层社会治理的发展与变革，是镇江发展历史变革的缩影。近年来，镇江认真落实党中央精神，市委书记带头示范，聚焦基层治理难题，聚焦党建工作在基层治理上引领不足、基层治理网格化体系不健全、作用发挥不明显等问题，着力破解基层社会精细化治理存在的一系列问题，在紧抓高质量党建的同时不断探索基层社会治理，通过党建引领在基层社会精细化治理的过程中取得了有效的成绩。

一、党建引领基层社会精细化治理的实践探索

基层治理是最靠近百姓的一层，其中涉及社区生活的各个方面。近年来，镇江市围绕基层社会治理的实际情况狠抓基层党组织建设，积极探索基层社会精细化治理的基本路径，扎实推动基层社会实现精细化治理。

（一）以严格党员管理引领精细化治理

党员是引领社会治理的核心力量，做好党建工作能发挥好治理的基础性作用，进一步增强凝聚力与协同力。镇江市采取了多种措施对党员进行管理，以期达到精细化治理的目标要求。

1. 实行纵向网格组织管理

以镇江全域"村（社区）党总支—网格党支部（党小组）—党员中心户—党员—群众"为基本的框架，将镇江市全域党员统一纳入党的组织管理当中，然后进行细化细分，使网格资源共享、共管、协同联动。在每个网格设立分管该区域的网格长，专门处理自身网格内存在的各种公共事务，定期对群众进行走访，把发现的问题进行整合归纳，依照既定标准分类解决并及时总结归纳。

2. 加强积分制监督管理

镇江市明确规定了机关党员需要"一人双职"，并履行好各项"签到"

制度、日常管理制度、监督考核制度等。党员积分成为镇江市 500 多个试点党支部进行党员评议最主要的依据和参考，各级党组织逐步将这一制度应用于 3400 多个党支部、6 万余名党员干部中，极大地提升了精细化治理的水平。

（二）以多元主体合作参与精细化治理

在基层社会治理中，如何进一步发挥社会组织的作用？毋庸置疑，需要多元主体的合作参与。如果缺少其他领域或者区域主体的合作参与，仅仅依靠单个组织和个人力量无法彻底解决基层社会精细化治理出现的突出问题。镇江深刻领悟到了这一道理，依据国家和社会治理的发展变化，贯彻落实党中央的精神，开创了基层社会治理的新局面。

1. 实行多级联动综合治理

镇江聚焦基层社会精细化治理目标，各个地区多级联动持续综合治理。如镇江高新区以社会综合治理联动分中心为主要抓手，加快完成大数据普查，织紧织密织牢社会治理"一张网"，进一步夯实基础网格，健全考评体系，以城市管理、环境保护、安全生产、社会治安等突出问题为重点，完善预测预警工作机制，打造快速高效的立体网格，不断提升社会治理现代化、精细化水平，实现"同频共振、统筹协调、上下贯通"。

2. 全面落实治理主体责任

近年来，镇江强化系统治理措施，丰富治理形式，压紧压实市县（区）主体责任。突出"三大主题"，即思想、政治和作风引领，同时充分发挥各主体作用，比如发挥社区宣传主阵地作用，将党的最新思想进行广泛传播，推动党中央各项精神入心入脑。同时依托新媒体载体，通过微信公众号和短视频平台，开展内容丰富、生动形象的培训活动，满足各个层次党员干部的需求。

（三）以高效能治理新机制保障精细化治理

实现基层社会精细化治理，高效能的治理新机制是重要保障。镇江各基层社区因势而变精准施策，不断建立健全各项治理的新机制。

1. 实行闭环管理，以"优服务"诠释"优营商"

镇江聚焦基层社会营商环境，尤其对企业加大管理力度，建立并不断完善群众服务机制，实行闭环管理。譬如 2021 年镇江新区拓展精细化治理的思路，深耕网格、深化制度、深度协调、深情服务，积极打响镇江新区特色品牌。除此之外，镇江还开通企业服务小程序，畅通政府服务热线，线上线下分类指导基层属地部门的实时数据，做强"优服务"，确保所有诉求的有效闭环。

2. 强化考核机制，以"智慧化"激励"导向标"

基层社会治理过程中考核是不可或缺的环节，一套行之有效的考核机制实则是一种动力机制。镇江通过定制考核绩效奖惩制度进行正向激励，激发动力和效能实现精细化治理再提标，发挥考核"指挥棒"作用；通过优化考核体系、细化考核方式、注重结果运用，新增对基层社会治理工作机制落实情况以及工单时效的考核等，以"智慧化"手段正向解决基层社会治理中的考核问题。

（四）以"党建+网格"运作模式夯实精细化治理

网格治理是新的治理体系下最小的治理单元，"党建+网格"更加贴近精细化治理的需求。近年来，镇江着眼市域治理现代化要求，注重与基层社会治理联动融合，通过建立"党建+网格"新型基层社会治理运行新模式，逐步实现基层社会治理精细化的目标，在全市范围内全面提升基层社会治理的水平。

1. 调整优化网格设置

依托搭建信息化管理平台，以网格为基础、信息为支撑、联动为纽带，将党建网格与基层社会各领域网格联动实现"多网"融合，形成共享共建共治机制。按照"区划清晰、布局合理、无缝覆盖"的要求，切实优化社区网格设置。对问题较为突出的地区，尽可能缩小网格规模，做大做好新的治理体系下最小的治理单元，推动基层社会治理重心下移，以便实现精细化管理。

2. 实现党组织全覆盖

作为党在社会基层组织中的战斗堡垒及实现基层社会精细化治理的基础，党的基层组织尤为重要。新的形势下，镇江市各个基层党组织严格遵循党建引领的基层社会治理原则，实现党组织完全覆盖，优化网格党建各项工作，全面推动将"党组织建在网格上"的方针。可以通过就近原则、自愿结对等方式，在各级党组织中逐步建立片区共享公共资源。各基层党组织可采用轮转牵头的形式开展大型党建活动，并联合其属地各县区、乡镇街道及社区村党组织，依靠各片区丰富的资源和经验加强区域治理，实现党建的全覆盖。

二、党建引领基层社会精细化治理面临的现实问题

基层党建是一张"网"。为提升治理水平，镇江各基层单位努力探索织好基层党建这张网的方法。就目前总体形势来看，大多数基层单位均取得了一定进展，但与达到精细化治理水平的目标相比，仍存在一些亟待解决的问题。

（一）基层社会治理的活动方式有待创新

1. 基层党建活动无法满足社会治理的需求

基层党建活动主要通过相关平台引导社会治理，镇江目前推行的基层党建活动存在与基层社会治理需求契合度不足、对接程度较低的问题。各县区社区所开展的相关活动中，多数为文体活动、公益活动、志愿服务等社会服务类的活动，无法有效解决民众真正需求。化解矛盾纠纷、协调利益关系，诸如此类的问题无法及时得到协调解决，导致出现党建和治理"两张皮"的现象。党建不能充分发挥引领作用，这在一定程度上制约着基层社会精细化治理。

2. 联动主体间活动共建方式较为单一

从以往基层治理的活动形式来看，除基层党建活动与社会治理真实需求对接不够之外，党建引领基层社会治理的作用定位不明确、联动主体间活动共建方式比较单一等问题亦较为突出。目前实行的联动主体间的活动共建方式主要以"人情式"和"援助式"居多，特色治理活动仍未形成，严重制约着基层党建和社会治理的有机融合。

（二）多元主体治理的共治合力有待发掘

1. 各治理主体职责不明确

就基层社会治理情况来看，强调多元治理主体的同时，明确各治理主体间的职责权限，推进各主体协同合作以形成合力，亦极为重要。在实际工作中，多个地区未能正确处理好党组织与其他治理主体之间的关系，普遍存在党组织越权、行政色彩浓厚、社区角色不明、居民参与度低等问题。因此，全面厘清基层社会治理各主体之间的职责是亟待解决的问题。

2. 治理的能动性难以有效调动

目前推行的"资源、需求、项目"三张清单管理制度，更多体现了组

织发展及联建单位的需求，还需进一步拓展群众需求和诉求表达机制。居民作为基层社会治理的主体，无法透彻地了解基层社会治理内容。在人口流动大的社区街道，这种现象尤为严重。居民参与社会治理不积极，其能动性难以有效调动。如何正确有效地调动基层居民的积极性，发挥基层党建的引领作用，激发治理主体活力，是当前需要解决的重要问题。

（三）基层治理机制执行力度有待加大

1. 体制机制不健全

基层社会若想实现高度精细化治理，需要切实可行的体制机制保障。从镇江近年来基层社会治理的手段和方式方法来看，基层社会精细化治理过程中最突出的问题是缺乏切实可行的治理体制机制，同时治理方式方法过于单一，制度执行浮于表面。这一系列问题俨然已成为影响基层社会精细化治理的关键问题。镇江市委、市政府需根据时代的不断发展和现实情形的需要，因地施策，制定并出台有关基层组织管理和社会治理的各项规章制度，以加强基层社会治理制度保障。

2. 制度执行不力

各县区未能认真研究和落实相关规章制度，在基层社会精细化治理的实际工作中使已有制度成为一种虚设。制度执行不力严重阻碍了镇江市各县区和各社区精细化治理的推进。重口头轻实践，表面上无比重视，大力宣传造势，实则避重就轻，导致制度成为一种虚设，久而久之演化为制度执行不力。

（四）党组织服务群众的内在动力有待加强

1. 服务群众的优势得不到有效发挥

基层党组织承担着团结群众、动员群众、组织群众的重要职责，党组织要切实发挥好服务群众的优势。但是从当前党组织服务群众的现实情况来看，没有把一切积极因素调动和凝聚到群众中来，没有凝聚不同领域党组织和党员干部的专业优势，服务群众的理念落后，服务群众的领域狭小。有的社区居民委员会工作庞杂，承担了大量的行政事务，没有做到更好地落实服务型基层党组织建设的新要求，近距离服务群众优势得不到有效发挥。

2. 推进党建工作的作用不断弱化

基层党组织在推进党建工作中投入的精力不足，认识也不到位，以致出现顾此失彼的现象。除此之外，还存在党建工作安排不及时、服务居民的作用不断弱化的情况。新的形势之下，基层治理模式发生较大转变。我国基层社会治理主要由街道和社区两级组织来完成。在基层调研时，据基层从事党建工作的人员反映，要负责的党建材料数不胜数，大量工作时间被用于应付各种例行检查。目前很多基层仍存在主要工作内容与其职能不匹配的现象，导致其引导辖区内居民自治功能及作用被不断弱化，无法有效推进服务居民和党建工作。

三、党建引领基层社会精细化治理的推进路径

基层党建引领社会治理创新是当前推进社会治理的新道路，且契合于当下为应对市场化和社会化挑战而探索的整合治理模式。要通过一系列有效路径推进基层社会精细化治理，切实发挥基层党组织的引领作用，实现治理目标。

（一）提高思想站位，明确引领内容

1. 突出政治引导，坚决做到"两个确保"

党建统领、整体智治，抓党建带全局是应有之义。镇江要严格突出政治引导，明确以习近平新时代中国特色社会主义思想为党建引领的基本内容。习近平新时代中国特色社会主义思想是马克思主义理论的新飞跃，是我们做好新时代各项工作的行动指南，要将这一思想贯穿基层党建引领社区治理工作的始终，满足新的社会主要矛盾对工作提出的新要求，认真对待党内政治生活，严格履行党建职责，严格遵守政治纪律，切实加强政治建设并将其落实到具体行动中。

2. 突出治理引导，全面夯实基层基础

基层治理的重点在城市和农村。我们要旗帜鲜明地坚持党的全面领导，加强基层治理网络，巩固基层治理基础，学习借鉴北京"街乡吹哨、部门报到"的经验，深化城市基层党建引领基层社会治理，组织开展城市基层党建"聚力先锋"行动，系统构建"一核多能"基层治理体系，提升基层治理能力水平和党建工作整体效应。

3. 突出作风引导，坚持人民至上

习近平总书记曾经指出："加强和创新社会治理，关键在体制创新，核心是人。"基层服务质量的高低与群众的利益息息相关。党的领导要通过各

级组织特别是基层党组织的有效工作来体现，基层治理不仅是维护秩序安稳，更是将党的领导根植到居民群众中，凝聚居民群众思想共识。基层服务和基层治理的提升是否有效，还是落脚到辖区居民满意度上。群众是否能够利用有限的资源发挥最大的效能，是否能够在有限的空间实现生活的丰富多彩，是对基层党建工作的考验。

（二）多元融合联动，搭建引领平台

1. 融合推动街道社区和驻区单位隶属关系

针对基层社区与驻区单位不相隶属问题，要从党建和镇江市城市发展目标一致入手。相关单位都要承担起强化基层党的建设、强化基层治理等职责，而党组织是打破行政壁垒、以党建融合推进治理力量融合的有效手段。要把党组织作为一条纽带，融通互动街道社区和驻区单位之间的关系。同时，要抓住利益相通的要点，通过树立社区为家的核心理念，以基层党组织统一引领，带动基层各个机关和企事业单位共商共议，通过多元主体合作参与一起加强基层精细化治理，共同培育基层先进文化、人才资源，共同服务好基层居民群众，把基层这个大家园给建设好。

2. 更新完善区域"资源、需求、项目"三个清单

注重持续更新"资源、需求、项目"三个清单，推动供需精准对接，按照直接匹配、街道社区党组织兜底、市级区级搭建平台等方法，将辖区内各类资源按需均衡地分配到每个社区，落到小区，重点形成一些群众最急最盼的项目资源。注重辖区共建单位所提的需求，统筹相应资源予以解决，在单位和单位之间搭建平台形成共建项目，提高共建单位参与积极性，让服务群众更加精准，社区资源更加整合，活动开展更加协同。

3. 立足项目实效办好民生实事

为民办实事，"怎么办""如何干""抓什么"都得清清楚楚、明明白白。把稳干事方向、把脉民生热点、紧扣普遍问题，才能精准打靶、有的放矢、循序渐进，确保将民生实事办实。所以说，为民办实事得有"有一抓一，有二干二"的时效性、精准性、及时性；更得有项目推进、挂图作战、统筹谋划的链条观念、战略思维。共建项目要紧扣社区发展治理中的重点难点问题，街道社区要充分用好辖区各类党组织力量，尤其是要充分运用机关单位的"双报到"资源，融通互动各级党组织定期开展共建活动，适当倾斜资源，真正解决影响群众切身利益的难题。

（三）完善制度体系，提供引领保障

1. 完善党全面领导基层治理制度

在基层社会治理过程中，要始终坚持党的统领地位，全方位合理配置基层党组织和群团组织资源，支持基层党组织承担社会治理各项职能，加大各群团组织的培育扶持力度；成立基层服务性、互助性、公益性的社会组织，通过党建引领基层群团建设，坚持和加强党在基层社会治理过程中的全面领导，建立和完善党全面领导基层治理的具体相关制度。在党的全面领导基层治理制度的全方位落实和有效执行作用下，推进基层社会治理精准高效，进一步提升基层治理体系和治理能力现代化水平。

2. 完善多方分级参与治理机制

针对基层社会精细化治理缺乏制度体系的情况，需要依据各个基层的发展情况分层级、分领域完善基层社会精细化治理的制度体系。根据各层级各领域治理水平和治理目标，在治理过程中，多元主体须因时因势因地地持续推进相互融合的参与机制，及时调整基层治理模式。在基层党组织的领导下，鼓励支持社区居委会、小区业委会、物业公司、小区居民等共同协商，同时组织动员各类行政、社会及群众组织共同参与基层治理，引导其以组织化的方式参与社区建设，探索社区自治模式。

3. 建立健全上下联动机制

推动各领域、各部门上下联动，通过研究考察不同主体究竟是如何进入治理领域，其不同阶段的不同行为是如何影响治理的。通过建立健全上下联动机制，实现基层社会治理的各项制度全方位的转变，包括县区、街道、社区等有关领域，融媒体时代可以借助微信、微博、快手、抖音等网络平台，通过线上线下进行基层治理，破解基层制度执行不力遇到的梗阻。同时，政府部门应下沉行政处罚权，综合法制部门强化执法程序，厘清它们之间的关系，建立科学系统的治理机制进行联合治理。

（四）打造党建示范点，提升引领能力

1. 科学设置党建示范点

按照"典型带动、规范提高、分类指导、整体推进"的思路，通过走访调研基层党组织进行摸底，根据调研结果以及各地区各部门不同特点，科学设置镇江基层党建示范点，并分类指导整体规划。在整体统筹设置党建示范点的过程中，坚持以党建带动共建、以党员带动群众的理念，全面开展党建示范点创建工作。通过合理设置党建示范点，基层建设与党组织

建设同步进行，将千家万户与党的基层组织牢牢拴在一起。

2. 精心打造党建示范点

打造党建示范点要把握好三点。一是优化服务是根本。注重提升党建示范点服务能力，下沉服务力量，坚持把为民服务放在首位，为民众提供一系列精细化、实用化、便捷化的服务。二是资源下沉是关键。在打造党建示范点的探索实践中，以基层党组织为核心力量，整合归纳其他各方面的服务力量下沉到基层的每个角落，夯实基层精细化的服务。三是群众自治是重点。当前基层各个区域日益成为党建引领的聚汇点，同时也是社会矛盾隐患的聚合点，打造党建示范点正是针对基层社会治理越来越细化的创新管理。

3. 扎实推进党建示范点

党建示范点打造是建设规范化党支部的延伸，是提升基层组织力的关键所在，更是检验基层党员干部是否有效发挥先锋模范作用的有效途径。要通过科学设置、精心选点、分类指导、整体规划，全面打造高标准、高规格的党建示范点。例如，使用文字、图片布置党员活动室、党员生活体验馆等，同时将基层组织发展规划、目标任务及党建成效分门别类地进行展示，以点带面，点面结合，扎实推进党建示范点建设，全面提升党建引领基层社会治理工作整体水平。

总之，基层社会精细化治理就是要把党建引领作为贯穿治理的一条红线，通过引领实现辖市区各类组织互联互动、共治共建、融合共享的治理格局。综合来看，无论是就党建工作本身而言，还是就推动基层社会治理工作而言，党建引领基层社会精细化治理都具有非常重要的意义。我们也希望更多的学者、政府机关、党务工作者以及社会公众参与到社会治理过程中，更加深入地思考有关党建引领基层社会精细化治理的现实问题和创新思路，为社会公共治理建言献策。

作者单位：中共镇江市委党校

南京都市圈党校（行政学院）系统合作用好圈内红色资源

| 盛玉全 |

红色资源，是一座"富矿"。党的十八大以来，习近平总书记多次到访革命纪念地，瞻仰革命历史纪念场所，反复强调要铭记光辉历史，发扬红色传统，赓续红色血脉，确保红色江山永不变色。2021年经国家发展和改革委员会批复同意的《南京都市圈发展规划》（以下简称《规划》）是国家层面批复同意的第一个都市圈发展规划，这标志着南京都市圈建设上升到一个新的战略高度，也进入了一个新的发展阶段。《规划》指出："塑造地方特色文化品牌，营造友善向上的人文环境""加强文化事业交流，推动人才联合培养和文化资源、信息共享""联手打造和推介都市圈文化形象"。因此，用好南京都市圈红色资源既是贯彻落实习近平总书记关于用好红色资源、赓续红色血脉的系列重要论述的具体体现，也是贯彻落实《规划》的应有举措。南京都市圈红色资源丰富，圈内成员城市在各自用好本地红色资源的基础上，应树立"一盘棋"发展理念，整体谋划，串点成面，深入挖掘圈内红色资源背后的思想内涵，统筹用好圈内红色资源，真正使圈内红色资源成为教育人、激励人、塑造人的大学校。在用好圈内红色资源、助力南京都市圈发展的过程中，圈内党校（行政学院）系统不仅不能缺席，还理应提高站位，先走一步。这是新时代党校（行政学院）用好红色资源提高办学实效、履行党校（行政学院）职责使命的必然要求。南京都市圈党校（行政学院）系统要加强教研咨方面的合作，推动红色资源在红色教育中的有效运用，着力提高红色教育的针对性和实效性，形成"教学出题目、科研做文章、成果进课堂、建议进决策"的良好局面，让相关教学更有实效，相关研究更有深度，相关对策建议更有价值，推动建设南京都市圈党校（行政学院）系统红色教育综合体，不断做大做强都市圈红色文化品牌，为南京都市圈高质量发展注入强大"红色动力"，为联手打造和推介都市圈文化形象贡献圈内党校（行政学院）系统的智慧。

一、加强教学方面的合作，推动与圈内红色资源相关教学更有实效

习近平总书记强调："为党育才，是党校的独特价值所在。"南京都市

圈党校（行政学院）系统要加强教学方面的合作，保护和用好圈内红色资源，丰富教学内容，创新教学形式，及时跟踪问效，推动与圈内红色资源相关教学更有实效。

（一）加强合作丰富教学内容

一方面，要加强南京都市圈党校（行政学院）系统之间合作并与其他相关系统积极协作，组建调研团队，进一步整合圈内红色资源，细化分类标准，切实做好圈内红色资源科学全面调查与搜集整理工作。对涉及红色基因的故居、革命遗址、旧址、文献、纪念馆、物品、人物、事件等各种形态的表现形式进行全方位普查保护，杜绝"人工色素"，保留它们的原貌并登记造册，摸清圈内红色资源情况，实事求是，建设好红色基因库，做到心中有数。打造精品展陈，生动传播红色文化，再现圈内红色资源历史"原味"。深入合作制作南京都市圈红色资源地图，全景式展现圈内红色资源情况。习近平总书记指出："红色资源是不可再生、不可替代的珍贵资源，保护是首要任务。"另一方面，在再现红色资源历史"原味"的基础上，南京都市圈党校（行政学院）系统可以共同培育师资，整合分散的教学力量，常态化联合开办与圈内红色资源相关的教学能力提升培训班，提高教师教学水平，互聘教学骨干任课。以圈内红色资源为载体，充分挖掘红色资源背后深层次内涵和时代价值，进一步提高研究成果的转化，编写好相关教材，把南京都市圈红色资源作为一个整体串联起来，共同打造现场教学点、教学培训基地，丰富教学内容。常态化合作开展集体磨课、教学观摩等活动，深入交流备课思路，依托圈内丰富的红色资源，深入开发主题明确、逻辑清晰、结构合理的红色教育系列课程体系，形成菜单式课程库，并不断打磨完善。定期开展赛课、精品课程评选等活动，推动精品课程建设，打造一系列有影响力的精品课程，提高课程质量。定期对相关特色精品课程进行集中展示，就如何打造这些精品课程进行专题研讨交流，帮助南京都市圈党校（行政学院）系统教师进一步了解南京都市圈红色资源方面的情况，共享优质教学资源，提高教学水平。通过紧密团结合作，推动这些具有丰富内容的特色精品课程形成体系进课堂、进学员头脑，让南京都市圈（行政学院）系统学员对圈内红色资源能够有更加深刻的认识，从而坚定理想信念，不忘初心，牢记使命，拓宽视野，启迪智慧，提升能力，最终形成合力，共同推动南京都市圈高质量发展。

（二）加强合作创新教学形式

对依托圈内红色资源合作开发的相关特色精品课程不能仅局限于一种教学形式，可综合运用多种教学形式，如沉浸式体验、访谈式、案例式、研讨式、体验式、情景式教学，将"红色课堂"与"红色体验"相结合，强化领悟，提高学习"趣味"，更好地解决教学形式单一等问题，加深学员对南京都市圈红色资源深层内涵的理解。比如在精心设计现场教学线路、环节、教学内容及流程时，可以考虑在现场参观、讲解员讲解或点评等基础上组织学员共同将红色资源中包含的红色事迹"还原"出来，使学员不仅能听讲解、看现场还能更有参与感，从而使学员的体会更加深刻。在教学中，VR、AI等现代技术也能有妙用。比如可以用现代科技手段打造"实景课堂"，还原"现场"，让学员"回到过去"体会红色事迹，获得"身临其境"的真实体验。还可通过现代科技手段，让学员与红色人物"现场互动"，进一步了解红色人物，提升学员感悟红色历史的代入感和真切感，真正让红色资源动起来、活起来、亮起来，让南京都市圈红色资源"红"起来。还要统筹利用好"线上"教学资源。比如合作设置专门网站展示圈内红色资源情况，建立南京都市圈党校（行政学院）系统网上红色文化精品课程资源共享平台，方便学员随时学、随地学。搭建学员思想交流平台，使南京都市圈内党校（行政学院）系统学员能共同学习，互相交流讨论，进一步凝聚圈内学员的红色共识，推进南京都市圈党校（行政学院）系统学员同上红色"一堂课"、共谋全方位推动南京都市圈高质量发展"一盘棋"。对不涉密的红色教学资源还可对公众开放，进一步提高教学覆盖面和受益面。

（三）加强合作及时跟踪问效

学习的目的在于运用，落脚点要在怎么用上。用好红色资源，加强红色教育，要突出红色教育"实味"。红色教育绝不是仅仅使学员受到深刻的思想洗礼就结束了，更需要学员将思想感悟转化为实际行动，努力创造不负革命先辈期望、无愧于历史和人民的新业绩，造福人民。依托圈内红色资源开发的相关课程完成后，教学实际上并没有最终完成。课后，学员还需要不断加强党性修养，提升工作能力，立足岗位守初心担使命，主动将所受到的思想洗礼、获得的启示融入工作各个方面，争当先锋骨干，把学习成效转化为推动南京都市圈高质量发展的生动实践，以实际行动检验所学所思所悟。因此，对学员学习后的运用情况及时跟踪问效必不可少。一方面，教师检验学员是否对相关课程真正理解掌握，不仅看学员对圈内红色资源的了解程度、他们口头或者书面表达的体会，关键还要在实践中看学员是否真的受到了思想洗礼并将其转化为实际行动，产生了良好的实际效果。另一方面，教师需要通过跟踪问效，根据学员反馈的运用情况进一步深入研究，总结好的经验，发现存在的不足，进一步完善教学，提高教学的实效性。

二、加强科研方面的合作，推动与圈内红色资源相关研究更有深度

南京都市圈党校（行政学院）系统要加强科研方面的合作，充分发挥党校（行政学院）系统的整体优势，促进学术交流和整体发展，做好研究工作，增强红色资源文化"深味"，推动与圈内红色资源相关研究更有深度。

（一）合作打造科研团队，凝聚合力进行科研攻关

南京都市圈党校（行政学院）系统要加强合作，提高认识，提升研究站位，把握正确方向，深入学习贯彻习近平总书记关于用好红色资源、赓续红色血脉的系列重要论述，积极主动与相关部门对接，深入基层开展调查研究，准确了解南京都市圈红色资源的各方面真实情况，把调查研究做深做实做细，通过群策群力找准与圈内红色资源研究相关的需要深入研究的一系列深层次的问题，然后根据南京都市圈党校（行政学院）系统教研人员学科特点，整合圈内党校（行政学院）系统教研人才资源组建一批学术团队，进行联合科研攻关。持续深入地投身到涉及圈内红色资源相关的重大项目和问题研究之中，实现资源优势互补，发挥"研究集团军"的作用，推动形成圈内党校（行政学院）系统研究圈内红色资源的强大合力，力争在深化圈内红色资源相关研究上当好"助推器"，促进研究阐释不断提质升级。比如共同研究形成一批详细介绍南京都市圈红色资源的高质量学术著作和论文等。

（二）合作搭建相关学术研究研讨交流平台

南京都市圈党校（行政学院）系统可建立圈内党校（行政学院）系统常态化学术交流工作机制，通盘谋划关于用好圈内红色资源的科研工作，充分吸收圈内各党校（行政学院）在圈内红色资源方面的学术研究意见和

建议，合力推动圈内党校（行政学院）系统学术交流机制创新联动发展。还可联合创办专门研究南京都市圈红色资源方面的刊物，及时刊发高质量的研究成果。常态化举办关于南京都市圈红色资源的学术研讨会，邀请相关领域专家学者、相关领导、参训学员等进行研讨互动。制度化开展学术报告活动，及时将取得的相关学术成果，特别是已经运用到实践中的研究成果，通过学术报告的形式进行集中展示和研讨，从而进一步深化研究，取得更多更好的研究成果。

（三）合作建立研究圈内红色资源相关科研工作评价激励机制

南京都市圈党校（行政学院）系统可定期组织开展与圈内红色资源相关科研课题集体评议、科研成果评比、优秀成果评选等活动。科学设置评价体系，确保对相关研究人员科研成果的评价公平公正公开。经常性地开展相关科研课题和研究进展情况的汇报交流，对圈内红色资源相关研究有突出贡献的研究人员进行通报表扬并颁发证书，给予一定奖励，充分调动南京都市圈党校（行政学院）系统教研人员积极性，营造良好的科研生态，形成相关研究活力竞相进发、充分涌流的生动局面。

三、加强决策咨询方面的合作，推动与圈内红色资源相关的对策建议更有价值

党校（行政学院）作为党和国家哲学社会科学研究机构和重要智库，肩负决策咨询的重要职能。习近平总书记指出："党校作为党的思想理论战线的重要方面军，承担着为党献策的重要职责。"《中国共产党党校（行政学院）工作条例》第五条明确规定了党校（行政学院）的基本任务，其中就包括"开展重大理论和现实问题研究，承担党委和政府决策咨询服务"。《规划》也明确指出："鼓励智库参与都市圈建设决策咨询。"南京都市圈党校（行政学院）系统要加强决策咨询方面的合作，及时把从教学、科研等实际工作中总结出的关于用好圈内红色资源的好经验好做法、发现的不足、需要解决的问题以及如何解决问题等形成决策咨询报告供决策部门参考，把与用好圈内红色资源相关的决策咨询做得更好，推动与圈内红色资源相关对策建议更有价值，为南京都市圈高质量发展助力。

（一）加强合作提升圈内党校（行政学院）系统教研人员和学员决策咨询研究水平，充分调动教研人员和学员两方面积极性

一方面，要合作开展决策咨询辅导培训，常态化举办南京都市圈党校（行政学院）系统决策咨询研究辅导培训会，邀请相关专家和相关部门领导作辅导，为南京都市圈党校（行政学院）系统教研人员和学员在具体的决策咨询选题策划、决策咨询报告写作等方面提供指导，充分吸收借鉴各地在用好红色资源方面的好经验好做法，着力提升圈内党校（行政学院）系统教研人员和学员决策咨询研究水平，为做好决策咨询研究打下良好的基础。另一方面，南京都市圈党校（行政学院）系统加强决策咨询方面的合作不仅要充分调动教师的积极性，让教师积极主动做好与用好圈内红色资源相关的决策咨询研究工作，也要充分调动学员的积极性，用好学员资源这个"思想富矿"，经常性开展与用好圈内红色资源相关的决策咨询交流活动并邀请学员参与进来，立足圈内红色资源实际情况，以丰富的圈内红色资源为依托，将历史与现实融会贯通，共同研究好关于用好圈内红色资源的重大理论和现实问题，讲"务实话"，出"实用计"，用好"决策咨询"这支笔，提出有价值的对策建议，进一步提高相关决策咨询研究成果的针对性、可操作性和实效性。

（二）合作构建相关决策咨询成果推介直报平台和反馈机制，畅通相关决策咨询研究成果报送渠道和反馈渠道

一方面，南京都市圈党校（行政学院）系统需通过与相关部门积极协商，建立与用好圈内红色资源相关的决策咨询成果向决策层直报机制，以确保第一时间将相关决策咨询成果呈报给决策层参阅，服务决策层决策。同时，要合作构建相关决策咨询成果报送反馈机制，及时掌握决策咨询成果报送动态。另一方面，要进一步加强与南京都市圈相关职能部门的主动对接联系，积极承担相关部门关心的关于用好圈内红色资源重大理论和实践问题的研究。

（三）合作建立健全符合党校（行政学院）特点的决策咨询研究评价激励机制

评价激励机制是做好决策咨询研究工作的重要指挥棒。南京都市圈党校（行政学院）系统要合作建立健全以质量和实际贡献为导向的公平公正公开的符合党校（行政学院）特点的评价激励机制，进一步拓宽资金来源

渠道。例如，可考虑设立南京都市圈党校（行政学院）系统决策咨询发展基金并设置与用好圈内红色资源相关的决策咨询研究专项资金，用于奖励优秀的研究成果。进一步增加决策咨询在党校（行政学院）的考核权重，鼓励更多的教师、学员合作参与到与用好圈内红色资源相关的决策咨询研究中，推动更多的优秀决策咨询研究成果在南京都市圈落地。

作者单位： 中共镇江市委党校

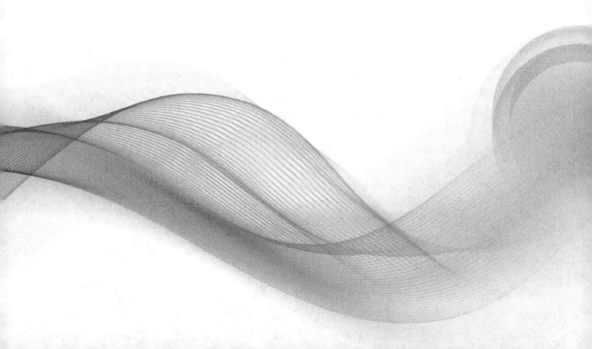

下 编

镇江市民二孩生育意愿调查及影响因素分析

| 于 江 |

一、问题的提出

第七次全国人口普查结果显示，普查登记的大陆31个省、自治区、直辖市和现役军人的人口为14.12亿人，占全球总人口18%左右。和第六次全国人口普查结果相比，10年间，我国完成了人口从13亿到14亿的跨越，人口增量7206万人，增长率5.38%，年均增长率0.53%。虽然人口还在保持着正增长，但是2020年我国总和生育率只有1.3，远低于人口正常更替标准2.1。为了进一步释放生育潜能、实现适度生育水平、应对人口老龄化趋势，中央政府一直积极作为，早在2013年年底就开始启动"单独二孩"政策；2015年年底开放"全面二孩"政策；2021年中共中央政治局召开专门会议，审议《关于优化生育政策促进人口长期均衡发展的决定》，提出"实施一对夫妻可以生育三个子女政策及配套支持措施"；2022年全国两会政府工作报告指出要"完善三孩生育政策配套措施，将3岁以下婴幼儿照护费用纳入个人所得税专项附加扣除，发展普惠托育服务，减轻家庭养育负担"，3月国务院印发《关于设立3岁以下婴幼儿照护个人所得税专项附加扣除的通知》。

2022年8月，国家卫生健康委党组在《求是》杂志发表署名文章，力陈"新时代我国人口发展面临着深刻而复杂的形势变化，人口负增长下'少子老龄化'将成为常态"。文章指出，低生育率将成为影响我国人口均衡发展的最主要风险，"育龄妇女生育意愿继续走低，平均打算生育子女数为1.64个，低于2017年的1.76个和2019年的1.73个"，其中，作为生育主力人群的"90后""00后"打算生育子女数仅为1.54个和1.48个。事实证明，"全面二孩""全面三孩"的生育政策并未起到很好的效果，我国国民的生育意愿仍旧处于一个较低的水平。

同样地，生育政策在镇江似乎也并未形成明显效应。镇江市少儿抚养比在2017年、2018年出现微幅上涨，2019年由涨转跌，同比下降1.42个百分点。本研究以镇江市第七次全国人口普查数据为基础，结合专项调研，对镇江市当前的二孩生育情况特点、育龄人群生育意愿影响因素进行探究，希望通过系统化、科学化的调研发现影响育龄人群生育意愿的因素，从而为该地区育龄人群生育意愿以及生育政策的改善及发展提供扎实的实证证据和政策依据。

二、镇江市人口及生育基本情况——基于育龄妇女的分析

《镇江市城市总体规划（2002—2020 年）》提出，2020 年市域常住人口达到 360 万人左右，其中中心城区常住人口达到 133 万人。镇江市第七次全国人口普查数据显示，2020 年全市常住人口 3210418 人，市区人口 126.6 万左右。与第六次全国人口普查的 3114105 人相比，10 年增加 96313 人，年平均增长率为 0.31%，呈低速增长态势（表 1）。2021 年，镇江年末全市常住人口 321.72 万人，比上年增加 0.62 万人，自然增长率-3.24‰；年末全市户籍人口 268.10 万人，比上年减少 1.16 万人，自然增长率-3.6‰。与此同时，镇江老龄化速度与程度都呈现上涨趋势。2020 年全市常住人口中，60 岁及以上人口占 23.56%，其中 65 岁及以上人口占 17.51%。与第六次全国人口普查相比，60 岁及以上人口的比重上升 7.30 个百分点（江苏省上升 5.85 个百分点，全国上升 5.44 个百分点，镇江 60 岁以上人口占比为苏南五市最高），65 岁及以上人口的比重上升 7.16 个百分点。镇江已经进入深度老龄化社会（按照国际通行标准，一个国家或地区 65 岁以上老年人口比例达到 14%，或 60 岁以上老年人口达到 20% 时，标志着进入深度老龄化）。

表 1 第七次全国人口普查与第六次全国人口普查常住人口
数量、年平均增长率及老龄人口占比

地区	项目				
	2010 年常住人口总数	2020 年常住人口总数	年平均增长率	60 岁以上占比	65 岁以上占比
江苏	78660941	84748016	0.75%	21.84%	16.20%
镇江	3114105	3210418	0.31%	23.56%	17.51%

镇江市第七次全国人口普查数据显示，育龄妇女人数约 695000 人，总和生育率为 989.56‰，20～34 周岁黄金生育年龄妇女占比为 41.9%（图 1）。2019 年 11 月 1 日—2020 年 10 月 31 日全市新出生人口为 1915 人，新生儿中一孩占比 59.3%，二孩占比 37.6%，三孩占比 3.1%；全市生育率

28.09‰，其中一孩出生率为 16.66‰，二孩出生率 10.57‰。新生儿母亲年龄主要集中在 20～34 周岁。当前全市 16～64 岁妇女中，一孩比例约为 62.7%，二孩（及以上）比例约 18.5%（以存活子女数计）。

从受教育程度来看，镇江全市育龄妇女群体高中及以上学历占比 60.68%，大专及以上占比 37.36%（图2）；20～34 周岁黄金育龄妇女群体，高中以上学历占比 76.5%，本科以上占比 56.7%。

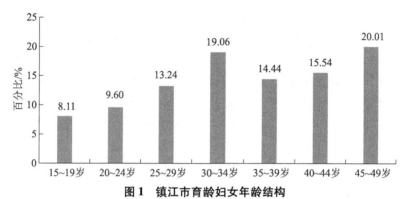

图1　镇江市育龄妇女年龄结构

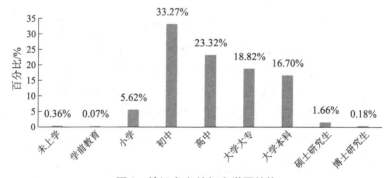

图2　镇江市育龄妇女学历结构

从初婚年龄来看，作为主力生育群体的高中以上学历女性，97%的人初次结婚年龄集中在 18～34 周岁，90%集中在 20～29 周岁。其中高中学历女性 90%的初婚年龄集中在 19～27 周岁，专科学历女性 90%的初婚年龄集中在 20～29 周岁，本科及以上学历女性 91.2%的初婚年龄集中在 21～29 周岁，硕士 91%的初婚年龄集中在 22～31 周岁，博士 90%的初婚年龄集中在 23～31 周岁。

三、关于镇江市民二孩生育意愿及影响因素的调查

为了更好地了解镇江市民的生育意愿，尤其是二孩生育意愿，以及影响因素，我们进行了两次较为系统的调查。首先，针对育龄妇女生育意愿在全市进行了随机抽样调查，主要就生育意愿以及影响生育首要因素等进行问卷，样本数为 2779，其中 5.6% 为未生育妇女，71.6% 育有一孩，21.1% 育有二孩，1.7% 育有三孩。随后，我们在影响生育意愿首因调查的基础上，又针对育龄妇女生育意愿影响因素进行了补充调查，随机发放问卷 1668 份（均有效回收）。接受调查者年龄主要集中在 25~44 周岁，85% 以上为已婚女性，约 20% 的人尚无子女，约 64% 的人有 1 名子女，约 15% 的人有 2 名子女。我们认为，两次调查样本群体属于主流生育人群，其相关度有较大参考性。

（一）育龄妇女生育意愿调查的情况

1. 第一次调查及其结果

我们针对育龄妇女的第一次随机抽样，基础调查情况如下。

（1）总体生育意愿不高。2779 名被调查者中有生育意愿的仅占 7.45%，其中"一孩"母亲仅 5% 有再生育打算；"二孩"母亲 0.5% 有再生育打算；所有"三孩"母亲均无再生育打算（图 3）。"一孩"性别对母亲的生育意愿略有影响，女孩母亲再生育意愿（5.6%）略高于男孩母亲（4.6%）。

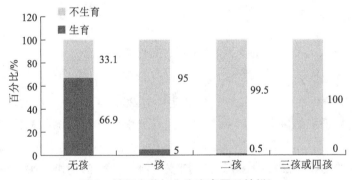

图 3　镇江育龄妇女生育意愿（抽样）

（2）生育意愿主要集中在 35 周岁以下未生育人群。从年龄来看，生育意愿最高的年龄阶段是 20~24 周岁（50%），其次是 25~29 周岁（30%），

再次是30~34周岁（11.5%），其他年龄阶段有生育意愿的都不超过2.2%。这与2019年11月1日—2020年10月31日镇江市实际生育情况基本一致。在35周岁以下育龄人口中，又以未生育人群生育意愿为最强，20~24周岁未生育人群有生育意愿的占91.7%，20~29周岁占92%，30~34周岁占77%。

（3）"一孩"理想坚挺。被调查者中71.6%的人在"理想子女数"调查中选择了"一孩"，21.1%的人选择了"二孩"，5.6%的人选择不要孩子，1.7%的人选择了"三孩"或"四孩"（图4）。同时我们发现，"一孩"理想作为主流，与母亲的年龄和学历关系不大，是一个较为普遍的选择。

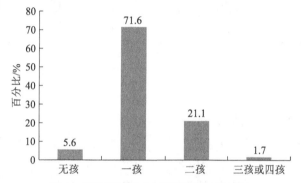

图4　镇江育龄妇女理想子女数（抽样）

有趣的是，对于子女数，"一孩"母亲的满意程度最高（92.9%），其次是"三孩"母亲（66%）。54%的"二孩"母亲对两个孩子表示满意，41.1%的"二孩"母亲认为理想的子女数是"一个"，4%的甚至希望没有孩子。

（4）"二孩"生育意愿不高，主要集中在29周岁以下的"一孩"家庭。20~24周岁的"一孩"母亲，有28.6%愿意生"二孩"；25~29周岁的"一孩"母亲，有19.7%愿意生"二孩"；30~34周岁的"一孩"母亲，有9.1%愿意生"二孩"。前两个年龄阶段，女孩母亲的生育意愿高于男孩母亲约5个百分点。

（5）年轻人想把孩子"塞回去"，"二孩"母亲尤甚。对于已生育人群而言，很多年轻人想把孩子"塞回去"。24周岁以下的"二孩"妈妈，只有6.25%对现状表示满意，43.75%表示不想要孩子，50%表示生一个就好；29周岁以下的"二孩"和"三孩"妈妈，分别约60%和66%表示"一娃就好"；30岁以上的"二孩"妈妈满意度有所提高，50%以上都对现状表示满意（图5）。

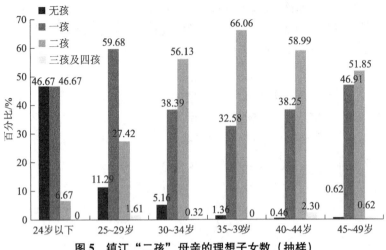

图5 镇江"二孩"母亲的理想子女数（抽样）

（6）"二孩"理想基本随母亲学历升高而递减。小学学历母亲24.86%希望生二孩，初中学历母亲24%希望生二孩，高中学历母亲21.48%希望生二孩，大专学历母亲19.24%希望生二孩，本科学历母亲14.36%希望生二孩，硕士研究生学历母亲16.13%希望生二孩，博士研究生学历母亲11.11%希望生二孩（图6）。同时，高学历母亲选择不育比例较高。选择不育的母亲比例集中在本科以上人群，本科为12.3%，硕士为12.9%，博士为11.1%。

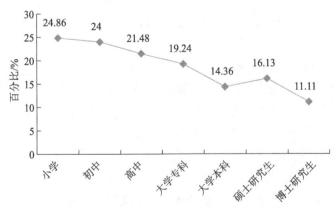

图6 镇江不同学历育龄妇女二孩生育意愿（抽样）

2. 补充调查

在第一次调查的基础上，我们又进行了一次补充调查，调查结果如下。

（1）已婚无孩群体生育意愿最高。虽然样本总体生育意愿不高，尤其是46.4%的未婚女性选择不生育（约20%未婚女性有生育打算，约33%未婚女性表示尚"不清楚"），但我们依旧发现在特定人群中存在"生育刚需"——71.63%的已婚无孩女性表示有生育意愿。

（2）样本人群存在理想生育缺口。在回答"几个孩子对您来说幸福度最高"的问题时，有13.97%的人选择了"0个"，49.82%的人选择了"1个"，35.13%的人选择了"2个"，还有1.08%的人选择了3个（表2）。这与样本实际生育情况存在一定差异（图7）。具体来说，尚无孩子的女性中有67.4%认为有孩子幸福度会增高；"一孩"母亲中有32.3%的人认为"二孩"家庭更幸福。

表2 幸福度最高的子女数调查统计

选项	小计	比例
A. 0个	233	13.97%
B. 1个	831	49.82%
C. 2个	586	35.13%
D. 3个及以上	18	1.08%

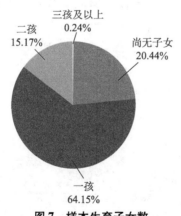

图7 样本生育子女数

（3）生育理想不等于生育意愿。在"尚无孩子"且认为"有孩子更幸福"的女性中，明确表示"想要生育"的女性占58.3%，25.7%表示还"不清楚"是否要生育，16%表示"不想生育"。在认为"多孩家庭更幸福"的"一孩"母亲中，明确表示"想要生育"的女性为8.9%，14.7%表示"不清楚"，76.4%的人表示"不想生育"。

（二）生育意愿影响因素调查的情况

同样地，在两次问卷当中，我们针对影响镇江育龄妇女生育意愿的因素也开展了调查。

首因调查发现：

2572 名已生育的被调查者中不打算生育下一个孩子的首选影响因素，58% 的人选择了"养育成本高"，22% 的人选择了"身体因素"，6.3% 的人选择了"孩子无人照料"。

"一孩"母亲群体，55.4% 的人不考虑生育"二孩"的首要因素为"养育成本高"，25% 为"身体因素"，7.2% 的人选择"孩子无人照料"。

"二孩"母亲群体，69.5% 的人不考虑生育"三孩"的首要因素为"养育成本高"，25% 为"身体因素"，3.4% 的人选择"孩子无人照料"。

补充调查发现：

1. "多孩"家庭基本特征。1668 个样本中有 257 人现育二或三名子女，通过与"一孩"母亲组的对照，这一群体的基本特征如下：

（1）"多孩"母亲年龄集中在 35～44 周岁。

（2）"多孩"母亲在低学历（初中以下）和高学历（研究生以上）的比重都要高于"一孩"母亲（图8、图9）。

（3）从经济收入上看，"多孩"家庭低收入（人均年收入 3 万元以下）比重远高于"一孩"家庭（图10、图11）。

（4）自我角色认知上，"多孩"母亲选择"以工作为重"的比例略高于"一孩"母亲。

（5）3 岁以下子女照护方面，"多孩"家庭选择"隔代照护""保姆照护""托育机构"的比例均略高于"一孩"家庭，选择"双亲照护"的比例低于"一孩"家庭。

（6）3 岁以上子女照护方面，"多孩"家庭主要依赖于"隔代照护"，而"一孩"家庭"双亲照护"比例大幅提高。

（7）老人赡养方面，"多孩"家庭"子女负责"比例最高，"一孩"家庭"子女负责"与"老人自理"比例相当。

（8）居住条件方面，"多孩"家庭人均建筑面积"60 平方米以下""80 平方米以上"比例均略高于"一孩"家庭。

（9）工作压力方面，在进行"抚育孩子与工作之间矛盾"选择时，"多孩"母亲与"一孩"母亲大致相似，均有 3 成左右的人选择"矛盾较大"和"矛盾巨大"，"多孩"母亲"矛盾巨大"比例略高于"一孩"母亲

（图12、图13）。

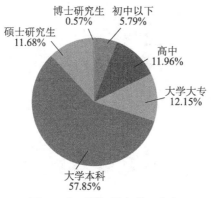

图8 "一孩"母亲学历分布

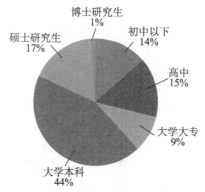

图9 "多孩"母亲学历分布

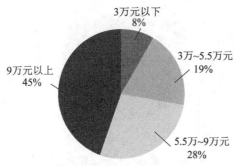

图10 "一孩"家庭人均年收入情况

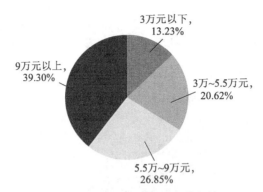

图 11   "多孩"家庭人均年收入情况

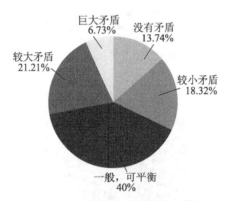

图 12   "一孩"母亲工作压力情况

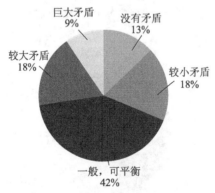

图 13   "多孩"母亲工作压力情况

2. 具有潜在二/三孩生育意愿的样本特征。在 1668 个样本中,有 134 人具有潜在生育意愿(其中 42 人明确表示有生育"二孩"或"三孩"意愿，92人表示"不清楚"——我们认为这一人群也存在一定的再生育意愿）。这一潜在"二/三孩"生育群体基本特征如下。

（1）年龄集中在25～34周岁。

（2）高中学历及研究生以上学历比重都要高于样本平均值；在职业上体现为企事业一般人员、专业技术人员、自由职业者比例均高于样本平均值。

（3）从经济收入上看，中低收入家庭（人均年收入3万～5.5万元）比重高于样本平均值；其中，明确生育人群高收入比重高于其他对照组。

（4）自我角色认知上，选择"以工作为重"的比例高于样本平均值，与多孩家庭相近。

（5）3岁以下子女照护方面，"隔代照护"比例明显高于样本平均值，与"多孩"家庭类似；3岁以上子女照护方面，"双亲照护"比例明显高于样本平均值，同时高于"多孩"家庭；其中，明确生育人群3岁以下及3岁以上子女"双亲照护"比例远高于其他对照组。

（6）老人赡养方面，"子女负责"比例较高，与"多孩"家庭相近。

（7）居住条件方面，人均建筑面积均好于样本平均值；其中，明确生育人群居住条件最为宽松，"人均建筑面积80平方米以上"占50%。

（8）工作压力方面，在进行"抚育孩子与工作之间矛盾"选择时，也有接近3成的人选择"矛盾较大"或"矛盾巨大"，且略高于样本平均值和"多孩"母亲。

四、关于镇江市民二孩生育意愿及影响因素调查的讨论

（一）镇江市民二孩生育意愿情况

镇江育龄妇女生育意愿不高，理想生育目标仍以"一孩"为主，主要生育意愿集中在35周岁以下的已婚未生育人群中。多孩生育理想与多孩生育决策之间存在差异。镇江育龄妇女当中存在一定的"多孩理想"，但是在真正进行生育决策时，理性考量明显占上风。

目前，镇江多孩生育主要集中于"80后"人群，2016年"全面二孩"政策实施时，这一群体正处于25～35岁的黄金生育期。随着政策边际效应递减，"90后"多孩生育行为明显下降。

（二）镇江市民二孩生育意愿影响因素

影响镇江育龄妇女生育决策的因素包括经济因素，如收入水平、住房

条件、职业情况等；家庭支持因素，如自身及配偶参与子女照护条件、隔代照护条件等；身体因素；社会支持因素，如婴幼儿照护服务供给情况等。

1. 经济因素对于生育行为的影响呈现明显的变化。现有的"多孩"家庭经济条件优势并不明显，"多孩"母亲群体在学历上也呈现"两头多"（初中以下学历和研究生以上学历都高于平均值）的状态，这说明前期生育促进政策，社会面拉动范围是比较广的。但伴随着"多孩"家庭的增多，多孩养育压力开始显现。相较于"一孩"家庭，"多孩"家庭父母需要花费更多的时间来工作。子女数越多，养育成本方面的压力越大。这造成一些多孩母亲出现了想要重回"一孩时代"的想法。在年轻母亲当中，这种现象尤为突出。这表明，一部分人在生育"二孩"或"三孩"时对养育现实缺乏充分考虑，不排除在政策刺激下有冲动或跟风行为。

同时，现阶段有明确多孩生育计划的群体开始在经济条件方面（收入、学历、住房等）表现出一定的优势，也从侧面印证了经济因素在生育决策中权重的增强。

2. 是否具有充裕的时间来照顾子女是影响生育，尤其是多孩生育的重要因素。首先，调查发现，有多孩生育计划的母亲，她们在自我角色认知时选择"以家庭为重"的比例都要高于其他对照组，虽然真正的"多孩"母亲选择"以工作为重"的比例更高（我们认为这也是经济压力的一种表现）。其次，有明确多孩生育计划的母亲对现有子女照护的参与度要高于其他对照组。再次，从职业分类来看，企事业单位的一般工作人员、专业技术人员、自由职业者的生育意愿要强于公务员、商业服务业人员、私营企业主等，也可以从时间宽裕角度进行理解。以上都表明女性只有在照护子女方面有一定余力时，才会支持多孩生育决策。

3. 家庭提供隔代照护支持的女性更有生育动力。虽然隔代照护在镇江市是普遍现象，但是对于双薪家庭来说，孩子照料问题依然存在，尤其表现在孩子3岁之前。所以，家中老人可以进行隔代照护的家庭多孩生育意愿较对照组要高，在有明确多孩生育计划的女性中，夫妻双方都是独生子女的比重要明显高于样本平均值。同时需要看到的是，隔代照护家庭大概率也是子女需要承担至少分担老人赡养责任的家庭，所以对于一些家庭而言，统筹好隔代抚养与养老责任是一个双赢选择。

除此以外，由于镇江育龄妇女受教育年限较长，初婚年龄相对较晚影响到生育年龄，身体也成为影响生育决策的因素之一。而我们本来认为的女性工作与"养娃"之间的矛盾，没有成为影响生育的显性因素，因为无论是否决定生育，以及家中养育几孩，几乎所有分组中都有3成左右的被调查者选择工作与"养娃"之间"矛盾较大（巨大）"。

五、促进镇江市民二孩生育的相关建议

随着经济的发展，低生育率几乎成为全世界不可避免的问题。联合国相关数据显示，2021年全球总和生育率为2.4，其中发达国家为1.6，发展中国家为2.5，贫困国家为3.8。各国政府在这个问题上的应对可谓八仙过海各显神通。比如瑞典政府就通过发放补贴、推行男女平权政策、提供强大公共托育服务体系、构建儿童友好型社会等做法，精准地照顾到婴幼儿的成长需求，既能够让孩子在幼龄时期充分享受父母的照拂，也能让父母有足够的空间在亲职与工职之间来回切换、自由安排，实现了国家生育率的逆袭。

当前，镇江已陆续出台一些优惠政策，鼓励育龄夫妇生育多孩，包括大幅度提升生育津贴、延长产假天数、健全婴幼儿照护体系等，然而，现有政策大多还处于探索阶段，维度单一，效果有限，很难从根本上扭转低生育率趋势。发达国家的政策经验表明，任何单独的政策措施都无法对生育率提升起到决定性作用，只有设立涵盖婚恋、生育、教育、住房、养老、社保等方面的一揽子家庭支持计划，将家庭生育成本社会化，才能提升家庭的生育意愿。要让育龄夫妇放下包袱、愿生敢生，政府需要前瞻性谋划、全方位统筹、系统性布局，激发"生"的意愿，解决"育"的难题，减轻"养"的负担，构建"婚姻—生育—养育"友好型社会。

（一）构建新型婚育文化，提振生育信心

青年人群的婚育意愿和行为是生育水平能否有效提振的决定性因素。近年来，镇江登记结婚人数逐年下降，初婚年龄一推再推，迫切需要加强对适婚青年婚育观、家庭观的教育引导。一是重视婚育。要加强对婚育社会价值的宣传。婚育不仅是个人或者家庭的事情，也是带有社会性的，是为了民族的繁衍、社会的发展做贡献，要让人们认识到适龄婚育对社会发展的重要性。二是积极婚育。要积极培育"多子女"家庭观，不断强化家庭建设，弘扬"家"文化，以喜闻乐见的方式宣传"多子女家庭"的好处，让更多年轻人了解大家庭中的陪伴、良好的手足关系对孩子成长的益处，提高婚育积极性。三是适龄婚育。抽样调查显示，身体是影响育龄妇女生

育决策的第二大因素，应大力提倡适龄婚育，避免育龄青年人为地耽误生育黄金时机。第四，共担婚育。面对孩子无人照料的困境，在提供社会支持的同时，也要加强家庭内部支持，要做好"强调育儿责任的社会性和夫妻共担的必要性"的宣传工作，扭转生育是女性专责的观念，强调生育是家庭和社会的共责，引导男性分担家庭劳动，积极承担育儿责任，减轻女性的生育负担，破除丧偶式育儿陋习。

（二）创新配套支持政策，降低抚养成本

抽样调查显示，影响镇江育龄妇女生育的首要因素为"抚养成本"。政府需在当前大幅度提高生育津贴基础上进一步推出系列组合拳，减轻家庭育儿经济压力。一是扩大生育保险。镇江在生育保险和职工基本医疗保险合并实施后并没有将灵活就业人员纳入进来。而这部分群体因育儿时间宽裕反而生育意愿较为突出，镇江可通过地方性法规，将非正规就业的妇女，如灵活就业、非全日制工作妇女等纳入生育保险保障范围，使生育保险成为覆盖所有生育主体的普遍福利。二是适当现金奖励。越来越多的地方开启"发钱鼓励生娃"模式，对多孩家庭，育儿补贴力度每月每孩 500~1000 元不等。目前，镇江全市在育儿补贴上还没有任何动作。育儿补贴背后，是政府对生育问题的重视和提振生育意愿的急迫态度。对于低收入家庭来说，资金奖励能一定程度上激发育龄女性更多生育。建议政府尽快就婴幼儿养育成本和发放育儿补贴开展问卷调查。通过先期调查，可以对现金补贴政策实施效果有预判，同时方便后续精准施策。三是降低住房成本。"多孩"家庭建筑面积需求高于"一孩"家庭，不少"多孩"家庭有改善住房的需求。政府应探索实施与生育挂钩的楼市新政，对于有改善性住房需求的"多孩"家庭，在其购房时给予折扣优惠、购房补贴或者退还缴纳的各类税费；提高"多孩"家庭住房公积金贷款额度并予优先放款；面对无能力购房的"多孩"家庭，政府还可给予其适当租金补贴。四是提供婚育信贷支持。可参考吉林省做法，支持银行机构为符合相关条件的注册结婚登记夫妻提供最高 20 万元的婚育消费贷款，按生育一孩、二孩、三孩，分别给予不同程度的降息优惠。

（三）优化生育休假政策，推进制度落实

生育休假政策是国家给家庭提供支持的重要政策工具之一，可分担家庭儿童养育的时间成本。生育休假主要包括产假（母职假）、陪产假（父职假）、育儿假（父母假）和儿童照顾假（照顾生病的儿童）。目前，根据江苏省政策，符合规定生育子女的夫妻，女方在享受国家规定产假的基础上，延长产假至 158 天，男方享受护理假 15 天。子女 3 周岁前，夫妻每年各享受 10 天育儿假。该项制度仍有改进的空间。一是实现育儿假性别配额。瑞典的经验表明，通过给父亲设置专门的育儿假，鼓励男性参与育儿，可以有效改善生育率。政府在实施育儿假中应规定强制性的父亲配额，确保男性休育儿假。机关事业单位应发挥表率作用。二是提高生育假使用的灵活性，推行灵活工作制度。包括：可以选择部分时间或者全部时间休假；可以选择连续使用假期，或者把假期分割成几段；可以选择"时间长津贴低"或者"时间短津贴高"的模式；可以把哺乳假累积起来折算成完整的假期等。三是结合经济政策，分担企业休假成本。对严格贯彻落实生育相关休假制度的企业，可按照育龄人口占比、落实夫妻双方生育相关休假政策的力度，通过税收优惠、资质评定和品牌宣传等方式予以奖补，鼓励用人单位创造家庭友好的工作环境。

（四）发展普惠托育服务，减轻育儿压力

当前生育率相对较高的发达国家，无一不在做强托育服务上下功夫，普及的托育服务为提振生育意愿、支持"多孩"家庭、提升妇女产后返岗率发挥了积极作用。当前，政府应将发展普惠、高质量的公共托育服务，作为包容性生育政策的核心内容，实现 2025 年每千人口拥有 3 岁以下婴幼儿托位数 4.5 个左右的既定目标。一是多路径增加托育供给。提高婴幼儿家庭获得服务的可及性和公平性，包括支持社会力量采取独资、合资、公办民营、民办公助等形式，参与婴幼儿照护服务设施改造和建设；鼓励机关、企事业单位、工业园区、学校等单位在工作场所为职工提供福利性婴幼儿照护服务；优先支持现有公立和民办幼儿园多办托班招收 2~3 岁的幼儿；支持符合条件的保教师、育婴师、保育员提供家庭小型化托育服务，建立家庭托育点，就近为有需要的家庭开展全日托、临时托、计时托服务。二是提高托育机构补贴力度。政府根据托育机构招生数量每月提供运营补贴，并适当减免房租、税费、培训等，真正把托育服务价格降下来。例如，上海提出托育机构的水电气均实行居民价格、从业人员可以接受免费的专业培训、免征增值税等。三是规范托育服务。镇江全市现有提供托育服务的机构 233 家，截至 2022 年 8 月 9 日，有 67 家机构已在国家托育机构备案信息管理系统注册并对照标准完善相关证照。相关部门要进一步加强"专项+

抽查"的模式，对市内托育机构进行常态化管理，从场地设施、环境卫生、人员配备、安全管理等角度来监督和管理托育机构。四是加强人才培养。当前，人才供给不足是托育面临的重要难题之一。建议将婴幼儿照护服务纳入政府急需紧缺的职业培训目录，对符合条件的人员给予职业培训补贴、职业技能鉴定补贴或技能提升补贴，吸引和支持相关从业人员参加培训。同时，加强婴幼儿照护服务岗前培训、岗位技能提升培训，并探索职业中专联合行业企业开设婴幼儿照护服务专业相关课程，培育适应需求的人才。

（五）提升公共服务水平，营造友好环境

加快推动生育支持配套措施建设，营造社会友好环境。一是优化公共场所母婴设施建设。在女职工较多的用人单位及车站、大型商场等公共场所普遍建立标准化、规范化的爱心母婴室，并配备相应设施，为妇女哺乳提供便利条件。根据实际需要，推动公共卫生间母婴设施改造。对母婴室的建设进行统一规划、统一建设，并明确相关部门的管理维护责任。二是提供课后照顾。对处于学前教育及义务教育的"多孩"家庭，课后所在街道可安排志愿者为其提供必要接送服务，并安排专门的场所提供必要的托管服务；"多孩"家庭子女可免费享受义务教育公办学校组织的课后服务。三是关爱带娃祖辈。"老人的隔代子女照护帮助，更加有利于激发女性的生育动力。"政府应做好老年流动人口统计，为符合条件的带娃祖辈提供异地社保医保、公交出行优惠等便利，使其享受同城居民待遇，以此鼓励有能力的祖父母、外祖父母从异地到年轻双职工家庭所在地带娃，激发育龄家庭的多孩生育意愿。四是简化生育手续。可参考广东做法，不限定婚姻状况与否、不限定登记主体的户籍、不限定办理生育登记的孩次、不限定办理地点（不管是户籍地还是现居住地），均可办理生育登记。精简生育手续的背后所传递的，更多的是支持生育、发展友好生育环境的理念。

作者单位：中共镇江市委党校

南京都市圈轨道交通项目共建模式分析

——以宁句城际为例

| 万建鹏 |

一、宁句城际工程概况

2021 年 2 月，国家发展和改革委员会发布《国家发展改革委关于同意南京都市圈发展规划的复函》（发改规划〔2021〕174 号），原则同意《南京都市圈发展规划》。南京都市圈以南京市为中心，由联系紧密的周边城市共同组成，涉及南京、镇江、扬州、淮安、芜湖、马鞍山、滁州、宣城等市，地跨苏、皖两省，是我国第一个规划建设的跨省都市圈。《南京都市圈发展规划》要求加强政策协调和规划衔接，优化区域功能布局，推动城乡区域融合发展和跨界区域合作；要求提升基础设施互联互通水平；要求都市圈轨道交通基本成网，实现南京与各城市之间 1 小时通达。该规划明确了17 个 "轨道上的都市圈重点项目"。其中，由南京地铁集团主导或参与建设的市域（郊）铁路包括宁句城际共计 6 项。这些项目的实施将促进南京与周边城市的互联互通，增强南京辐射能力，为推进区域同城化发展提供保障。

南京至句容轨道交通工程（以下简称"宁句城际"）是 2013 年 10 月9 日国家发改委批复的《江苏省沿江城市群城际轨道交通网规划（2012—2020）实施方案调整》中的一条轨道交通线路，为宁镇扬一体化进程的标志性基础设施项目。该线路兼具城市、城际复合型的客流特征，主要承担句容至南京间的通勤客流及弹性客流，是宁镇扬同城化发展中的重要交通走廊。

线路起于南京东部综合换乘枢纽马群站，终至句容高铁站，途经麒麟、汤山、黄梅、句容北部新城、句容城区等规划人口超过 10 万的组团。线路全长 43.590 千米，其中高架与地面过渡段长 25.799 千米，地下段长 15.865千米；南京境内线路长度约 26.3 千米。全线共设车站 13 座（地下站 7 座，高架站 6 座），其中南京设站 8 座（马群站、百水桥站、麒麟门站、东郊小镇站、古泉站、南京猿人洞站、汤山站、泉都大街站），句容设站 5 座（黄梅站、童世界站、华阳站、崇明站、句容站）。在马群站可与既有 2 号线形成换乘（图 1）。线路利用既有灵山控制中心；新建汤山和句容 2 座主变电所；新建句容车辆段和东郊小镇停车场。列车采用最高运行速度 120 km/h 的市域 B 型车（表 1），并结合客流分布特点采用大站快车的运营模式，从句容站到马群站最快需约 33 分钟，通过换乘地铁 2 号线，可实现 1 小时直达新街口的快速出行。2018 年 12 月 21 日，南京和镇江两市市委、市政府联合举行了南京至句容城际轨道交通工程开工仪式，宣告工程全面开工建设。

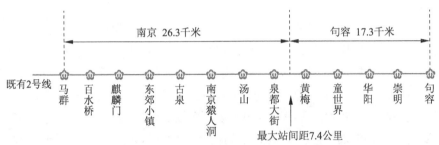

图 1　宁句城际各站点分布

表 1　供车情况

线路全长（公里）	车型	配车数（列）	跑图前运用车（预计）	定员载荷（人/列）
43.6	4B	33	10~11 列	960（6 人/m²）

注：运用车数量需根据列车调试进度实时调整。

　　宁句城际是南京都市圈轨道交通线网的重要组成部分，对引导南京都市圈的实质性形成，构建南京都市通勤圈具有重要作用；宁句城际是南京城市建设由中心城区向都市区外围推进，引导沿线开发，承担沿线中心城镇各组团间相互交流的快速客运通道；宁句城际是南京市"多心开敞、轴向组团、拥江发展"、扩大中心城区的对外交通集散通道之一；宁句城际对促进南京都市圈一体化，保证城市总体布局规划实施，促进沿线各片区土地开发，加强中心城区、麒麟科技创新园、汤山新城、黄梅、句容的联系具有重要作用。

二、理论模型：跨域轨道交通项目的共建模式

　　跨域项目受两地既定规划、发展策略、项目定位、财政资金、投资主

体、实施和管理主体、建设时序等因素影响，合作建设关系较为复杂，需要两地政府（或项目建设单位）建立沟通协调机制，共同确定项目建设模式，打破行政区壁垒，实现跨越轨道交通项目通达性目标。跨域轨道交通项目共建模式大致有三种：一是各自负责境内项目建设；二是两地共同出资成立项目公司；三是由一方主导项目建设。

（一）各自负责境内项目建设的模式

各自负责境内项目建设的模式适用于两种情形。一是跨省项目。项目按省界划分，分别由各自的主管部门审批，项目的投资、建设、管理、审批主体均不同。二是省内跨市项目。相邻两市均有相对独立的轨道交通规划、丰富的项目建设经验，各自具备独立建设能力。

为了确保项目的贯通运营，在该模式下，要做好项目定位、技术标准的统一，做好跨域各专业的有效衔接、信息共享。特别是对于不同建设时序的项目而言，先期建设项目应做好与后期建设项目的协同，主要包括技术协调和接口预留。后期建设项目必须按照先期建设项目的预留接口和技术标准实施。同步设计、同步实施有助于技术标准的统一，能够减少建设时序不同产生的工作界面和接口问题，更有利于两地相关政策和技术环境的协调一致。

（二）两地共同出资成立项目公司的模式

两地共同出资成立项目公司的建设模式在省内跨市项目中较为常见，适用于同步实施的轨道交通项目。该模式由双方政府按一定比例出资成立项目公司，并由项目公司负责线路的融资、建设、运营以及资源开发。

宁句线和宁扬线是跨市域（郊）铁路，均采用相邻两市共同出资成立项目公司的共建模式。其中，宁句线项目公司委托南京地铁建设公司承担全线工程建设任务。宁扬线项目公司委托南京、扬州轨道/交通单位承担土建等专业建设任务，委托南京地铁建设公司承担全线信号、通信等专业建设任务。项目公司能够更好地协调两地需求，统筹整个项目建设，实施项目全生命周期管理。由此可见，项目公司（或委托建设单位）的统筹管理能力是决定该模式成败的关键因素。

（三）由一方主导项目建设的模式

一方主导项目建设的模式适用于跨省跨市规模差异较大的项目，以及中心城市的轨道交通项目延伸至相邻城市且延伸长度较短的项目。为保证项目技术标准的一致性和提升项目的可实施性，往往由中心城市政府（或项目建设单位）主导项目建设。

鉴于延伸段建设需求方的不同，该模式在出资和建设上有两种方式：一种如佛山地铁2号线延伸到广州南站，延伸段由佛山承担建设费用和项目实施，广州仅负责协调境内线路的路由及南站站位用地；另一种如上海地铁11号线延伸至昆山花桥，延伸段由昆山全部出资，由上海全权负责工程建设。该模式能够较好地保证技术协同、实现贯通运营，但存在出资、实施和收益等综合因素冲突问题。

三、宁句城际客流预测分析及运营模型

根据江苏都市交通规划设计研究院有限公司提交的《2021年南京地铁既有线客流预测及客运市场分析》（已参考疫情形势修正），宁句城际开通初期客流情况如下：

（一）总体情况

宁句城际开通初期预计日均客运量约5.38万乘次，日均出行量为3.45万人次（表2）。高于宁溧、宁高两条线路，在线网中处于第9位。

表2　开通初期客运量预测

高峰单向 （万人次/小时）	客运量 （万乘次/日）	出行量 （万人次/日）	客流强度 （万人次/公里）
0.56	5.38	3.45	0.12

（二）客流分布特征

1. 全线主要客流集散点集中在马群、麒麟、汤山三个组团。马群与麒麟、汤山之间的客流交换量较高，占比近65%（图2）。

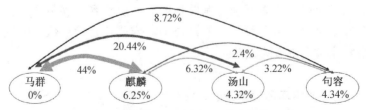

图2　宁句城际各组团间客流交换情况

2. 沿线客流分布不均衡，黄梅站以西出行需求更加突出。线路客流主要集中在南京段内（占比89%），其中马群站客流占全线客流比例近38%（图3）。高峰断面客流显示，黄梅站以西各站客流规模显著增加，其中黄梅站因紧邻碧桂园小区，预计开通后将吸引大量通勤客流。

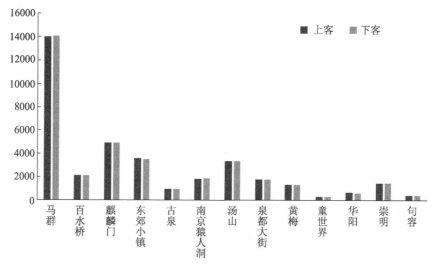

图3 宁句城际开通初期上下客分布（全日）

3. 早高峰小时最大断面位于百水桥至马群。南京至句容高峰断面位于马群至百水桥区段，断面客流为0.16万人次/小时；句容至南京高峰断面位置位于百水桥至马群区段，断面客流为0.56万人次/小时（图4）。早高峰宁句城际换入2号线的换乘客流约为相反方向的4倍，宁句城际马群站整体客流的85%为换乘客流，提示线路的主要客流群体为进入南京市区的通勤客流。

4. 工作日及周末客流出行趋势相似。受旅游及少部分通勤客流影响，周末客流高峰出现时段与工作日高度重合，除周末晚高峰句容至马群客流高于工作日之外，周末其余时段客流强度均低于工作日。

5. 对比沿线其他客运方式，宁句城际具有明显优势。目前句容至南京的客流主要通过公交、自驾两种方式出行。公交发车间隔10~20分钟，抵达马群车程约1.5小时，整体客流约2000人/日；自驾方式全程1小时左右到达马群。两种交通方式出行均耗时较长，宁句城际单程用时约40分钟，优势较为明显。

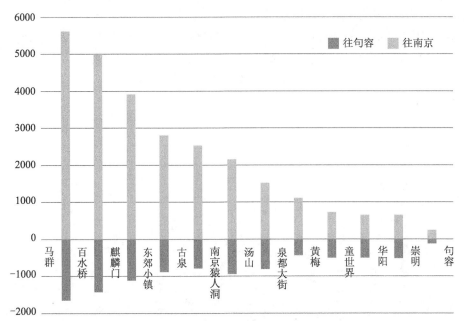

图 4　宁句城际开通初期早高峰断面客流分布

（三）宁句城际初期运营方案

1. 早晚高峰采用"全大交路+单向加密"方式。运营开始阶段以 10 分钟左右间隔运行，预留 5 列车在客流高峰时段集中上线，以压缩主要客流方向行车间隔，早高峰（句容计划发车点：6∶50—8∶10）句容至马群方向行车间隔加密至 8 分钟（对向间隔平均 8∼10 分钟），覆盖时长约为 80 分钟；晚高峰（马群计划发车点：17∶26—18∶48）将马群至句容方向行车间隔加密至 8 分 12 秒（对向间隔平均约 8∼12 分钟），整体覆盖时长约 82 分钟。

2. 平峰采用大小交路方式运行。平峰时段客流规模明显下降，考虑采用大小交路方式运行，小交路在黄梅站折返，加快列车周转效率，减少运能空耗。南京段行车间隔 8 分钟衔接换乘客流，句容段行车间隔 16 分钟。

3. 暂不开行快车，上线数量达到 14 列后考虑组织快车。综合跑图期间及开通初期供车条件等因素，为保障开通后全线运力供给和服务水平，暂不开行快车；上线数量稳定达到 14 列后，考虑组织快车开行。

4. 开通初期周末运力安排与工作日一致，高峰时段微调。综合前述分析，因周末客流也呈现出明显的早晚潮汐特征，开通初期，周末期间的行车安排与工作日保持一致，对高峰覆盖时段进行微调；开通后根据客流变化情况动态调整。

5. 方案分析

（1）运能满足客流需求。南京段拥挤度为77.8%、句容段拥挤度为9.7%，能够满足全线客流运输需求，乘车舒适度较高。

（2）高峰期句容区域往来南京市区便捷度、舒适度较高。句容段高峰行车间隔压缩至8分钟，后续可采取延长时间或压缩间隔两种方式增能。

6. 快车组织研究

宁句城际共有13座车站，黄梅站可作为折返站，南京猿人洞站设置双岛四线，具备快车越行条件。设计跳停站5座。经与恩瑞特信号厂家及设计院确认，宁句城际预先设计有5座跳停车站，分别为古泉站、南京猿人洞站、汤山站、童世界站和华阳站，5站全部跳停后，较慢车可节省5分钟。除上述5站外，其余车站均按正常停站方式设计，如需变更为快车跳停车站，其对应省时效果需通过现场实际试跑情况进行重新核算。

为保障开通后全线运力供给和服务水平，上线数量达到14列后组织快车开行。快车计划在非高峰期开行。宁句城际高峰以通勤客流为主，高峰期组织快车将会造成以下问题。一是需占用高峰期间普通列车的运力；二是快车越行期间普通列车须停站避让（约4分钟），对普通列车的服务水平影响较大。建议快车在非高峰期开行（如上海地铁16号线）。遇大客流运力紧张或应急处置期间视情况取消快车。

其他运输组织相关安排。首、末班分别于6：00、22：00自句容、马群站两端对发，运营时间与各条城郊线服务时间一致，后续根据客流情况适时进行调整；大交路区段采用时刻表服务模式，因句容段平峰期行车间隔为16分钟，计划对外公布大交路列车时刻表，便于乘客按点乘车；提前做好快车上线相关工作预想，快车上线前全线各站根据快车停靠站、到发点，通过站内告示及车站广播公告快车信息；2号线增加备用车缓解换乘客流压力，早高峰马群站换入2号线客流规模高达0.48万人次，计划初期在马群基地组织1列车热备，视客流情况及时加开上线缓解客流压力。

四、跨域轨道交通共建管理建议

基于南京市域（郊）铁路建设实践可知，跨域项目建设应重点做好规划定位统一、技术指标一致、建设时序相对统一等工作，并建立协调保障机制。

（一）规划定位统一

受人口规模、财政能力等条件约束，相邻省市在轨道交通规划中的项目定位可能存在差异，易对项目共建造成阻碍，因此做好跨域项目规划协同至关重要。目前，主要有上层统筹和同层级协同两种规划模式。

1. 上层统筹规划（如城市群规划、都市圈规划）。能够从政府（国家级或省级）层面协调统筹跨域项目规划，减少相邻省、市项目规划错位造成的矛盾，从上至下统筹规划项目建设。

2. 同层级协同规划。相邻省或市政府可共同研究、制订衔接规划（如《广佛两市轨道交通衔接规划》）。两地政府如果能够从自身发展需求出发，共商项目定位和功能，就更容易在规划上达成共识，从而有效促进项目落地。

（二）技术指标一致

跨域轨道交通项目要实现贯通运营，全线技术指标、设备制式必须保持一致。然而相邻省（市）经济发展水平、交通基础设施建设步调和发展战略存在的差异，会造成双方在项目技术水平上出现差异。

1. 规划设计阶段。应在尊重双方各自综合交通体系独立性的基础上，共商技术标准，确保跨域项目功能对等、运输能力匹配、智能化水平一致，实现同级线（网）资源共享、多级线（网）融合。

2. 采购安装阶段。应着重做好系统设备技术指标、设备制式的协同，在各自负责境内项目建设的模式中，设备系统技术协同是贯通运营的必要条件。在路段招标、设计和实施阶段，必须由双方共商确定技术标准、设备制式和接口预留等。

（三）建设时序相对统一

受两地行政审批、用地规划、财政资金、建设计划、相关政策等因素影响，可分段、分期推进跨域轨道交通项目建设。然而，建设时序是项目共建的重要控制因素。

1. 项目同步建设。相邻两地应从规划、可研阶段建立联系，形成共商机制，为项目定位、技术标准和设备制式的统一提供保障，有效确定衔接段各专业分工合作界面。项目建成即能实现贯通运营，即可发挥项目互联互通功能，实现项目的规划定位。

2. 项目分段实施。在一方先期实施阶段，若另一方对项目定位认识不到位，没有充分考虑跨域政策差异、技术环境差异，将为后期线路实施埋下隐患。若仅先期段开通，则不能实现项目预期功能，影响项目运营收入，造成不良社会影响。

（四）建立保障协调机制

轨道交通项目投资大、周期长，对沿线经济发展带动作用大，因此，两地政府应密切关注项目路径、站场设置、贯通换乘方式、开竣工时间、投资分摊、分工界面等事项。然而，不同行政区域的经济发展水平、交通基础设施、轨道交通建设现状、相关政策均存在差异，这些因素都会造成项目建设观点的分歧。

为了实现同城化、一体化的发展目标，不仅要满足技术协同要求，而且需要政策的有力支撑。两地或上级政府应创新跨界协同发展模式和管理机制，落实保障措施，建立上下联动、部门对接的协调工作机制，统一工作步伐，互利互助地推动项目共建。

作者单位：中共镇江市委党校

宁镇扬文化产业的协同发展

| 冯乐乐 |

一、宁镇扬文化产业协同发展的背景

（一）同城化已成为城市发展的主要趋势之一

随着同城化和区域经济发展进入一个较为发达或成熟的时期，区域主要城市将与二级中心城市密切合作，区域潜力将对城市化、分化和扩散过程产生更加明显的影响。实施同城化可以有效解决行政区域与经济区域之间的矛盾和摩擦，消除行政壁垒，建立共同市场，减少资源消耗，确保区域经济可持续发展。目前，中国许多城市都提出了同城化的构想，如湖南"长株潭"、陕西西安与咸阳、吉林长春与吉林、河南郑州与开封等，已经带来了明显的协同效应和示范效应。

（二）文化产业协同发展的必要性

文化产业作为一个新兴产业，具有很大的发展潜力。随着人们物质生活水平的提高和市场对文化需求的增加，文化产业也成为当地经济发展的新因素。文化产业的协同发展有利于文化资源在城市之间的配置，将文化产业从企业的盲目经营和无序竞争转变为区域内整体企业的比较优势和有序竞争，从而将区域文化产业的效益和成本降到最低，最终实现区域文化产业的快速发展。

（三）宁镇扬文化产业区域联系逐步加深

近年来，南京、镇江和扬州的政府已经意识到加强区域经济合作的重要性。三市定期进行高层互访，共同探讨加强地区经济文化合作，取得实质性进展。随着三市交通条件的改善，三市文化产业的资源整合程度将有所提高。例如，扬州"1912 休闲街区"采用南京"1912 休闲街区"运营模式，形成了联动的发展趋势。宁镇扬三市确实需要以旅游、休闲、商业、消费等形式推动文化产业的多元化环节和品牌链。继 2006 年江苏省第十一次党代会提出"构建宁镇扬经济板块"决策到 2014 年 8 月《宁镇扬同城化发展规划》的提出，宁镇扬同城化发展逐步深入，而文化产业必然成为三地文化产业发展的重要战略选择。

二、宁镇扬文化产业协同发展的意义

（一）推进宁镇扬地区文化产业资源整合

要依托大城市和科研发达城市的文化资源、产业资源和空间，依托大城市的辐射功能，构建生产和消费链，打造高集中度和精神体验的文化产业。宁镇扬三市文化生产要素在数量、结构、质量和分布上存在显著差异，因此，三市之间的资源具有较大的互补性。宁镇扬文化产业的协同发展可以为文化产业区域链的形成奠定基础。

（二）优化区域文化产业空间设计

郊区城市文化产业的协同发展可以创造不同的文化环境，将不同城市地区、不同类型的文化产业结合起来，从而引发人、资金、信息等要素在流动方向上的一系列变化，促进城市空间布局的不断优化，提升城市文化内涵和品质。

（三）提升区域文化产业投资吸引力

文化消费市场是文化产业发展的空间，而消费市场的增长取决于人口和支付能力。只有大城市才能产生大容量并不断转移人口和文化需求。宁镇扬文化产业的协同发展，可以集中三市人民的文化需求，促进当地文化市场的快速扩张。市场的扩大和整体文化基础设施的共享可以增强资金和人才的吸引力，促进大型文化企业和机构的发展，吸引一些区域性、全国性和国际性文化组织的参与，加强文化领域的分工与合作，拓展文化之间的吸引、凝聚和辐射功能。

三、宁镇扬文化产业协同发展的优势

（一）深厚的历史文化底蕴

宁镇扬历史悠久，风景如画。这三座城市毗邻而居，都是中国著名的历史文化名城，也是中国优秀的旅游城市。南京作为中国四大古都之一，有"十朝都会""天下文枢"的美誉，一直是中国南方的政治、经济和文化中心。南京有着深厚的文化底蕴和丰富的历史，正在建设山水林城与人文精神融为一体、古都特色和现代文明交相辉映的国际性文化都城。镇江是民国时期江苏省的省会，并且山水形胜，是长江和京杭大运河的交汇之地。镇江素有"天下第一江山"之美誉，是吴文化的发祥地。这里有金山寺、西津渡等名胜古迹，文化底蕴雄厚，还有江苏大学、江苏科技大学等著名高校。扬州是中国最早的历史文化名城之一，素有"淮左名都，竹西佳处"的美誉。它也被称为中国第一个运河城市，明清时期为两淮盐运中心，是淮扬文化的中心区域。

（二）强大的经济实力

江苏的特点是南北经济差距很大。南北区域共同发展以提高江苏整体经济水平是江苏区域协调的重点。目前江苏省虽存在苏锡常板块，但对苏北地区辐射力较弱。与苏锡常相比，宁镇扬板块具有得天独厚的优势。南京、镇江和扬州同属长三角，拥有大量的财政和教育资源。三地教育现代化水平高，人才储备充足，科技创新能力强。南京和镇江又处在苏南现代化示范区建设圈，更是为本地区文化产业发展提供了强大动力，加快了宁镇扬文化产业合作之路。文化产业的快速增长，不仅促进了宁镇扬三市的经济发展，也促进了三市就业机会的增加，增强了文化产业在经济中的作用。区域经济的快速发展为文化产业的发展奠定了经济基础，也为文化需求的快速增长创造了条件。

（三）良好的运输条件

宁镇扬三市区域联系紧密，高速网密集，航运相互贯通，特别是润扬大桥、沪宁高铁以及连淮扬镇铁路等大型基础设施使这三座城市的经济、文化联系更加紧密，能够在较短时间内汇集大量的人流、物流，容易形成巨大的文化消费市场。计算机和通信技术等高新技术的快速发展，大大缩短了三市之间的时空距离，使三个地区实现了高效的时空互联、互通。沟通便捷是实施全面文化合作的可靠保障。这些优势不仅可以促进区域文化产业的快速发展，而且可以提升南京市文化产业的市场潜力，拓展国内外文化消费空间，扩大国内外文化消费品的经济联系，提升三市文化产业综合竞争力。

（四）活跃的现代文化市场体系

就文化产业而言，必须保持持续的市场消费。在宁镇扬三市中，南京的文化消费居于首位，尤其是高端演艺等方面消费的定向性、集中性更为明显。大众传媒消费、旅游、艺术品拍卖管理等，也与商贸业的区域性发展形成联动之势。南京的湖南路商业街是文化消费与商业消费互动的典型市场体系。经过十多年的建设和发展，这里形成了以娱乐业、出版业、演出业为主的文化产业集聚区。宁镇扬文化消费不断增长，掀起了文化产业投资热潮，可见宁镇扬区域联动的现代文化市场体系的活力，是南京文化产业争先进位的重要推动力。

总的来说，宁镇扬有着良好的文化产业基础。它们的文化产业发展具有相似性，也有互补互融的个性。此外，三市的经济发展和科学文化水平都处于全国前列，居民文化水平普遍较高，文化产业合作已初见成效。随着文化体制改革的逐步深入，宁镇扬的行政区划观念逐渐弱化，经济文化观念不断强化，这为宁镇扬文化产业的和谐发展奠定了良好的基础。

四、宁镇扬文化产业协同发展存在的问题

（一）文化产品和服务供需水平存在结构性矛盾

目前的统计数据表明，宁镇扬的文化产业存在供需失衡和结构失衡的问题。从需求看，2021 年南京人均地区生产总值为 26902.4 美元，扬州人均地区生产总值为 22677.8 美元，镇江人均地区生产总值为 22949.8 美元。发达国家的城市化进程表明，当人均国内生产总值达到 1000 美元时，文化消费会快速启动；3000 美元以上，文化消费将快速增长；5000 美元以上，文化消费会井喷，文化娱乐业将进入快速发展阶段。总的来说，宁镇扬的文化产业正在扩张，但文化产业在地区生产总值中的比重增长缓慢，需要新的增长动力。一般来说，一个产业的增加值占国内生产总值或地区生产总值比重达 5% 以上时，该产业才被视为支柱产业。这些数据表明，作为省会城市的南京有着相对发达的文化产业，为社会经济发展做出了巨大贡献。但是与发达国家相比，虽然三市文化产业在地区生产总值中的比重普遍超过 10%，但文化产业的作用尚未充分发挥，文化消费市场也存在很大差异。而之所以出现数额庞大的文化市场空缺，主要是因为宁镇扬地区的文化消费过于保守。文化消费作为文化产业链的核心要素，是文化发展的现实基础和目标。为了控制文化消费，形成良性发展，文化产业必须与市场需求

直接挂钩。从国内来看，北京、上海、广州、深圳等城市文化产业规模大、高端化以及国际化程度高，使得休闲娱乐群体增多，文化消费比重快速上升，消费结构日益优化。宁镇扬由于国际化程度低，对文化产品的创作和消费缺乏引导，因此文化消费结构相对保守，限制了文化消费的增长。

（二）文化产业市场化、集约化、组织化程度较低

文化企业作为文化产业市场的主体，需要一定的时间才能形成产业品牌和长期影响力。近年来，宁镇扬政府加大了对文化产业的投资，同时大量非产业资本也纷纷流入文化投资领域。然而，宁镇扬的改革滞后，出现了以行政性推动为特点的"投资饥渴"和"经济过热"现象。很大一部分文化产业仍处于市场经济体制之外，市场在资源配置中的基础性作用没有得到有效发挥，文化资源的商品转化率还不太高，资源整合水平不足，部分文化资源缺乏现代形式的开发和包装。一些地区习惯了政府直接管理的文化，导致行业垄断和行业分割现象较为严重。文化产业及其衍生产品深度不够，文化产业链短，没有形成"大文化、大产业"。文化产业虽然呈现规模化、集团化发展趋势，但相关集团与国外成熟集团相比，业务范围和产品内容相对单一，且大多处于发展初期，分工不协调。行业整体组织化、集约化程度低，跨区域、行业以及现代资本运作的企业很少，文化产业与资本市场的整合相对较弱。资源整合能力强、竞争力强的企业规模小，数量少。

（三）文化产业与其他产业未能有效整合

在现代社会，随着信息技术的飞速发展，文化生产已经进入"复合专业化时代"，文化生产的发展只有通过产业的有机整合，才能找到新的增长点，保持可持续的竞争力。文化产业的快速发展需要关键创新，并通过相关产业的"形而下"扩大产业链。对于宁镇扬来说，文化产业结构不合理，传统文化产业比重太大，文化与科技、创意、科研等新元素缺乏有效整合，多业态发展、融合发展能力不强，文化产品辅助生产和文化用品制造所占比例过大，文化服务业比重明显偏低。此外，由于对国内外大型文化企业招商引资力度不足，文化产业总量偏小，缺乏大型产业龙头项目，生产链不完善，产业园区建设滞后。南京是"文化之都"，但对如何将文化产业融入"软件名城"的建设中还没有明确规划。

五、宁镇扬文化产业未来发展趋势

（一）区域文化产业政策进一步合理化，体制改革进一步深化

目前，文化产业已成为宁镇扬经济发展的新元素，并被纳入城市发展整体规划。未来，长江文化产业将成为三市的支柱产业和外汇产业。此外，随着南京集聚和辐射作用的增强，区域文化产业的协同发展将成为宁镇扬文化产业发展的主题。区域内文化产业体制改革的进一步深入还会促使宁镇扬开放文化市场和投资领域，以民营和外资为主的非公有制文化企业将迅速发展，其在文化产业中的比重将不断提高。国有企业在出版、大众传媒和电影领域的垄断地位可能被打破，将面临更激烈的市场竞争。行业联席会、行业协会等行业组织将迅速涌现，它们会在保护和促进发展方面发挥重要作用。在市场环境相同、行政壁垒消除的条件下，企业并购的力度将进一步加强，形成规模优势。随着文化市场的成熟，文化企业的市场运作能力将不断提升。

（二）区域文化产业规模增长加速，经营规模集约化

由于宁镇扬文化产业的市场空缺较大，在利益的驱动下，原有文化企业的数量会不断增加，一些新兴企业也会迅速出现和成长，从而使文化产业规模增长加速。从宁镇扬每百户家庭的平均消费品来看，对文化产业的产品和服务如广播电影、艺术表演、图书出版、新媒体技术和文化内容的需求很大，这促进了区域文化产业的进一步发展。考虑到文化产业的规模集约化，宁镇扬的文化产业集团构建了较为完整的单一企业体系，文化产业集团与金融集团相互渗透、参股，形成了稳定的合作伙伴关系。大量的政府、民营、外商投资促进了文化产业的快速增长。通过资源整合，成功的大型文化企业将进一步展现市场优势。

（三）区域文化产业结构进一步优化，文化创新能力不断加强

文化产业结构优化的标志是产业整合，即不同产业或者同一产业内的不同行业相互渗透、相互交叉，最终逐步形成新兴文化产业的动态发展过程。这意味着文化产业的科技含量和文化含量将提高到一个更高的水平，文化产业在组织和资源利用方面已经形成了更合适的结构。一是区域内文化产业与现代高科技产业融合，积极利用科学技术，使文化产品和服务的

技术含量大幅提高。二是扩大文化产业与其他产业的联系，形成新的综合产业体系。例如，文化产业充分渗透到城市群的前期科研、中期设计和与之相关的信息反馈中，使电子、通信、家电等各种新型工业产品融入整个娱乐设计和功能开发。三是文化产业的内部调整与整合。比如，广受欢迎的动漫产业就是电影制片业中的动画业和漫画出版业结合而成的，它还能与玩具业、文具业以及软件业深度结合。同时，产业体系的优化会促使大量新的产业门类、产品和服务产生，从而解决宁镇扬文化产业因创新不足而导致的结构性和战略性短缺问题。

六、宁镇扬文化产业协同发展的对策建议

（一）深化文化产业体制改革

激活文化市场，带动文化生产力蓬勃发展。市场是制约文化产业发展的主要因素之一，宁镇扬文化市场资源丰富，文化市场体系相对稳定，文化消费群体潜力巨大且不断壮大。然而，在宁镇扬人均地区生产总值超过5000 美元之后，文化消费没有出现拐角点或爆发式的消费增长，三市居民对文化产品和服务的消费量和经济发展水平远不相适应。解决这一问题的关键是"发展核心文化企业，建立中小文化创意企业合作伙伴关系"。因此，宁镇扬三市政府应打破集团垄断、行业垄断和区域封锁，推动区域企业兼并重组，努力建设一个强大、有活力、有竞争力的文化企业，在产业发展和市场繁荣中发挥主导作用。要让龙头企业带动产业集群，提升区域文化产业品牌吸引力。充分发挥文化创意孵化中心的平台作用，在财力、人才吸引、制度创新等方面给予支持和发展。此外，三市政府应把文化消费纳入总体宣传布局中，促进文化消费观念的转变。增加财政投入，协调公共文化服务均衡发展，建立文化消费销售体系，促进文化消费持续增长。利用各种节日和文化展览，扩大文化消费规模。

减少行政壁垒，建立协调的组织，促进城市文化产业协同发展。行政区经济是由行政区划对区域的影响作用引起的，对区域经济发展产生了负面影响。目前，虽然宁镇扬地区全面突破的条件尚不具备，但仍要逐步转变发展思路和方法，打破行政区划制约，加强顶层设计，建立完善宁镇扬三方高层沟通协调机制，统筹文化产业发展。在宁镇扬文化产业设立协调委员会、政策规划委员会和市场功能委员会，将文化产业相关的各种资源要素与产业的经济技术相结合，推动城市文化产业的快速发展。建立文

领域发展协调联席会议机制，加强三市对话、沟通与协调。设立区域文化产业发展基金，确保资金有序有效。建立具有股份合作制形式的公司，由三市以各种资产形式参股，成为风险共担、利润共享的实业性公司。重点关注和引入民间资本，发挥其在公共事务中的灵活性。

（二）优化升级文化产业结构，发挥产业集聚效应

文化产业是以知识为基础的产业，其发展依赖于规模经济和集中效应。同时，宁镇扬应尽快通过文化产业结构调整与产业价值调整相结合，优化资源配置。总体来看，除南京外，扬州、镇江文化产业价值增长占地区生产总值比重较低，存在发展不平衡、布局不合理、文化产业以制造业为主、文化服务业比重不足等问题。所有这些都要求政府加强政策支持和引导，使文化产业结构更加合理和科学，适应市场经济发展趋势和多层次人群的文化消费需求，迅速走向合理化、规模化和多样化。为了实现宁镇扬文化产业结构的调整和完善，可以充分发挥宁镇扬文化产业创新网络的政治优势、市场优势、创新人才和技术中介优势，使文化企业快速合理化，获得良好的综合优势。南京、镇江、扬州也可以利用互补优势以及发展合作的优势，实现集约化和集群化。

文化产业集聚是指企业或相关机构高度集中在与文化产业密切相关的特定领域。目前，地方政府越来越重视文化产业集群的建设，各具特色的文化产业园区相继成立，成为文化产业发展的重要趋势和标志。纵观我国正在建设的文化产业园区，可以分为两种形式：一种是政府主导建设的文化产业园区，重点通过筑巢引凤来打造文化产业集群；另一种是企业的自发集聚，这导致了协会和文化部门的成立，之后政府扩大规划，并提供一些发展服务以推动其发展。实践表明，第二类园区的成功率很高。目前，宁镇扬已初步建成南京未来影视文化创意产业园、南京国家广告产业园、镇江西津渡历史文化街区、镇江国家大学科技园、江苏国家数字出版基地镇江园区等文化产业园区。

宁镇扬三市应根据各自的资源质量和经济社会发展水平，确定自身在文化产业发展中的定位和分工，将发展的重点从扩大规模转向创作精品，实现从量变到质变的转变。在规划文化产业园区建设时，要进行科学、客观的总体规划，优化文化产业的区域特色、空间布局和业态，形成不同类型、不同产业和谐发展的文化产业园区，为科研机构、供应商、制造商、批发商和零售商建立合作、交流学习的平台和网络。产业园区的选择要立

足长远：在传统文化产业的基础上，适当重视创新、策划，重视文化产业链的上游产业，重点研究开发高新技术在文化产业中的应用，提升文化产业创新能力。作为中心城市，南京可以发挥自身优势，为低梯度地区的文化产业提供人才、技术和资金支持，发展教育、金融、高新技术产业等有益的文化产业，使扬州文化企业与镇江文化企业向集约化快速发展。通过南京的集聚效应加强扬州与镇江的合作，促进区域文化产业链的进一步完善，进而快速实现文化产业的集聚。

（三）打造符合实际的文化产业链，强化文化产业品牌影响力

文化产业以众多相关企业为主体，连接起艺术家、制片人、经理、销售商等不同参与者。文化产业链是各文化产业部门之间相互沟通的一种形式，它建立在一定的技术经济基础上，以特定的逻辑关系和时空关系客观形成链条式关联关系形态。文化遗产和原创性文化内容在产业链的上游，下游是消费类信息技术产品的普及与复制、信息文化娱乐产品的生产与推广以及大众流行文化艺术符号在传统产业上的广泛应用。从产业组织上讲，它是一条企业协作链，从产品增值上讲，它是用于产品价值创造的文化价值链，因此企业竞争力与合作程度对文化产业的发展至关重要。生产链的每一步对生产要素都有不同的要求。有些地方需要高素质的人才，有些地方需要一般制造工人。随着数字化、网络化和经济全球化进程的加快，文化服务的原创性内容和文化水平对文化产业的发展起着至关重要的作用，良好的服务和营销理念可以扩大文化产业的发展规模，提高文化产业的发展水平。

目前，宁镇扬文化产业的层次结构已经有了一定的规模。核心层以报纸出版、旅游、广播电视和文化艺术产业为主，外围层则以网络文化、广告会展、休闲娱乐、影视制作等为主，且各自拥有相对优势生产要素。在宁镇扬进行文化产业链的优化，一是构建完整的产业链，确保文化产业的顺利运行。二是依托产业链，确保文化产业健康发展。三是积极发展衍生产业链，最大限度地生产衍生产品。南京可以在教育资源、科技技能、文化产业人才、软硬件环境等方面充当宁镇扬的"文化产业"大脑，发展文化旅游、传媒、文化教育、体育娱乐游戏等产业，促进文化与高新技术产业融合。镇江和扬州地区的龙头文化企业作为主要生产基地，可以将设计、研发等环节向南京转移，充分利用南京文化创意人才。同时在宁镇、宁扬建立销售网络，建立高效的空间分工体系。

（四）联动搭建服务平台，强化发展保障

宁镇扬三市政府要进一步发展安全保障，搭建政策服务平台，把文化创意产业放在金融、财政、税收、人才、平台等领域优先发展。在重大的文化创意项目中，坚持"一事一议"的方法，为文化产业的发展提供质量和优惠政策，打造文化创意产业发展的"政策洼地、投资福地、发展高地"。

建立健全文化中介服务系统。文化中介机构是在文化和经济市场上销售文化产品和服务的媒体，在文化市场的生产、销售和消费中发挥着重要的桥梁和纽带作用。许多公园在文化上失败的原因之一是发行、代理等中介组织的缺乏或没有发挥其应有的作用。文化中介组织建设和发展的主要任务是创造良好的制度、社会和行政环境，因此必须不断对文化中介机构实行优惠政策，使其从政府文化部门与文化企业的"夹缝"中解放出来，并强化对文化中介组织的地位、特点和工作能力的宣传，树立社会威信。

搭建融资服务平台，形成多元文化产业投资主体，包括国有资本、外商资本、工商资本和金融资本等。平等对待各类文化投资者，取消产权限制，实行国民待遇。支持社会资本通过个人融资、合资经营、参股、特许经营等方式进入。积极吸引外商投资文化产业，发展外商投资文化企业。进一步拓宽文化产业准入领域和条件，推广各种文化保险服务，鼓励使用公司债券、股票基金等金融手段发展文化产业。加强与金融机构的沟通与合作，成立创意产业投资公司和文化产业发展基金，解决小企业融资问题。

构建人力资源平台，积极与高校、科研院所和龙头企业合作，加强管理研发融合，构建更高效的人力资源开发机制，引进创新型人力资源，运行"创意资本"的新型销售激励机制，使人才得到市场化、制度化的激励，进而增强产业创新能力。同时，灵活利用吸引优秀人才的机制，注重创新创意智慧的引进和产业的转型。

搭建企业公共服务平台，通过重大节庆、主题论坛、贸易展览、项目投资展览和行业协会活动等形式去宣传企业、推介企业，促进企业与不同领域合作，与广播系统、出版集团、移动运营商、网络服务提供商和传统零售商合作，共同为文化创意产业的交流和发展提供渠道和平台。

作者单位：中共镇江市委党校

镇江打造农产品区域公用品牌建设路径研究

——以句容为例

｜ 戴　惠 ｜

品牌化是实现农村经济健康发展、农户增收致富的道路之一。区域公用品牌建设是农业品牌化抓手，是推进地方农产品供给侧结构性改革、提升农业行业竞争力和整体经济效益的关键引擎。当前，江苏农产品品牌建设驶入"快车道"，区域公用品牌呈现迅猛势头。句容作为镇江农业重地，特色农产品资源丰富，产业基础扎实，应进一步深化农产品区域公用品牌建设，推出一批"响当当"的"镇江精品"。

一、农产品区域公用品牌的内涵和价值

区域公共品牌，是指一个具有特定自然生态环境、历史人文因素的区域内，由相关组织所有，由若干农业生产经营者共同使用的农产品品牌，一般以"产地名+产品名"的形式出现。从上述定义中可以看出，农产品区域公用品牌具有区域独特性、产品公共性、品牌共建性和收益共享性。

（一）区域公用品牌建设是"民生共富工程"

地标农产品主要集中在县域，地标农产品背后往往是一地的优势产业，甚至是"一县一业"。这些产业是当地老百姓生活的依靠和收入的来源。因此，依托地标农产品打造农产品区域公用品牌建设，事关百姓生计和地方发展。根据中国商标局的数据：以地标为主的区域公用品牌在注册运作实施后，区域居民收入普遍增加 15%～48.5%，直接解决了占当地总人口 5%～27.5%的农民的就业问题。

（二）区域公用品牌建设是"产业升级工程"

通过品种选择、标准制定、产品分选、品牌授权、组织构建等一系列手段，集中解决种植散、规模小、缺乏统一规划管理等问题；通过提升品牌价值提高农产品的市场竞争力，区域公用品牌成为"小生产者"抱团拓

展市场的"敲门砖"。与此同时，打造区域公用品牌衍生出农业与旅游、文化乃至创意产业融合发展的新业态，不仅创新了品牌推广，也拓展了产业链、价值链，带动了乡村产业融合发展。

（三）区域公用品牌建设是"地区形象工程"

区域农产品的比较优势来源于该区域的土地资源、水资源以及独特的地方文化特色。受自然环境的影响，区域农产品会形成其他产品不可复制的特性，塑造独特的品牌形象，形成核心竞争力。在整个国家走向生态文明新时代，倡导青山绿水就是生产力的今天，农产品区域公用品牌已经超越了农产品和农业本身的范畴，成为新时代各地的新名片，对区域的形象、口碑及经济社会发展等都有促进作用。区域品牌对带动地方发展取得成功的案例也较多，如美国纽约的"艾达华土豆"、杭州的"西湖龙井"等。

二、句容农产品区域公用品牌的发展现状

句容作为镇江农业重地，拥有优越的生态环境、显著的区位优势、丰富的农技资源。近年来，句容通过坚持培优品种、提升品质、打造品牌，高质量推进现代农业发展，挖掘创造了一系列特色鲜明、品种丰富的农产品资源和农产品品牌，培育形成优质稻米、有机茶叶、花卉苗木、应时鲜果等特色产业。句容共培育区域公用品牌 11 个，"丁庄葡萄""西冯草坪""戴庄大米"成功注册国家地理标志商标，累计获得茶叶金奖 28 个、葡萄金奖 45 个、草莓金奖 41 个、桃子金奖 43 个、梨金奖 36 个。"中国葡萄之乡""中国草莓之乡"等已成为句容叫得响的城市名片。

虽然句容市在农业产业发展和农产品品质管理方面已经取得了一定的成效，但是由于生产经营方式分散、品牌推进力度不够，句容农产品区域公用品牌表现平平，并没有发挥出最大价值，呈现出如下特点。

（一）品牌数量偏少

根据 2020 年江苏省发布的首批《江苏农业品牌目录制度》，共入选区域公用品牌 20 个，镇江仅有"丁庄葡萄"位列其中。2021 年发布的《江苏农业品牌目录制度》共选录 27 个区域公用品牌，镇江一个品牌都没有。2022 年江苏农业品牌目录区域公用品牌的候选名单中，镇江"茅山长青"入围。在江苏已入选的 47 个区域公用品牌中，镇江的区域公用品牌数量最

少，仅 1 个，在 13 个地级市中排名末位，这与句容优质特色农产品的数量是不相称的，与句容"全省果品之乡"的美誉是不相称的。

（二）品牌价值偏低

在两届的"江苏省十强农产品区域公用品牌"评选中，镇江无一入围，镇江发展最突出的区域公用品牌"丁庄葡萄"仅获得首届评选提名奖。根据权威机构发布的"2022 中国茶叶区域公用品牌价值评估"，在 126 个茶叶区域公用品牌中，江苏共有 5 个有效评估品牌，其中句容的"茅山长青""金山翠芽"分别以 16.24 亿元、10.27 亿元分列榜单第 70 位和第 95 位，均达不到江苏茶叶区域公用品牌 21.27 亿元的平均品牌价值。

（三）品牌发展滞后

酒香也怕巷子深。句容优质特色农产品在本地家喻户晓，但在省内却籍籍无名，缺少像阳澄湖大闸蟹、阳山水蜜桃、高邮咸鸭蛋、南京桂花鸭这样在全国享有盛誉的区域大品牌。目前，江苏省内各类区域农产品公用品牌发展势头强劲，除传统品牌外，也涌现出不少后起之秀。反观镇江，其虽拥有优质的农产品资源，却在品牌建设上发力不足，在区域品牌竞争中表现一般。

（四）统筹规划不够

江苏省内各地在区域品牌建设上同样竞争激烈。自 2016 年 11 月连云港推出江苏省首个地市级农产品公用品牌——"连天下"以来，全省出现了"淮味千年""食礼秦淮"等一批地市级区域公用品牌，促进优质农产品不断集聚，加速了区域资源整合。句容 2021 年推出"句品划算"区域公用品牌，应该说，品牌内涵的解读和外观 logo 的设计都是很巧妙的。但此后品牌的宣传推广没有乘势跟上，呈现出重品牌策划轻品牌运营、重短期目标轻长效目标等问题。在品牌的建设和传播方面，句容存在品牌传播内容不饱满、品牌传播媒介单一等问题，没有设置专业的运营机构，缺乏清晰的品牌构架。这都是"品牌导入"没有做好的表现。长此以往，句容区域公用品牌将形同虚设。

三、句容农产品区域公用品牌建设的对策建议

综合相关的理论成果和成功的实践经验，建设句容农产品区域公用品牌需要着力解决好以下问题。

（一）品牌理念：强化品牌意识，统筹区域公用品牌建设和发展

一是重视区域公用品牌建设和发展。农产品区域公用品牌的创建，不仅会对本地区农产品销售起到推动作用，而且将产生巨大的经济社会效益，对推动乡村振兴、实现共同富裕、提高地区竞争力很有意义。要站在这样的高度制定扶持发展的优惠政策，持续投入人力、物力、财力，让品牌产生更加明显的拉动效果。二是超前进行统筹规划和机制建设。必须制定5~10年的发展规划，对品牌建设进行顶层设计，细化各方的责任和义务；建立区域公用品牌建设资金的财政投入机制，将分散在发展和改革委员会、商务、农业、财政等部门的"三农"投入、品牌建设等资源，统一归口品牌建设责任主体，对资源进行统筹，形成品牌建设的合力。

（二）品牌定位：明确品牌模式，打造独特区域公用品牌

目前，我国农产品区域公用品牌的打造方式有三类：全品类、单品类和全域形象打造。从市场效果来看，建议以政府打造全域品牌形象为引领，根据地区特色，发展多种单品类品牌。要坚持"差别化"竞争，着力打造独具特色的农产品区域公用品牌。做品牌即是做差异化，要注重构建品牌的核心价值，从产品、产区环境、产业历史、区域文化等角度，挖掘与同类农产品的竞争优势。比如，在打造茶叶区域公用品牌时，要突出句容深厚的茶文化史和产品的高溢价能力，提高句容茶叶品牌的市场识别度和竞争力。在打造果品品牌时，要强调产品的绿色、有机、高品质，深化句容农产品在消费者心中的健康形象。

（三）品牌共建：整合建设主体，合力共建区域公用品牌

提高区域品牌的竞争力关键是整合相关主体共同打造。政府是做好区域公用品牌建设的第一责任人，这里不仅指农业管理部门，还指整个地方政府。在萌芽阶段，政府帮助农民、企业等利益主体树立品牌意识，对农产品区域品牌的发展进行战略规划。在成长阶段，政府负责各主体之间的

统一管理和协调，负责农产品区域公用品牌建设过程中的监督和管理以及相关政策的出台和制定。在扩张阶段，政府对区域公用品牌提供宣传平台和推广渠道，帮助产品拓展市场；培育壮大具有较强市场开拓能力的龙头企业，发挥龙头企业的引领作用，协调生产、流通的各个主体相互关系；拉长产业链条，引导其他参与主体积极参与区域公用品牌开发、推广和维护；以行业协会或专业合作社为基础成立专业品牌运营公司，借鉴"丽水山耕"通过国有公司和合作社联合成立品牌运营公司模式和"五常大米"通过龙头企业与合作社进行品牌运营模式。品牌运营公司要坚持政府的引导和背书、运营主体的凝聚力、独立性、公益性四项基本原则。通过品牌运营公司，夯实品牌发展基础、丰富和提升品牌价值、维护品牌各方关系。普通农户和农业企业要有保护品牌良好形象的意识，共同维护和推广农产品区域公用品牌，为市场提供高质量的农产品。

（四）品牌内涵：发掘历史文化资源，培育底蕴深厚的区域品牌

政府和行业协会要组织专家，深度挖掘当地的自然、历史及文化资源，不断提升农产品区域公用品牌的文化内涵，提高品牌产品的附加值，树立农产品区域公用品牌的鲜明地域特色；研究、总结、继承和发扬农产品既往的生产和加工工艺，确保产品的传统品质和纯正风味；深入发掘依附在传统农产品上的历史文化元素，用典故、传说以及历史光环等为品牌增添文化气息；建设特色农产品文化展览博物馆，让更多人了解品牌文化内涵；重视打造和推广农产品区域公用品牌独特的品牌理念、承载的文化和品牌个性等，使之能够在众多农产品区域公用品牌中脱颖而出，占有发展先机。句容是一座积淀2100多年悠久历史的文化名城，素有"福地"之称。在打造句容区域公用品牌时，要注重与"福地句容"一脉相承的理念，与城市"福"文化融合，丰富品牌内涵，树立品牌自信。

（五）品牌质量：保证产品质量，提升品牌竞争力

一是要推进农业标准化生产。制定农作物选种、种植方式、灌溉施肥、收成管理等一系列种植标准，制定农产品从原料、生产、加工到销售的全过程统一的生产加工标准，以与国际接轨的农产品生产技术标准来约束农产品生产和加工，推进实施农业标准化试点示范，支持龙头企业率先实现农业标准化生产。二是要推广先进生产模式。加大优势品种培育，在现有基础上进行改良创新培育新的农产品品种，形成有技术、有创新、有差异的区域公用品牌；引入现代化农业装备，强化物联网、设施农业等现代化设备的应用，让农业生产更加标准化、农产品更加优质化。

（六）品牌管理：加强行业监管，建立系统的品牌管理制度

农产品区域公用品牌要"公用"，但不能"滥用"和"随便用"。一是建立相关的质量监管标准。由政府或者政府委托行业协会或者龙头企业制定农产品的质量标准，符合质量标准的主体生产的农产品才能被授权使用农产品区域公用品牌；建立农业相关企业信息查询系统，通过定期检查和不定期抽查的方式对企业的生产经营状况、产品质量状况等进行摸底，并公布不合格的主体名单。二是加强农产品质量监管力度。加强对生产源头的产地环境安全评估，保证农产品生产源头的安全；加强对农产品生产、流通、销售等环节的质量监管，保证流入市场的农产品的质量安全；加大对冒用、滥用农产品区域公用品牌等行为的制裁力度，严厉打击滥用、超范围使用农产品区域公用品牌包装、标识等违法、违规行为，保护农产品区域公用品牌各相关主体的合法权益。三是建设公用品牌管理服务平台。将品牌旗下农产品在网络上进行公示、公开，方便消费者实时鉴别、举报，维护农产品区域公用品牌的知名度、美誉度、忠诚度，实现品牌的可持续发展。

（七）品牌营销：重视营销管理，以市场为导向经营品牌

一是注重渠道整合。在区域内举办各种农事活动、组织农产品品牌价值评比以及主办农产品博览会和推介会，参与国内其他地区举办的农产品博览会、特色农产品推介会等活动，将公用品牌形象导入媒体和消费者心中；开展跨界合作营销推广，与旅行机构进行合作营销，出售和宣传农产品区域公用品牌及其旗下农产品；入驻知名电子商务平台，借助电商平台的人气扩大品牌旗下农产品的营销渠道。二是整合传播媒介。在机场、火车站、码头等重要交通枢纽进行广告投放，向商务人士以及游客等传递农产品区域公用品牌信息；建立农产品区域公用品牌网站、微信公众号、微博账号、抖音账号等，定期向公众和消费者推送农产品区域公用品牌信息，增加农产品区域公用品牌的网络曝光率；在政府及行业协会网站上开辟农产品区域公用品牌专栏介绍和推广品牌及农产品信息；政府可以组织拍摄与农产品区域公用品牌相关的宣传片在电视台及网络媒体上播放。

（八）品牌延伸：拓展产业链条，做强农产品区域公用品牌

农产品品牌建设不仅涉及农产品自身，还涉及农产品的初级加工和深加工以及农产品的储运和营销推广等很多环节。只有将这些环节都有机整合到一起并形成产业集群，才能做大做强农产品区域公用品牌。将农业产业链向前延伸到农业生产所需的种子、肥料以及农药的供应端，确保种子品质和农药、化肥的安全无污染；将农业产业链向后拓展到农产品的初加工、深加工以及销售环节，提升农产品的附加价值，并为旅游观光业提供优质农产品及深加工产品；整合农业生产资源，打造成农业旅游景观，开展观光休闲旅游一体的体验式农业旅游。通过第一、第二、第三次产业融合，实现现代农业的经济、社会、文化、生态等功能。

作者单位：中共镇江市委党校

以文化赋能镇江高质量发展

| 强可鉴 |

党的十九届六中全会在总结新时代成就和经验时，对文化建设单独作了总结，充分肯定了文化建设和意识形态工作取得的成绩，指出党的十八大以来，我国意识形态领域形势发生全局性、根本性转变，全党全国各族人民文化自信明显增强，全社会凝聚力和向心力极大提升，为新时代开创党和国家事业新局面提供了坚强思想保证和强大精神力量。

文化是一个城市独特的印记，是一个城市的核心竞争力。镇江作为一座历史文化古城，早在1986年就成为国务院公布的第二批国家历史文化名城之一。地理位置的优势、良好的社会经济发展基础、丰富的历史文化资源是镇江城市文化发展的有力基础。为了更好地提升城市文化软实力、增强城市影响力，党的十八大以来，镇江城市文化建设工作的推进从未停歇。通过一系列品牌活动的打造和新媒体平台的搭建，镇江聚合市内外文化专家，宣传推介城市文化资源，挖掘城市历史人文价值，构筑城市精神家园，以文化之势助力镇江"跑起来"，更好地向世界展示镇江山水形胜的灵气、崇德向善的温度、辉映古今的故事、争雄竞先的活力。

一、文化是城市的生命与灵魂

习近平总书记在党的十九大报告中指出："文化是一个国家、一个民族的灵魂。文化兴国运兴，文化强民族强。"文化是人类在社会历史发展进程中创造的精神和物质财富的总和，城市是人类聚居的形式，也是经济、社会和文化发展的重要载体。城市文化在人们建设和发展城市的过程中生成和发展，通过塑造城市的形象、展示城市的精神、凝练城市的气质，描画一座城市的独特印记。

（一）文化是城市发展的引擎

城市的文化建设是一个城市的无形资产，对于城市的发展具有举足轻重的意义。不同风格的城市蕴含着不同的文化特色，不同的文化个性彰显不同的城市魅力。良好的城市形象，可以展示城市的独特魅力，有利于吸引投资、人才和技术等高端要素的聚集，有利于城市的对外交流和国际化，使城市经济、文化、社会等各项事业持续发展并带来巨大的收益，不断增加城市的综合价值，为城市更新创造条件。城市文化也是凝聚人心、实现社会和谐稳定的巨大力量，是推动区域繁荣发展的重要支撑。优美的城市环境、积极活泼的生活氛围、高素质的城市居民、共同的价值追求和生活理念，能够形成强烈的感召力、向心力。这对于一座城市的多元发展起着至关重要的作用，也是提升城市竞争力的关键所在。

（二）文化是城市的精神亮点

一个城市的文化根基是历史的产物，无法被简单地复制。镇江这座经历千百年风雨洗礼的城市，其历史沉淀的厚重感体现在城市的各个角落，浸润着每一个市民的生活。可以说，文化是城市的精神亮点，是市民之间的联系纽带。如果将经济比作城市的血肉和躯干，那么文化无疑是一座城市的灵魂。有灵魂的生命体才有活力，有文化支撑的城市才具有生命力。城市的魅力和吸引力主要来自于文化。时间和空间的艺术让每个城市都有其标志性的文化特征和内在价值，这使得城市具有独特性，同时这也是城市的文化价值所在。这些标志有时体现在某种建筑物的造型上，有时体现在传统的文化上，有时体现在生活习惯或方言、语系中，有时体现在剧团、文化节、艺术节这样的能动主体所反映出的文化精神中。这些汇聚着自然、开放、传承等丰富特征的文化标志，聚集着城市创新能量，凝结着城市精神，是城市发展不竭的动力。

二、镇江城市文化的发展与困境

优越的地理位置、良好的社会经济基础、丰富的历史文化资源，是镇江文化建设的有利条件。2020年镇江市确定了"创新创业福地、山水花园名城"的城市定位，围绕"大爱镇江"的城市品牌，不断加强文化产业、文化事业，以文化赋能城市发展。

（一）镇江文化建设的现状

1. 非遗文化资源不断深挖

镇江作为历史文化名城，蕴藏着丰富的非物质文化遗产。镇江现有9项国家级非物质文化遗产项目、37项省级非物质文化遗产项目、136项市级非物质文化遗产项目。这些项目见证了镇江的历史发展变迁，也是镇江文脉延续的重要支撑。镇江通过深层次挖掘非遗内涵、结合时代特色进行创新，让非遗留下来、活起来。例如，非遗传人周宝康将"太平泥叫叫"搬进了西津渡景区，与游客互动，既有技艺、有"非遗"，又契合游客需求和现代生活，同时起到了推广宣传的作用，扩大了城市影响力。

2. 文化特色品牌日趋成熟

镇江历史文化底蕴厚重，文旅资源丰富，为城市文创产品（IP）开发提供了坚实的文化基础。近年来，镇江在城市形象塑造上尝试了许多有效做法，包括选择"镇江三怪""中国醋都""西津渡""金山"等文化元素作为城市代表符号，启动"文化金山"IP品牌建设并开展镇江金山文化艺术·旅游节、金山文化创意大赛、"米芾杯"青少年书法大赛等一系列品牌活动，提出以"创新创业福地、山水花园名城"为城市定位，助力镇江城市文化品牌的构建。

3. 文化空间及景观不断完善

镇江注重城市地方文化特质的营造，探索文化和商业相结合的路径，打造标志性文化景观。通过赋予空间、建筑、景观、商业设施、公共设施具有镇江地方特色的文化元素和符号，如对永安路、中营街等能够表达和体验城市文化特色的最集中的区域进行改造，并结合商业发展趋势，发挥文化空间的多重功能性，打造知名的文化地标和标志性的文化景观。

4. 文化产业结构日益提升

镇江市委、市政府高度重视文化产业发展，在全市层面提出大力发展文化产业的战略规划，同时在总体规划的基础上，结合全市各区域文化产业资源、产业发展特点等要素，因地制宜地制定了符合区域发展的政策，逐步形成了依托三山的文化旅游产业集聚区和依托大运河、西津渡的历史文化产业集聚区，形成了以文化旅游、广告会展、创意设计、数字内容、影视演艺、出版印刷为主导的发展格局，推动了全市文化产业体系的建立、发展和完善。

（二）镇江文化建设的短板

找准症结，对症下药，才能取得突破。为此，课题组展开了深度调研，通过对相关部门实地走访及座谈等形式，结合面向社会进行的问卷调查，全面深入地了解镇江目前文化建设的情况。

1. 文化资源挖掘不深

镇江可圈可点的名山名寺众多。虽然名声在外，但缺少深挖和整合，导致没有形成核心 IP，缺乏核心竞争力，无法充分发挥旅游强市的效能。通过对调研问卷的分析，91%的受访者认为历史是一座城市文化的最直观的体现，但从满意度来看，镇江对历史文化资源的保护还有很大的提升空间。

2. 文化宣传力度不够

调研中，71%的受访者认为文化宣传是制约镇江当下文化建设的首要原因。例如，通过知名搜索引擎搜索"茅山"，首页首位往往是"金坛茅山、逍遥江南"的宣介视频，搜索"金山湖"，首页首位往往是"金山湖—惠州湿地"。镇江文化宣传力度亟待提升，要抓住新媒体的优势，加强推广力度。

3. 文化产业平台不多

镇江之前的文化发展处于较为保守的阶段，导致文化产业发展没有形成良好的体系，尤其在文化产业平台搭建工作上。虽然通过近几年的持续努力，打造了一些产业平台，如蓝文化创意产业园、江苏玉石文化园、长山科教文化产业园等，但对标周边兄弟城市，真正具有竞争力的产业平台数量不多，部分产业平台仍处于培育之中。

4. 文化人才引培不够

从镇江文化产业的发展现状来看，人才问题已成为制约镇江文化产业发展的瓶颈。近年来镇江加大了人才招引力度，但是产业类人才高度依赖城市产业发展水平和重大项目，相对缺少经营管理、创意研发和营销等方面的高端人才。

三、文化建设让城市涅槃焕新

新时代背景下的城市更新发展并非简单的空间调整或者形象更新、口号更新等浅层符号的改变，而是把城市作为有机生命的整体从相貌、血肉、骨骼、精神等层面进行系统的更新和完善，这些都与城市文化建设息息相关。当下镇江迫切需要提升城市文化形象与文化品位，努力强化推动文化发展、建设文化强市、增强文化活力、优化文化环境，打造传统与现代兼容的城市个性文化，进而促进镇江经济发展和社会进步。

（一）更新形象，再塑"肌体"

1. 盘活"文化家底"

任何一座城市都是在特定的自然环境、人文历史、风土人情等条件下形成的，这是其区别于其他城市的文化个性特征。因此，要保持城市的历史文化风貌，在挖掘、弘扬城市历史文化的基础上，把厚重的历史文化、地域文化与现代文明和时代精神紧密结合起来，熔古铸今，挖掘城市传统历史文化中的新时代价值，从历史文化积淀中提炼出独特的城市文化个性，使城市文化建设理念的更新有源头活水，提升城市文化内涵和生命力。这要求我们必须加强文化遗产保护和创新发展，着力建构和完善文化遗产保护与传承网络体系。要以文化管理部门为统领，建立由各文物保护单位牵头，政府、民间组织、文物爱好者、非遗传承人、社会研究团体共同参与的保护体系。要通过历史文化遗产与历史城区、文化街区融为一体进行系统性保护与开发，不仅要把"宋元粮仓遗址""江南第一钟""焦山碑林""梦溪园"等文化遗产清理好、保护好，而且还要把其中蕴含的丰富内涵和深厚底蕴充分挖掘出来、彰显出来，并通过加强文物保护的数据平台建设和博物馆体系建设，实现文物保护部门之间的信息共享和文物保护成果的社会共享，以体现镇江的文化风貌和独特魅力，夯实具有历史价值和借鉴意义的文化基础。

2. 培育城市文化精神

城市精神是城市文化的灵魂，积淀着厚重的历史，记载着奋斗历程，反映了市民的认同价值和共同追求。对外，城市精神是城市形象的展示窗口；对内，城市精神是凝聚人心的法宝。培育城市精神是建设物质文明和精神文明相协调的社会主义现代化城市的基础条件和重要路径，是彰显城市个性、铸造鲜明城市特色的关键支撑。建议政府通过开展征集城市精神活动，大力宣传，展开讨论，形成培育和弘扬城市精神和文化的浓厚氛围，同时加强市民教育，深化文明单位、文明村镇、文明机关、文明行业等群众性文明创建活动，广泛开展交通、环保、禁烟等公共文明引导行动，推动中华民族传统美德的不断巩固发展，传承现代文明，大力培育和践行社会主义核心价值观，全面增强群众文明道德素养、文明责任意识，提高市民素质，激励公众共同参与提炼和实践城市精神文化，进而将积极向上的文化精神、文化品格转化为推动城市改革发展的强大精神支撑。

（二）更新品牌，再塑"新颜"

1. 打造城市品牌

打造城市文化品牌的首要任务是认真考察城市文化发展的资源，包括城市的历史传统、自然地域等，分析、研究城市文化资源优势、当前文化产业状况等，清楚城市文化发展的优势与劣势，着力挖掘具有地域特色和影响力的历史文化、历史名人资源，从而制定城市文化发展战略及相应的发展战略规划。有历史文脉、区域承载，加上丰富产品内涵、精准对接市场需求，能让品牌拥有强大的生命力支撑。只有因地制宜，才能打造出"爆款活动"，建立具有城市特色的文化品牌，让城市焕发个性文化魅力。这就要在点、线、面等不同领域、不同层次和不同范围，围绕"大爱镇江"的城市品牌进行全面再"创作"，使每个"城市物质文化符号"都能成为"大爱镇江"形象的表现体，成为镇江形象的"合理的构成部分"，使镇江通过这些文化符号，从一般的生活体系中升华出来，最终使城市成为"生活与艺术品的大容器"，使城市从文化与艺术层展现形象魅力。

2. 营销城市文化形象

镇江拥有两千多年的历史，不论是"金山""焦山""北固山""茅山"，还是"沈括故居""西津古渡"，抑或是"抗英炮台遗址""韦岗战斗纪念碑"等，无一不彰显着镇江作为历史文化名城的厚重。但是，与南京、苏州等周边城市相比，人们似乎总感觉镇江缺乏文化吸引力。原因何在呢？恐怕一个重要的方面就是镇江文化形象的传播尚显不足，不能让人们对镇江城市文化所具有的广度和深度有较为充分的认知。为此，镇江应当着力构建和完善城市文化的传播网络体系，运用多元手段营销城市文化形象。建议以宣传部门为主导和统领，加强与各新闻媒体和网络机构的合作，充分利用现代传播手段、途径和方式，整合政府、企业、机关、学校、市民等多元参与的城市文化宣传队伍，形成城市文化传播的集群效应。另外，在新闻媒体、网络论坛等传播媒介上开办城市历史文化、特色文化等宣传栏目，扩大城市宣传的深度和广度；策划组织一些高层次的经济、文化交流和学术研讨活动；拍摄符合当下大众审美的城市历史文化名人和地域风情的宣传片，以提升城市的知名度和美誉度。

（三）更新产业，再塑"动能"

文化产业发展水平是衡量一个城市文化综合实力的重要指标，重视文化产业发展是城市文化建设和发展的重要内容。当下文化产业的发展，关键在于能否主动把握发展机遇、抢占发展高地。就镇江的文化产业发展而言，需要把握的先机和抢占的高地主要有两个。

1. 数字内容产业

信息技术的不断发展正在改变人们的社会生活方式，数字化生存和发展成为最重要的生活方式。所以，要大力发展包括数字娱乐活动、数字视听、数字文化、网络影视、网络出版、数字音乐等形式的以数字内容为核心的文化产业，打造数字文化产业高地。

2. 传媒影视产业

镇江在传媒影视方面有着一定的基础，但在行业内的影响力并不大。当下要鼓励相关单位充分利用各类媒体资源，加快传统媒体与新兴媒体的融合发展，打造一批具有影响力的传播平台和引领型传媒影视集团。要充分利用现代科技和信息技术，在网络剧、微电影、网络大电影、网络综艺等文化产品开发中，凸显镇江的文化创新创造能力，打造有影响力的镇江文化品牌。

（四）更新服务，再塑"智慧"

1. 完善公共文化服务体系

要加强城市文化建设，不断满足市民对文化生活质量和水平日益提升的需要，就必须着眼于推进结构合理、发展平衡、网络健全、产品丰富、运营高效、服务优质、覆盖全社会的公共文化服务体系建设，充分彰显公共文化服务的公益性、基本性、均等性和便利性，让城市居民共同享有品质化的文化生活。因此，要以公共文化基础设施体系建设为基础，通过优化城市公共文化设施布局，构建以标志性文化设施为龙头、特色基层文化设施为枢纽的市、区、街（镇）、社区（村）四级公共文化设施网络体系，进一步推进公共图书馆文化馆综合馆体系建设，统筹配置市、区、街（镇）公共文化资源、构建"标准化""均等化""优质化"的公共文化服务体系，不断优化和提升公共文化服务的质量和效能，不断丰富广大市民的精神文化生活。

2. 壮大文化服务人才队伍

"人材者，求之则愈出，置之则愈匮。"只有加强人才招引力度，激发各类文化人才的创新力，才能为镇江文化建设提供可持续的人才支撑。第一，加强对文化人才工作的组织领导。由组织部门和宣传部门牵头成立专门的文化人才管理机构，建立文化人才的认定、考评机制。大力宣传和包装文化俊杰，塑造本土文化名人和文化大师，如非遗点茶文化、非遗梅庵琴派古琴文化等。第二，加大文化人才引进力度。鼓励用人单位通过市场手段，以项目为载体，采取团队集体引进、核心人才带动引进、项目开发引进等多种方式，吸引更多高层次文化人才。第三，建立和完善人才激励机制。加大对文化名家、民间文化传人、非物质文化遗产代表人物和各专业领域的领军人物的文化创作的资金扶持，对各层次文化人才参与各种公益性科普文化宣传，并对相关文化活动实行政府奖励，加大对重大文化创新研究项目的政府扶持力度，重奖文化精品和文化精英。

作者单位：中共镇江市委党校

丹阳市"丹心向党·季子讲堂"理论宣讲品牌打造的基层思考

| 中共丹阳市委党校课题组 |

习近平总书记指出，要认真总结党史学习教育的成功经验，建立常态化长效化制度机制，不断巩固拓展党史学习教育成果。中共中央办公厅印发《关于推动党史学习教育常态化长效化的意见》，进一步明确要开展常态化长效化的党史学习教育。历史主动增强历史自信，党史学习教育涵养历史耐心。中共丹阳市委党校按照上级要求，继续擦亮"丹心向党·季子讲堂"理论宣讲品牌，并提炼出自身创新做法，希望为进一步推动党史学习教育常态化长效化提供宝贵的丹阳经验。

一、四个深化：明晰党史学习教育常态化长效化重要意义

（一）深化马克思主义中国化时代化理论内涵和理论深度的认识

党史学习教育常态化长效化，是新时代加强马克思主义理论武装，不断提高运用马克思主义分析和解决实际问题的能力的有力抓手。习近平总书记指出，中国共产党自成立之日起就将马克思主义作为指导思想，坚持马克思主义基本原理和中国具体实际相结合，不断推进马克思主义中国化、时代化、大众化。一百年来的实践充分证明，马克思主义是我们立党立国、兴党兴国的根本指导思想。实践告诉我们，中国共产党为什么能，中国特色社会主义为什么好，归根到底是马克思主义行，是中国化时代化的马克思主义行。因此，只有推进党史学习教育走深走实，始终坚持用马克思主义立场观点方法学习党史，并在党史学习教育中实践和发展马克思主义，才能运用马克思主义不断探索时代发展提出的新课题、回应人类社会面临的新挑战。

（二）深化对习近平新时代中国特色社会主义思想的阐扬与落实

推进党史学习教育常态化长效化，是对习近平新时代中国特色社会主义思想的再学习、再领悟、再落实，是深学细悟党的二十大精神的必然要求。习近平新时代中国特色社会主义思想是当代中国马克思主义、21世纪

马克思主义，是中华文化和中国精神的时代精华，是马克思主义中国化时代化的最新成果。深刻领会习近平新时代中国特色社会主义思想的精髓要义，深刻理解和把握"两个确立"的决定性意义，是全党一项长期不懈的重大政治任务，是广大党员干部的基本功、必修课、终身课。必须把学习习近平新时代中国特色社会主义思想同学习马克思主义基本原理结合起来，同学习党史、新中国史、改革开放史、社会主义发展史、中华民族发展史结合起来，同学习贯彻党的二十大精神结合起来，增强学习的自觉性、主动性和坚定性。对于广大党员干部来说，只有保持"读书百遍"的耐心，在经常学、反复学中提炼思想"厚味"，做到学思用贯通、知信行统一，才能更好地以实际行动做到"两个维护"，牢记"国之大者"。

（三）深化对新发展阶段开展党内集中性学习教育的规律性认识

纵观中国共产党历次党内集中性学习教育，有一条主线贯穿其中，那就是学习教育的常态化和长效化。开展集中性学习教育，是从历史深处走来的党的自我教育、自我管理、自我改造的有效方式，有着深厚的历史底蕴。在党的集中性学习教育发展史上，七八十年前的延安整风运动，是中国共产党人开展集中教育活动的起点和成功典范。在延安整风运动中形成的批评与自我批评，至今仍是党加强自身建设的重要法宝。此后，党将集中性学习教育一以贯之地运用到党的发展和建设全过程。

进入新时代，党坚持思想建党和制度治党同向发力，先后开展党的群众路线教育实践活动、"三严三实"专题教育、"两学一做"学习教育、"不忘初心、牢记使命"主题教育、党史学习教育等。这些集中性学习教育体现着新时代全面从严治党的要求，反映了新时代党的建设伟大工程的生动实践。其中，党史学习教育对新时代党内开展集中性学习教育进行了新探索、积累了新经验，解决了不少难以解决的问题。广大党员干部从百年党史中深刻感悟坚定信仰、核心力量、初心使命、革命精神，受到了全面深刻的政治教育、思想淬炼、精神洗礼。各级党组织的创造力、凝聚力、战斗力明显提升，达到了学党史、悟思想、办实事、开新局的目的。

在全党开展集中性学习教育，是我们党推进自我革命的重要途径，也是一条重要经验。新的历史条件下，推进党史学习教育常态化长效化，深化了对新发展阶段开展党内集中性学习教育的规律性认识，既体现了我们党勇于自我革命的最鲜明的品格，也回应了推动解决现实问题，实现新时代党的历史使命的时代诉求。

（四）深化对新时代中国特色社会主义实践的认识

推进党史学习教育常态化长效化，有利于坚定信仰信念，增强坚持和发展中国特色社会主义的政治自觉。党的十八大以来，以习近平同志为核心的党中央不断深化对社会主义建设规律的认识，推动中国特色社会主义进入新时代。当前，我们已经踏上了全面建设社会主义现代化国家、向第二个百年奋斗目标进军的新征程。习近平总书记强调，以史为鉴、开创未来，必须坚持和发展中国特色社会主义。党史中蕴含着治党治国丰富的思想资源、实践智慧，对于发展中国特色社会主义具有重要的借鉴和指导作用。因此，我们必须把党的历史学习好、总结好，把党的成功经验传承好、发扬好。持续深化党史学习教育，有利于广大党员干部坚持正确党史观，树立大历史观，在总结历史经验的基础上不断深化对共产党执政规律、社会主义建设规律、人类社会发展规律的认识，增强推进中国特色社会主义伟大事业的政治自觉。

二、四个维度：彰显党史学习教育常态化长效化显著成效

为破解理论宣讲"最后一公里"难题，推动党的创新理论"飞入寻常百姓家"，进一步推动党史学习教育常态化长效化，2021年中共丹阳市委党校依托市新时代文明实践中心理论平台，打造"丹心向党·季子讲堂"宣讲品牌。截至2022年第三季度，党史类课程共宣讲300余场次，覆盖线下群众8万余人，线上收获20余万人点赞。

（一）创新热度：善用"加法"实践，夯实理论之基

中共丹阳市委党校构建"线上+线下""课堂+课外""体验+分享"多维立体式宣讲体系，加强顶层设计和统筹规划格局。线上+线下，利用网络新媒体平台裂变理论传播载体，多维立体传播党的好声音。依托微信公众号、视频号、抖音号等媒介矩阵，讲师们化身"红色主播"为广大群众打造网络知识学习小课堂。几十堂微党课的实时转播和多渠道转发，总点击量超过10万次。通过平台裂变效应充分扩大受众基础，变"一时一地"为"随时随地"，创造了"知识型"分享新模式。此外，创立"学科坊"，通过讲师团集体备课、试讲评议等环节，反复打磨红色党史课程。截止到2022年10月共组织试讲60余场次，形成了高质量课程，并以"课程菜单"的形式向全市发布以供选择。课堂+课外，按照传统课堂精心研磨丹阳党史

红色故事、中华民族精神谱系等系列微党课，经过"社区校园行"微宣讲、现场教学点、党史场馆里的微党课等形式，结合丹阳党史学习教育红色研学线路，让课程走进青少年群体、村镇居民、党员干部、老年群体，进一步扩大宣讲覆盖面，用生动的解析、有趣的故事、平易近人的语言讲到群众心坎上，让近万名群众在潜移默化中接受心灵的洗礼。体验+分享，在丹阳开发区、司徒镇、界牌镇、导墅镇等地，依托新时代文明实践中心（站、所）、文化场馆等阵地形成"宣讲示范点"，党校讲师团与百姓名嘴奔赴到群众最多的地方去，把宣讲课堂搬到了农家院、田间地头、村社广场，持续将宣讲触角下沉到基层一线，让油菜花里学党史、竹林里悟思想等场景定格为党史学习教育最美的名片。红色讲师们根据特定的室外场景调整宣讲内容，制作宣讲背景板、纪念品等物料，充分调动群众的热情与参与度。时间上则充分利用农闲时节、周末时间，以"流动的党史小课堂"的形式，解决宣传思想工作"上热下冷"在乡镇一级存在薄弱环节的难题。

（二）宣讲广度：扩大宣讲覆盖，铸牢送教堡垒

"丹心向党·季子讲堂"宣讲品牌发挥党的理论"播种机"作用，线上、线下同频共振推进党史学习教育落地生根。坚持创新培植线上党史沃土，线下持续送教基层，用浏览量、受众面打开全民参与、互动式体验新格局。一是盘活宣讲资源，培植线上党史沃土。"传播理论之声、丹心照亮征程"等微宣讲系列活动在线上直播间获近万次浏览和点赞。在实地情景式微党课教学中，红色讲师们结合自身优势设计宣讲内容，现场讲解延陵血战等丹阳本土红色故事。通过线下情景化学党史、线上网络化传播手段，让宣讲与观众实时共享，累计 15000 余名观众在微党课中加深红色记忆。二是送教基层零距离，延伸党课宣讲触角。党校开辟 48 个宣讲主阵地，纵横推进党史宣讲。例如，利用与陵口合作开展"双签约+首场秀"活动、与导墅合作开展赴 11 个新时代文明实践站集中宣讲活动、与界牌合作开展镇村联动"1+5"全覆盖活动、赴开发区进行"结对+宣讲"同步行活动、进司徒进行"主会场+分会场"的宣讲等形式，让线下宣讲声势震撼，取得实效。

（三）实践厚度：创新宣讲形式，压实教育成果

百姓名嘴"手拉手"、理论宣讲"季季村居行"、"微党课·心分享"，从大礼堂到小山村，一场场"接地气"的宣讲，让党员、群众坚定党的领导，增强制度自信，明确行动方向。一是百姓名嘴"手拉手"，扩充理论宣讲队伍。建设一支由丹阳市理论导师宣讲团、百姓名嘴宣讲团、党校"骨干教师"宣讲团和党校"青年干将"宣讲团组成的宣讲生力军。其中党校教师 20 名左右，百姓名嘴 40 名左右，进一步凝聚宣讲合力。二是理论村居"季季行"，结对联动下基层。开通"您点单、我送课"直通车模式，瞄准群众、党员干部等不同群体的理论需求，形成理论需求与供给之间精准对接。搭建理论宣讲平台与展示平台，选取典型新时代文明实践中心（所、站）、农家书屋、理论讲堂、道德讲堂等阵地，走进全市 12 个镇（区、街道）的村（社区居委会），以"板凳讲堂""座谈交流"等形式，开展以党史学习教育、党的创新理论为主要内容的百余场"季季村居行"宣讲活动。三是"微党课·心分享"，变"大宣讲"为"小宣讲"。党校教师与结对百姓名嘴深入所在镇村开展走访、座谈等调研活动，聚焦各镇村特色亮点，摄制 8 分钟左右宣讲短视频，并在党校微信视频号等媒体平台刊播。目前，相关微视频点击量已超过 20 万人次，让理论宣讲真正"走丹阳路""有丹阳味"。

（四）奋斗力度：拓宽主体要素，释放品牌效应

突出主责主业，以干部培训主渠道、理论研究主阵地为引领，持续深化"丹心向党·季子讲堂"主品牌打造与宣讲示范引领。突出基层志愿服务，用办实事机制深化党校与外部交流互动。一是培训全覆盖，拓展理论宣讲研究阵地。将党史学习教育理论宣讲"搬"到各类培训班次，赋能品牌建设。通过"课堂教学、实景课堂、线上微党课"三堂融合等多形式载体，让党史学习教育在所有主体班次中"原汁原味"高质量呈现。二是基层志愿服务，打造高质量"红色联盟"。"丹心向党·季子讲堂"深度链接"理响曲阿"、"授之羽"助残、"情系三农"等公益服务项目，释放品牌多层叠加效应。目前，"丹心向党·季子讲堂"作为基层党校的特色理论宣讲品牌被学习强国等理论平台转载、报道 20 余次，在 2021 年获江苏省志交会优秀奖、丹阳市新时代文明实践志愿服务大赛一等奖、党校系统唯一"镇江市社科普及基地"、镇江市最佳志愿服务项目、镇江"永远跟党走奋进新征程"微宣讲三等奖、镇江"讴歌新时代百部社科作品讲故事"优秀奖等数十项荣誉。

三、三个问题：持续深化党史学习教育常态化长效化的基层难题

在推动党史学习教育常态化长效化的过程中，丹阳市各部门齐发力，多举措落实，不论是共性方面，还是个性方面，都取得了很明显的成绩，不过根据调研，还是存在一些不足与问题。一是党史学习教育的"创新度"不够，"自选动作"有待增加。本课题组实际走访多个部门调研，发现好多部门和单位虽然在创新花样上做足功夫，但是万变不离其宗，更多的是按照上级的任务要求来做。二是党史学习教育的"链接度"不够，面对突发情况存在中断现象。由于各地疫情的反反复复，丹阳市党史学习教育线下各种活动接连取消并中断。三是党史学习教育的"关注度"不够，存在"灯下黑"问题。调研中发现，一些部门或单位存在只要求下属、不抓自身的"灯下黑"问题。

四、四个坚持：加强党史学习教育常态化长效化经验运用

经过对品牌的不断打造与研究，本课题组提出"四个坚持"，希望对进一步推动党史学习教育常态化长效化有所帮助。

（一）坚持党史学习教育与品牌建设相结合

在品牌建设方面，持续提升"丹心向党·季子讲堂"理论宣讲品牌的影响力，通过品牌建设，推动党史学习教育常态化、高质量化。一是在品牌示范效应上，以原有"丹心向党·季子讲堂"特色示范主品牌为依托，将理论宣讲"季季村居行"、百姓名嘴"手拉手"、"微党课·心分享"等子品牌矩阵穿点成线，打造"品牌朋友圈"，让"丹心向党·季子讲堂"进一步突出品牌优势和价值，成为传播党的历史和创新理论的有效途径，成为丹阳建设文化名城的重要载体。二是在宣讲力量锻造上，党校讲师团变"孤军奋战"为"联合作战"。针对一支宣讲队伍难以满足基层群众宣讲工作需求的实际情况，充分盘活丹阳现有红色宣讲力量。发挥党校教师作为理论导师的指导示范作用，带动百姓名嘴、红色老兵、少先队员等民间宣讲力量，将优秀大学生村官、农牧业科技工作人员等吸收为兼职宣讲员，扩充宣讲队伍，锻造一支丹阳本土化红色宣讲"生力军"。三是在品牌矩阵打造上，红色讲师团结合丹阳社情民意实际重新定位自身，进一步夯实

"丹心向党·季子讲堂"品牌矩阵建设。充分利用家门口的红色宣讲员传播大道理，让党史学习教育理论宣讲"冒热气、接地气、聚人气"。

（二）坚持课程设置与本土历史文化相结合

在课程开发方面，着力挖掘丹阳红色资源，开设党史类丹阳本土特色课程。把本土红色资源变为党史学习教育"活教材"，积极推进党史学习教育宣讲与党课工作创新。

在课程设置与课程开发上，挖掘丹阳本土红色内涵，开发"红色"课程。聚焦丹阳党史上的重要地标、重大实践，以丹阳红色革命文化资源为蓝本，充分挖掘丹阳革命陈列馆、上海战役总前委旧址、新四军江南指挥部纪念馆等红色资源的价值。党校成立课题组，选派骨干教师进行红色课程开发工作，不断将丹阳本土红色教学资源进行系统化课程梳理。党校讲师联手打造"丹阳第一个党支部成立""大王庙整军运动""丹阳革命史""许杏虎""导墅红色记忆"等诸多具有红色特征、时代特点、丹阳地方特色的精品课程。结合丹阳本土特点，开发配套课程。打造"红色教育+乡村振兴"的现场教学点和现场教学线路，结合导墅镇江苏佩尔集团等示范点、江苏省丹阳现代农业产业示范园等新农村建设素材、丹阳眼镜城等丹阳特色产业，将各部分现场教学点资源融会贯通，共同构建"丹心向党·季子讲堂"开展红色教育的重要依据和"立体地图"。例如，党校红色讲师们利用现场教学点组织开展调研，行走在教学点一线，选取具有代表性的基地，并根据各地点的不同特征，科学设计教学流程与教学语言，形成了上海战役总前委旧址纪念馆现场教学、高新区党建园现场教学、丹阳眼镜城现场教学、开发区建山村现场教学等一大批高质量理论课程。现场教学通过聆听讲解、参观实物、场域体验等方式，增加了可视化和可听性，切实推进丹阳本土特色的实践教学与理论教学融合发展。

（三）坚持党史学习教育与"为民办实事"相结合

在深化实践上，通过党史学习教育落实"我为群众办实事"项目，凝聚丹阳党员干部干事创业磅礴伟力，学用同步推进。精准对标，定位群众所想所盼。"纸上得来终觉浅"，开展党史学习教育，"学"是首要，"行"是关键，"效"是标准。以"我为群众办实事"实践活动为契机，党校切实发挥"头雁效应"，领导班子成员亲自带队打造"丹心向党·季子讲堂"志愿服务项目。在党校的教学提升、后勤保障、志愿帮扶等领域开辟出以深度连接合作为主战场的新格局。联结"理响曲阿"、"授之羽"助残、"情系三农"等公益服务项目使党校志愿服务的组织力、战斗力得到增强。此外，聚焦群众意识形态领域和群众所需所盼问题，充分发挥党校在"智力集聚"、服务丹阳发展需要等方面的实招、硬招优势，通过深入田间地头和农户炕头开展扶贫助农，问需于民，开展丹阳乡村问题原创性、应用性研究，促进党校教研咨一体化发展。同时将党史学习教育研究成果转化运用到丹阳发展热点、难点问题研究上，充分解决广大群众实际需求，书写好我为群众办实事的党校答卷。巧用"加减法"，将好事办好办实。在群众不易理解的晦涩理论上做减法，在志愿服务上做加法，让志愿服务与乡村振兴、疫情防控、理论传播等工作相融合，真正把党史学习教育转化为为民服务的务实举措。针对党校"丹心向党·季子讲堂"志愿服务人员有限、时间上较难协调分配等现实难题，充分带动先进典型、退休人员、志愿者合作力量组建志愿服务联盟，依托志愿服务中心、新时代文明实践中心（所、站）等阵地广泛开展志愿服务活动。为了保证志愿服务常态化，采取定期寻访，国庆、建党等重点时间节点走访调研等方式，走进村民议事会、村民文化活动中，询问广大村民乡村振兴发展良策，利用理论工作者建言献策职责，发出人民所需理论之音。

（四）坚持推进党史学习教育与改革发展实际相结合

创新宣讲方式，构建宣讲力量大格局。摆脱灌输式宣讲，采用更多让群众喜闻乐见的方式，让广大干部群众变"要我学"到"我要学"，提升宣讲的可听性。在宣讲方式上注重引导听众广泛参与，让被动地听讲师讲，变为主动谈感悟、亮观点、谋创新，在讨论与答疑中充分提高宣讲吸引力，让党校的宣讲活动转变为"思想碰撞""理论融合"大讲堂。在宣讲的辅助手段上更加注重与实践的有机结合，红色讲师们通过现场参观、现场讲解、现场答疑等现场交流方式，以及线上视频教学、VR+学党史等方式，展示红色党史故事，让广大群众身临其境学党史。在讲后服务上，针对广大群众最关心的突出问题，红色讲师团根据问题种类、群众特点，充分发扬师资团队专业优势，利用问题清单、小册子、现场问答、互动礼品等方式，让广大干部群众"听得懂、听得进、记得住、用得上"。拓宽宣讲渠道，构筑多元立体传播阵地。党校率先垂范，以每月一次集中学习、每月一次青年读报分享等长效学习机制，为广大教师提供"文化加油站"，有力助推党校教师进行理论型和学习型研究。将集中宣讲与巡回宣讲固定化，将"游击战"转为"阵地战",让宣讲365天不落幕。联合社区打造社区讲堂、百姓宣讲流动课堂等多样的长效化学习模式,进一步占领群众思想文化高地。此外,持续利用"丹心向党·季子讲堂"媒体传播平台广、受众范围大等优势,进一步扩大品牌宣传度,让理论下基层工作做得更加行之有效,用党的红色精神引领县域发展,让丹阳地域历史文化变得更加厚重。

课题组成员:贺建涛、张晓晶、程冰雪、薛媛元、岳启凡

乡村振兴示范区建设问题研究

——以司徒镇为例

| 中共丹阳市委党校课题组 |

党的十九大首次提出实施乡村振兴战略，强调了"产业兴旺、生态宜居、乡风文明、治理有效、生活富裕"的总体要求。乡村振兴示范区建设是广大农村地区实施乡村振兴战略的重要参考，对示范区建设经验的总结，有利于推动农业从增产导向转向提质导向，有利于构建人与自然和谐共生的乡村发展新格局，有利于打造共建共治共享的现代社会治理格局，有利于培育新型职业农民、增进农民福祉、推进农业农村建设更好发展。

一、乡村振兴示范区建设的"司徒实践"

为做好典型引路和样板示范，司徒镇围绕园区发展、农旅融合、美丽乡村、乡风养民等内容作了全面部署，以高质量的乡村振兴示范区建设引领乡村全面振兴，在乡村振兴路上跑出新姿态。

（一）盘活农业园区，激发乡村振兴新活力

产业是富民之本、致富之源，产业兴旺是乡村振兴之基。在推动乡村振兴示范区建设中，司徒镇加快发展现代农业，激发农业园区运行活力。丹阳现代农业产业示范园于 2021 年 5 月被首批认定为省级农业示范园。它作为司徒镇农业产业发展的鲜明特色和重要抓手，集中了全市 13% 的耕地，创造了近 35% 的农业产值，带动了约 7 万名农民增收，是丹阳市乡村振兴的重要载体。近年来，园区形成了优质粮油、有机茶叶、应时蔬果、智能化养殖和高档花卉苗木五大主导产业的发展格局，种植总面积达 6 万余亩。围绕主导产业，园区坚持念好"融、智、优、富"四字经，在丹阳西部岗坡地走出一条农业高质量发展之路。

一是念好"融"字经。稳步推进农产品初、深加工，先后引进龙海油脂、园丰面粉厂、沪耀粮油等一批农产品加工企业，开展新品种油菜、小麦复种工作，打造 400 余亩"油菜花海"鸟瞰田园风景，成为全市网红打

卡地，拓展农业功能助力产业"融"合。二是念好"智"字经。紧跟高校院所农业科技前沿，同省农科院、西北农林科技大学等 10 余家高校科研院所建立了长期合作关系，累计引进果树避雨栽培等农业先进技术 20 余项、红美人柑橘等特色品种 35 个，引入了优"智"资源。三是念好"优"字经。开展畜禽粪便、秸秆、树枝、废弃果蔬、农膜等废弃物处理，并将农业废弃物资源化利用，承接农业农村部绿色种养循环农业试点，建成 1300亩粮牧循环智能化基地，实现生猪养殖粪污"零排放"、沼液有机肥生态种植等高效生态循环，绿色优质农产品比重达 62.5%，做"优"资源提效率。四是念好"富"字经。以恒青生态农业园、丹阳市淘淘生态农业有限公司等为代表，成功吸引一批大中专毕业生、返乡农民工、退役军人到产业园创新创业，催生农产品初加工、农村电商、乡村旅游等新产业新业态，带动农民增收致富。

（二）深化农旅融合，打造乡村振兴强引擎

近年来，司徒镇大力发展都市现代农业，把农业经济和农艺展示、农产品的生产与旅游发展结合在一起，实现农业产业提升、休闲农业发展协同推进，促进农旅融合，推动乡村振兴示范区建设。

杏虎村曾是一个省级贫困村，在农业专家赵亚夫的帮助下，杏虎村先后种下了 1500 亩水蜜桃，打响了"杏虎水蜜桃"品牌。"丹阳杏虎水蜜桃"地理标志认定工作已通过省级初审。近年来，杏虎村还围绕杏虎红色资源，走出了一条现代农业发展新路，将红色故事、生态农业、休闲观光融为一体，着力打造红色旅游产业。杏虎村通过举办"杏虎仙桃采摘节""甲鱼文化旅游节"，打造杏虎村特色产业品牌，蝶变为一个集观光、旅游、休闲、红色教育于一体的特色乡村，先后获得"江苏省首批 100 个红色地名""江苏省康美基地"等荣誉。万新西郊蓝莓庄园积极探索"农业+旅游""农业+教育"的发展模式，打造农业终端型、体验型、循环型和智慧型的综合示范区。按照"农文旅三位一体、一二三产业融合"的发展理念，万新西郊蓝莓庄园采用"园""庄"同步营建方式，将休闲农业与乡村旅游、文化创意、优质农产品展销等产业融为一体，通过举办蓝莓旅游节、休闲采摘、农副特产销售等活动，实现了企业增效、村民增收"两头甜"，为乡村振兴注入源源动力。

屯甸村属于低山丘陵农业区，具有土质微酸、土层深厚肥沃等得天独厚的自然条件，是丹阳市茶叶的优产区。曲阿茶作为屯甸村的特色产业，

有着悠久的发展史。近年来，屯甸村合作社在拓宽茶叶销售渠道、打造茶文化的同时，大力发展茶园观光旅游，积极探索出了"以茶促旅、以旅带茶"发展模式，打造了茶旅融合新业态，为乡村振兴注入新活力。

（三）扮靓乡村颜值，擦亮乡村振兴新底色

乡村要振兴，环境是底色。丹阳协调推进美丽乡村建设，争创省级特色田园乡村示范区，让"美丽经济"更好赋能乡村振兴。围绕这一目标，司徒镇扎实推进美丽乡村建设，加速奔跑提升镇村颜值品质，增添"美丽司徒"底色。依托省级农业产业示范园和生态大道布局，司徒镇对沿线村庄进行"颜值"提升工程，由点到面、由小到大逐步开展，为实施乡村振兴战略打下扎实基础。

吴塘村因地制宜、因村施策，下好乡村振兴"先手棋"，绘就"三美"吴塘新画卷，全域建设具有江南特色的望得见山、看得见水、记得住乡愁的美丽乡村。近两年，吴塘积极引导"村民自治"房前屋后的环境，同时在主干道、进出村路、空闲地种植花卉苗木，沿线连片建设美丽乡村，就连村里抛荒的几处砖瓦厂也全部得到复耕，昔日的黄土坑再次披上"绿衣裳"。吴塘的"老样子"变了，"颜值"不断刷新，"气质"不断提升。如今的吴塘人，过的是人人羡慕的绿色健康文明的生活。下邳欧甲村在"颜值"提升上也同样成效显著，一座座清新典雅的住宅映入眼帘，乡村道路平坦整洁，农家院落错落有致，房前屋后干净有序，小花园、小菜园点缀村庄，休闲场所、停车场等设施配套齐全。吴塘村、下邳欧甲村美丽乡村的打造是司徒镇加快建设美丽乡村、宜居乡村和活力乡村的生动实践。司徒镇以改善镇村人居环境、提升群众幸福感获得感为目标，从村容村貌提档升级、环境卫生持续改善和基础配套设施建设等多方面入手，加快推进美丽乡村建设，完成5个村庄的美丽乡村改造。

（四）培育文明乡风，赋予乡村振兴动力源

乡风文明是乡村振兴的灵魂，乡村振兴示范区建设要从良好行为习惯养成和价值观念普及入手，培育文明和谐的乡风民风。为倡导文明、健康、科学的农村婚丧新风，司徒镇谭巷村成立了红白理事会领导小组和4个片区"红白理事会"，制定了《红白理事会章程》，将各片区婚事丧事落实情况纳入村干部考核内容。谭巷村红白理事会是丹阳市村级第一个专门用于倡导文明新风、抵制农村婚丧嫁娶中陈规陋习的群众自治组织，严格执行红白

喜事申报制度，控制酒席、人员和车队数量，倡导喜事新办、丧事从简。通过对红白喜事倡新、倡简，每年至少能为村民节省开支 2 万元。近年来，结合农村殡葬改革，谭巷村将村内旧公房改造成 10 个村民大会堂，用作村民红白事活动的场所。

谭巷村还通过颂扬先进典型、帮扶困难群众等形式培育文明乡风。比如，通过村民自治理事会、红白理事会、道德评议小组，评选出 62 户文明家庭、10 名好婆婆、10 名好媳妇，10 名好邻居，并对选出的好人进行张榜宣传，让村民当镜子自觉对照纠正不文明行为。孝老爱亲、团结友爱和争当新时代新农民在村里形成了良好风尚，文明乡风不断吹进农民心田。谭巷村也先后荣获"全国乡村治理示范村""全国民主法治示范村""江苏省文明村"等荣誉称号。

二、司徒镇乡村振兴示范区建设的现实瓶颈

囿于种种原因，司徒镇乡村振兴示范区建设也面临一些困难和问题。

（一）主体内生动力有待提升

农村和农民是乡村振兴的主体，然而现阶段主体参与乡村振兴的内生动力依然不足。一方面，乡村振兴建设人才短缺。农村基层工作环境相对艰苦，对于从业人员缺乏吸引力，有技术、会经营、懂电商的农村专业技术人才缺口较大。近年来，司徒镇大学生和退伍军人等群体中返乡投身农业发展的仅有 10 余位。需要持续优化乡村人才发展环境，实行更加积极、开放、有效的乡村人才政策，以促进人才要素进一步向农村聚集，吸引和造就一批顺应乡村振兴发展要求、具有引领带动作用的乡村人才。另一方面，部分经营主体依赖经验主义。部分农民专业合作社、专业种养大户等经营主体存在吃老本、依赖经验主义的现象，对于新技术、新模式、新业态不信任，错过发展机遇。

（二）乡村产业发展质量不高

近年来，司徒镇在推动乡村产业发展方面取得了明显成效，但是产业发展的质量不高，还没有完全走出传统农业的束缚。一是生产方式有待完善，生产规模小、装备水平差、核心竞争力不强、经济效益不高，靠天吃饭的特征比较明显。二是产业链条短，基本停留在种植—销售、养殖—销

售的简单模式。主要农产品还处于原料出售阶段，集约化经营程度不高，产品精深加工能力欠缺。除"杏虎水蜜桃"外，缺乏叫得响、过硬的品牌，品牌附加值不高。三是新业态发展不足。司徒镇有风光旖旎的吴塘水库和大片桃林、茶园，自然环境得天独厚，农业基础优势明显，具备了发展现代农业和乡村旅游的先决条件。从旅游价值上来看，丹西公路以西是丹阳市丘陵地貌完整、生态与人文资源富集、生态环境基本未受城镇化干扰的旅游开发潜力空间。但是，当前的乡村旅游还停留在果蔬采摘的初级形式，对于人文内涵、历史底蕴和司徒特色的旅游资源开发滞后，能够集自然资源、农耕文明于一体的连点成线的乡村旅游精品线路相对偏少，未形成一个整体的旅游品牌。部分历史民居、宗教寺庙关联性弱，文化展示程度低，可观赏性较低，在游览观光上缺乏吸引力。

（三）农村基础设施有待完善

对于乡村农业经济的健康发展，完善的基础设施必不可少。目前，司徒镇农业基础设施配套还比较薄弱，农产品的道路运输交通等基础配套设施较落后，产业融合发展所需的基础设施配套不完善。特别是西部为传统农业发展区域，受先天因素影响，工业基础薄弱，基础设施落后，道路等交通条件明显不足，导致司徒镇缺乏完善的物流基础设施，间接增加了农村物流业的成本和农民销售农产品的成本。同时，农村第三产业配套设施不足，比如缺少停车场、接待场所和农作物种植体验场地等。与传统农业大有不同，第三产业对高附加值产品的需求更大，且产品种类丰富。因此，农村产业的一体化发展对基础设施的改善有很大的需求。

三、乡村振兴示范区建设的模式案例和经验启示

基于前期深度调研和对资料的汇总和分析，现针对周边地区的几种典型做法进行提炼，以期对司徒镇乡村振兴示范区建设有所帮助。

（一）周边地区的模式案例

1.浙江瑞安曹村镇：产村融合发展

曹村镇引水为池、栽种莲花、绿植护岸，将一方"煤泥地"变身一片"荷塘景"，不仅装点了乡村，还成了农业面源污染的"净化器"。河水变清了、田地变肥了、环境变美了，由"青山绿水"带来的"美丽"红利也开

始源源不断。曹村镇创新推出公投民营模式，2020 年成立全镇 14 个村抱团发展、2.95 万村民均享收益的瑞安市进士旅游发展有限公司，统一管理运营全域旅游资源，带动村民共同富裕。公司成立以来，50% 的村实现集体经济收入超百万元，村民人均年收入达 3.3 万元，走出了"村富带民富、村民共致富"的新路子。有了收益之后，公司用这些钱先后购置了游船和动力小火车，方便游客更好地旅游观光。除此之外，全镇 14 个村还跟中青旅一起成立了一家研学公司，做到了产业双驱动。仅 2021 年，曹村镇就累计吸引游客 200 万人次，带动社会投资 2 亿元，带来收益超 5000 万元。

2. 江苏吴中张桥村：农旅跨界融合

越溪街道张桥村坚持"农旅"深度融合，以"生态+""旅游+"为美丽张桥的乡村振兴建设赋能添翼。一方面，增强"造血"功能，同步提升旅游配套带动乡村振兴。依托得天独厚的自然风光和区位优势，挖掘闲置山林资源，配合越溪建成七子山登山步道，将山中美丽风景、历史遗迹、山下民宿、农家乐等串联起来，打造张桥特色精品旅游线路，展现户外运动中自然、健身、休闲的文化理念。该步道的开放为本村旅游发展注入新活力，带动了周边农家乐、民宿等乡村生态旅游产业经济，拉动本地村民的致富增收。另一方面，深度激发土地潜在价值，让优质旅游资源不再闲置。张桥村对抖起来达人谷周边进行景观提升，南侧 60 亩土地用作青少年航空科普基地、青少年爱国主义教育基地，举办全国航模锦标赛等，不断创造吸引力强、市场潜力大、产品价值高的旅游新业态，形成以青少年及航空为核心、多项目协同发展的品牌新形象。

3. 江苏宜兴白塔村：深挖文化底蕴

白塔村依靠文化背景，先后建起了于伶文化园、于伶文化广场、白塔书院、老物件展示馆、白塔味道文创商店、于伶纪念馆，恢复了"白塔钟声""薛桥寻梅"等历史文化景观，成为文化游线的核心。此外，白塔村还集资数亿元重建大觉寺、逐步恢复白塔国民小学遗址等景点，吸引着不限于长三角周边的游客们。白塔村为游客们呈现的不仅是单独的"逛完就走"的景点，更是有生命的文化旅游体验。白塔文化公园中的"白塔味道馆"，陈列着村中自产的特色农副食品，以及能为游客提供野营观景的豪华型帐篷，多个项目并驾齐驱，使游客在同一地点能够体验到最大化的乐趣。"牵嫁园"内，有着带有文化休闲特色的民宿，配有茶具、古琴和笔墨等用品供客人使用，文化之旅的概念深深植入了游客的整个行程中。

（二）经验启示

1. 因地制宜，充分挖掘优势要素

从乡村振兴的案例中可以看到，不同区域的优势要素各不相同，比如曹村镇依托美丽环境推出公投民营模式，白塔村依托文化资源打造核心文化游线。不同类型的乡村资源在发展要素的带动下会产生不同类型的发展模式。在规划建设中，不能盲目跟风，要思考如何充分转化提升特色资源要素的价值，实现绿色、特色发展。

2. 产业融合，做好产业谋划布局

结合当地特色资源、群众意愿和政府相关政策等，把发展特色产业作为突破口，突出特色化、差异化，打造核心竞争力。比如张桥村充分挖掘生态优势，围绕优势产业激发土地潜在价值，促进产业融合。在规划中注重围绕主导产业、优势产业，促进农旅结合、一二三产业融合，充分激发各类资源要素的价值转化。

3. 品牌共塑，打造区域整体优势

能够依靠自身特色资源实现乡村振兴的乡村不多，大部分村庄难以凭借单打独斗形成具有竞争力的特色品牌和产业。因此，在乡村规划中要按照"示范引领、区域一体"的原则，突出跨村联合、连片提升。比如曹村镇成立公司统一管理运营全域旅游资源，实现全镇14个村抱团发展，实现了品牌共塑、资源共享、产业共兴，打造出区域共赢的发展路径。

四、司徒镇乡村振兴示范区建设的相关建议

为加快乡村振兴示范区建设，司徒镇必须着眼长远抓重点，以补短板和增亮点为突破口，创建丹阳西部乡村振兴示范区，打造苏南一流、江苏知名的乡村田园综合体。

（一）产业融合发展，打造"有实力"的示范区

不断拓展农业领域和功能，将农业种养业向加工业、流通业和服务业延伸，实现一二三产融合发展。

一方面，持续打造农旅精品线路。依托良好的区位条件及农业产业，形成一批休闲农旅精品线路：以提升"吴塘水库"为契机，串联"吴塘水库乡村田园综合体""杏虎蜜桃村""美乐自行车休闲游""三国怀古游""农耕文化园""屯甸曲阿茶"等精品项目，以乡村风貌、文化体验、特色

瓜果产业、山水生态、文化民俗为核心吸引游客；以《司徒镇乡村振兴规划方案》《示范园核心区产业发展规划》为规划，建设"美好司徒，乐在其中"的"美乐之路"绿道系统，分阶段打造仙桃人家、吴塘云影、林海花果、茶韵松涛四个片区，串联起沿线重点村庄及谷田家庭农场、万新农庄等；以扬马铁路建设为契机，推动村庄集聚发展，探索盘活后的宅基地和农房通过自营、出租、入股、合作等多种方式，从事乡村民宿、健康养老、休闲娱乐等项目发展乡村产业，深度打造"眼镜+农产品采摘+生态观光"为一体的旅游线路。通过农旅精品线路串联带动，以农促旅，以旅兴农，切实推动"农业增效、农民增收、农村增绿"。

另一方面，加快品牌建设。重点打造"鹤舞原鲜"区域公共品牌，积极发展跨省跨区域的农产品品牌、初加工产品品牌以及精深加工农产品品牌，加快"杏虎水蜜桃""曲阿茶叶""丰洛牌甲鱼""万新蓝莓"等特色农产品品牌创建，培育和集聚一批质量好、效益佳、市场占有率高、自主创新能力强、消费者认可的知名企业和名牌产品。在此基础上，积极开发亲子互动、农副产品制作等形式多样、特色鲜明的农旅产品，不断拓展"农庄游""采摘游"等，延伸旅游产业链条，实现产业融合发展。

（二）挖掘文化元素，打造"有内涵"的示范区

乡村振兴的核心竞争力是文化资源，要充分挖掘司徒镇的乡土文化、红色文化，将文化与旅游产品结合。"鹤去青山老，僧房树里开。瓜畦草空绿，怀古独谁来。"司徒镇的"白鹤瓜畦"是丹阳八景之一，镇内白鹤山、白鹤井、白鹤三仙祠是重要的文化遗址。白鹤是古典文学动物意象中具有广泛象征意义的君子比德之物，蕴含着超越时空的中国诗性智慧。以白鹤作为形象核心，贯穿整个乡村示范区的建设脉络，强化三国历史这一标志性文化，打造历史与空间有机结合的多层次旅游名片。以白鹤为主题，通过定期举办大学生竞赛的形式吸纳创意思维，收集文创类旅游产品，提升司徒镇的文化知名度。保护好"许杏虎"红色文化，依托丹阳市许杏虎、朱颖烈士纪念馆，利用广播电视、报纸杂志等传统媒体，园区网站、微信公众号等新媒体，户外电子屏、横幅等各类媒介，对司徒居民进行文化宣传教育，丰富司徒旅游产品的内涵。

（三）健全公共设施，打造"有基础"的示范区

推动农村公路建设项目更多向进村入户倾斜，加快推进农村产业路、

旅游路、资源路建设，持续创建"四好农村路"，实施巷道硬化、入户路硬化、庭院硬化，完善农村交通基础设施。全面推进物流体系建设，着力实施"快递进村"工程，加快提升农村寄递物流基础设施建设，让消费品更好进村的同时农产品更好出村，为乡村振兴示范区建设做出更大贡献。加大农村电网改造提升力度，全面巩固提升农村电力保障水平。发展智慧农业，建立健全农业农村大数据体系，推动新一代信息技术与农业生产经营各环节各领域深度融合。推进服务功能再强化，深入开展园区帮办服务，着力协调解决政策咨询、土地流转、设施农用地备案等问题，让产业项目加速落地。对接中农等企业，探索规划仓储物流基地，提升园区仓储物流水平，推动园区发展整体提升。

（四）完善人才保障，打造"有动力"的示范区

推动人才振兴，激励各类人才在农村广阔天地大显身手。一是选优配强基层干部队伍。采取上级选派、跟踪培养、群众推荐等方式，选拔党性强、能力强、改革意识强、服务意识强的党员担任村书记。重点招录规划、建设、水利、财务等优秀人才进入现代农业产业园区，优化现有园区人员年龄结构。二是增强专技队伍支撑。通过"政府引导+校企合作+市场运作+农民培训"构建四方共赢的建设模式，助力乡村振兴发展。用好用活南京师范大学中北学院、乡贤、科技镇长团等优势资源，培育引进一批专业能力强、经验丰富的实用型人才，为产业发展提供"智力支撑"。以政银企对接会为契机，持续推进政银企平台建设，强化三方联系，充分发挥"金融镇长团"优势，鼓励金融支持向农业主体、园区建设倾斜，为园区发展注入"源头活水"。三是培育农村实用人才。鼓励外出务工人员和成功人士返乡就业创业，培育一批懂技术、善经营、会管理的新型职业农民队伍，加强对农村"土专家"、农村工匠、非遗传承人等人才的培养。实施新型职业农民培育工程，发挥涉农教育培训体系的作用，培育一批"土专家"、"田秀才"、农村电商人才、农村职业经理人。

课题组成员：谌　燕、朱利霞、司马琼、薛媛元

镇江实施更加积极、系统、完备的人才导入政策研究

| 刘小青 |

习近平总书记在党的二十大报告中强调，教育、科技、人才是全面建设社会主义现代化国家的基础性、战略性支撑。国与国、地区与地区、企业与企业之间的竞争，日益体现为知识创新能力的竞争，发达国家与发展中国家之间的差距也主要是知识、技术方面的差距。能否迎接未来知识经济的挑战，增强知识创新的竞争能力，关键就在于能否培养出大批具有知识创新和技术创新能力的人才。而培养造就大批高层次人才的主要阵地在广大的基层县（市、区），研究、分析基层县（市、区）的创新人才培养，有助于全面、深刻、准确地理解和把握高层次人才发展的本质特征和发展规律，进而为创新人才促进经济发展提供理论指导。

近几年来，句容经济社会发展、引才专项资金、引才优惠政策和成效等方面的工作有了长足的进步，各项事业发展进入了爬坡过坎关键时期。2021年，句容启动"福地句才"工程，形成1个品牌引领，实施领军人才"头雁领航"、科创平台"梧桐引凤"、高校毕业生"群燕齐飞"、人才乐居"筑巢安家"4大工程，同步出台人才购房、契税、生活补贴等15个实施细则，实现从领军人才到大学生，从创业就业到安居乐居全过程全覆盖的政策扶持。但是，受国内外形势和产业基础等客观因素影响，经济的持续增长受到了越来越大的限制和压力，依靠人才引领调整经济结构、提高经济增长质量，已成为句容经济发展面临的极其紧迫的任务。

一、市、县人才工作现状

（一）镇江人才工作现状

江苏省委、省政府历来十分重视人才在经济社会发展中的重要作用，2003年明确提出解放思想、解放人才、解放科技生产力，建设"人才强省"的战略目标。2010年又明确提出要把加强人才队伍建设作为强省之基、竞争之本、转型之要，坚持人才优先发展、优先投入，使人才成为江苏最重要的品牌，人才优势成为江苏最突出的优势。2012年，又明确提出加快建设"苏南人才特区"，目标到2020年把苏南地区建设成为国际化人才开放

高地，人才发展主要指标达到国际先进水平。

　　面对苏锡常宁等经济实力雄厚的周边城市，镇江不断升级政策扶持力度，不断优化各类硬件设施，不遗余力集聚各类人才。（1）引才氛围持续升温。2021年，镇江全市上下全面推进人才"镇兴"行动，市委组织部、市人才办牵头抓总，相关部门、各市区通力协作，在人才引进培育、优化人才环境和人才强市建设等方面取得新成效。通过打造招才引智"镇江日"和"国际菁英创业大赛"等品牌活动，市县联动，先后走进江苏大学、江苏科技大学和上海、成都、重庆、西安、长沙、澳门、武汉等重点城市的近20所大学，开展发展环境推介、人才政策宣讲、校企产学研对接、高校毕业生招聘等活动90余场。（2）政策矩阵落地有序。自镇江市人才"镇兴"大会召开后，镇江"1+2+3"等新政矩阵有序落地，为各类人才提供各种优惠政策和周到服务。政策"1"是《关于实施人才"镇兴"行动建设人才集聚福地的若干意见》，涉及4个方面、20条、52项细则的人才新政；"2"是实施"金山英才"计划和大学生"聚镇"计划，分别对口高层次领军人才和大学生；"3"是用人才"政策一本通""服务一窗办""权益一码清"提供精准服务。全市组织、人社、住建、公安、卫健等部门从政策端协作发力，迅速出台30条落实细则，推动人才新政落地落实。（3）集聚人才初有成效。2021年，首届南京都市圈创新合作大会、第五届国际低碳（镇江）大会、高校院所走进镇江大会、人社部专家服务基层活动等系列大会在镇成功举办，吸引一大批国家级专家为我市产才城融合献计献策，放大优势、集聚人才的效果初步显现。2021年，镇江有效申报国家级人才25人，成功入选省"双创计划"人才24人、团队1个（4人），较2020年增长180%。入选省"科技副总"82人，较2020年增长86%。选拔市第六期"169工程"学术技术带头人181人，学术技术骨干550人，学术技术新秀626人。新引进教育领军人才35人，医卫领军人才（团队）32人（个）。"金山英才"在赋能产业强市上大有作为，新引进创新创业人才（团队）92人，其中国家级人才17名，占比达18.48%。支持80个人才（团队）项目，其中76个属于我市"四大产业集群"，占比达到95%。大学生"聚镇"计划持续推进，2022年前三季度全市已引进大专以上人才28972人，其中本科以上14255人，同比增长12.64%；引培技能人才2.02万人，同比增长16.5%；新增专业技术人才11450人，同比增长4.8%。紧扣"四群八链"重点产业发展，推动在镇高校与企业合作开展"定制班"67个，引导在镇高校毕业生留镇就业创业，留镇率由2016年的12.7%上升到2020年的 20.3%。

（二）句容人才工作现状

近年来，句容市高度重视人才工作。在创新驱动战略和人才强市战略的引导下，人才工作的"含金量、含新量、含绿量"不断提升，在提升人才招引质效、优化人才创新创业环境、强化人才服务产业发展等方面都取得了一定成效。

1. 构筑了"福地句才"工作品牌

出台《关于推进 G312 以及紫东相邻区产业创新走廊"福地句才"工程的实施意见》，形成"1+4+N"人才政策体系。细化制定《青年人才"金燕来集"计划》《关于加快推进乡村人才振兴的实施意见》《关于打造"句满意"最优人才生态环境的若干意见》，实现从领军人才到大学生，从创业就业到安居乐居全过程全覆盖的政策扶持，2022 年共为高校毕业生发放生活补贴 674 人次，累计发放人数 236 人。截至目前，句容市共引进国家级人才24 人、入选省"双创"计划资助 40 人、镇江"金山英才"计划 87 人。福地英才共引进了 211 个创新创业领军人才团队。从人才类型来看，句容市拥有专业技术人员 53053 人（其中高级职称 4026 人、中级职称 13150 人、初级职称 35877 人），技能人才 77357 人（其中技师 426 人，高级工 35303 人，中级工及以下 41628 人），宣传文化人才 300 人，乡土人才 2000 余人。

2. 抢抓"宁句同城"机遇搭建平台

在新一轮的发展战略定位上，句容充分利用宁镇扬板块"同城化"带来的机遇，提出了与南京同城同建，打造南京副城的战略目标。这是主动承接南京辐射、实现产业对接、在整合中寻求发展的必由之路。近年来，在对接南京过程中，人才工作主动作为，全面加强与南京高校院所和各类人才的合作。与南京大学、南京农业大学、南京邮电大学、南京林业大学等 10 余所高校开展校地合作，草坪研究院、南邮技术研究院、国家级双创示范园、新优彩色苗木研究院等一批校地合作成果先后落地，各项配套设施和服务体系基本完善，为人才创新创业"腾飞"搭建了平台。连续五届"教授博士句容行"活动，共邀请了近 300 名南京高校院所的专家教授来句容考察，多次为他们牵线搭桥，寻找与企业合作的机会，取得了一些成绩。虽然人才工作加大了力度、拓宽了平台，但形势依然严峻。依托南京科技人才优势、实现与南京同城化发展的思路，不仅句容有，南京周边的芜湖、马鞍山、仪征等城市也有。句容毗邻南京，尤其 S6 轻轨通车以后，交通更加便利，反过来人才虹吸现象也更加明显。如何才能抓住有利因素顺势而上，灵活化解不利因素趋利避害，这是今后句容发展面临的巨大挑战。与南京周边城市相比，句容最大的优势在于区位、旅游、生态等资源和现代经济产业发展的潜力，要想充分发挥自身优势，找准发展方向，与南京周边城市在竞争中实现率先发展，句容可以突破常规人才工作思路，通过紧抓南京的科技人才优势，在吸引一批优秀人才到句容来合作的基础上，"共享"更多的南京高层次人才。

3. 不断优化拴心留才环境

营商环境全面优化，"放管服"改革不断深化，"2440"改革目标基本实现。就业创业工作获得省政府督查激励表彰，返乡创业工作在全国人社会议作经验交流，发放富民创业贷款 1.7 亿元，投放"苏科贷"1.2 亿元，发放华阳科贷 1.4 亿元，共撬动银行资本达 3 亿元。截至 2021 年，建成各类创业载体 188 家，其中省级创业示范载体 5 家，镇江市级创业示范基地 63 家。全市新增国家级高新技术企业 29 家，国家级高新技术企业总数达 100 多家，高新技术产业产值占规模以上工业比重 37%，万人发明专利拥有量达 27.52 件。打造高效人才服务体系，在创业指导、项目孵化、知识产权保护等方面给予全方位服务；优化人才服务制度，实行住房补贴、人才津贴制度，为高层次人才提供生活保障；实施"人才工作一站式"服务专窗，让优秀人才享受特殊优待政策，营造全社会尊重知识、尊重人才的浓厚氛围。

4. 产业基础薄弱造成人才引进较大压力

近些年，句容市着力打造"五大板块"，载体功能不断完善，已相继引进并培植了一批高新技术企业，逐步形成光电子、新型建材、高档运动器材、输变电等支柱产业。同时，作为苏南传统的农业大市，句容形成了具有一定产业特色的高效农业。但是，面对现有产业基础，人才工作的下一步发展面临着巨大挑战。句容市的产业主要还是以水泥建材为主的资源型产业，以玩具制造、服装纺织为主的本地传统劳动密集产业，以自行车制造业、电子产品制造业为主的外向型加工产业，产品多处于产业链底端。句容市 30 强中有 20 强不属于高新技术企业，总体产业层次较低；在高新技术产业上，句容市拥有各类科技型企业 100 多家，但是很多企业仍然沿袭传统的经营模式，缺乏内在的创新动力。如何围绕产业发展所需引进人才，如何通过领军人才打造高端产业，这是当前人才工作急需解决的问题。

（三）句容周边其他县（市、区）人才工作现状

丹阳：从 2007 年开始，丹阳就抓住海归人才回国创业的大好机遇，率先在全省县级市中启动了高层次海归创新创业人才引进计划。五年来，丹阳先后成立了 5 家创投公司，设立了多个海外人才联络点，远赴美国、加拿大、英国、俄罗斯等国开展招才引智活动，与北美创业联盟、加拿大华人工程师协会、旅瑞华人学者协会建立了长期合作关系，并在美国的纽约和洛杉矶、俄罗斯的莫斯科、日本的东京建立了科技合作联络站。

扬中：出台"江雁计划"，先后投入 1.5 亿元建设专家楼，投入 6000 万元打造高创中心孵化器，并设立了"扬中市高层次人才创新创业基金"，每年注入 2000 万元资金，赴澳大利亚、德国等地开展了境外招商活动，2021 年，还在德国杜塞尔多夫设立了海外人才联络点。

栖霞区、江宁区、宜兴市的引才政策更加强劲有力。栖霞区设立了人才专项资金 1.28 亿元，建设了 1000 多套人才公寓，打造完成了高端特色人文街区；江宁区安排了人才专项资金 2.4 亿元，设立了 2 亿元政府创投引导资金，正努力打造全省最具实力的"人才特区"；宜兴市设立了 5000 万元人才开发专项资金、2000 万元高层次人才投资担保专项资金和 1000 万元科技成果转化风险补偿专项资金，各乡镇还根据自身情况，设立了 100 万~500 万元人才专项资金。

高层次人才到一个地区发展，从满足人才需求层次来看，首先是要有满足人才生存需要的自然、地理、经济等基础环境；其次是要有满足人才需要的文化、舆论和人文等社会环境；最后是要有满足人才实现其价值的体制、机制等制度环境。当前，北京、上海、广州等全国大城市已经充分具备了基础环境和社会环境，正努力构建优越的制度环境，用越来越优的环境吸引领军人才。除正常的项目资助资金外，北京还给予 100 万元的生活资助，提供各项生活配套服务，解决身份认定、签证、落户、就医等外地人才在京遇到的实际问题；上海则是为高层次人才提供"管家式服务"，涵盖高层次人才生活工作的各个方面；江苏无锡、苏州等发达地区更是从社会保障、公积金、个人所得税、子女高考等方面提供服务。对比大城市，句容肯定相差甚远，即便对比周边县市，句容也还有一些差距。人才工作面临的另一个紧迫问题则是：如何营造好人才发展的最优环境，使用有限的人才资金，把最大的效益发挥出来。

二、存在的主要问题

（一）地区重视人才意识不强

人才观念往往决定了一个地区人才作用的发挥。句容以及该地区大部分企业和园区没有对人才问题进行系统的理论研究，没有把人才资源的开发利用提到应有的高度加以重视，虽然制定了比较完善的人才政策，但应用时缺乏系统的人才作用开发机制。人才引进后不能有效使用，是目前导致高层次人才流失较为严重的最大问题。

（二）人才队伍整体素质不高

一是学历结构不合理。人才学历结构呈明显的"扁平"状，主要集中在大专和本科，为领军型人才创业提供支撑的硕士、博士等基础性高层次人才较少。二是文化程度较低。企业人才队伍中，具有大专以上文化程度的人员仅占54.2%。这与发达国家和地区80%以上具有大学本科以上学历的情况相比，显得十分落后。三是创新型人才数量少。在句容工作的高层次人才直接从事科技创新的少，大量柔性引进的高层次人才与企业合作时间短，仅仅就单个项目合作，长效合作很难形成，大多数企业的发展受制于技术的进步。

（三）企业等用人主体机制不活

句容的企业和园区大多数为民营，创新创业的活力不足。现代企业制度要求产权开放多元化，与国际惯例接轨，而民营企业家大多具有小富即安的心理，相对保守，不少民营企业仍是家族式管理，产权形式和经营方式相对落后，制约了企业的发展壮大。有些企业由于创新活力不足，企业内部人际关系紧张，创新机制、竞争机制不符合人才发展的需要，导致人才流失严重，从而影响企业的发展和人才价值的实现。同时，企业缺少合适的激励机制，难以激发全体员工，尤其是研发团队缺乏研发活力，人才容易丧失进取动力，极易导致高层次人才"跳槽"。

三、工作建议

（一）建议省、市一级更加完善体制机制

1. 强化党管人才，进一步完善工作体制

全力实施"人才优先"战略，深刻认识人才工作的重大意义，把人才工作作为关系全局的大事来抓。当前，人才工作虽然在党委的统一领导下，由组织部门牵头抓总。但是，组织、人社、科技和其他部门之间对人才工作的职能定位还不够科学，协调还不够顺畅。市一级要做好政策引导、体制创新、力量整合、环境营造工作，充分调动县（市、区）科技、人社、发改、商务各部门以及省市县上下联动的积极性和主动性，同时省科技、人社等部门也要加大对基层科技、人社部门的考核力度，形成"千斤重担众人挑"的工作局面。市一级应出台具体办法，指导基层县（市、区）以及乡镇成立专门的高层次人才工作机构、组建专门的高层次人才工作队伍来统抓高层次人才工作。

2. 遵循人才规律，开通人才集聚绿色通道

在遵循高层次人才流动规律、科技创新客观规律的前提下，运用市场机制，坚持"有所为、有所不为"方针，培养和集聚若干领域的高层次人才群。要从全市高度出发，将高层次人才引进工作与招商引资工作共同谋划、通盘布局，实现领军人才发展规划与产业规划、领军人才政策与产业政策的一体化对接。通过两者的结合，让领军人才更加匹配产业发展的需要。此外，从我省在长三角中的产业定位和走新型工业化道路的要求来看，句容急需一大批高素质的知识工人队伍。省、市要出台相应政策，引导县（市、区）多引进硕士研究生和本科学历的"知识"工人，为引进高层次人才、发挥高层次人才作用做好基础性工作。

3. 注重激励奖励，深挖人才发展潜能

推动人才工作全面创新，要建立开放的人才吸引机制、科学的人才培育机制、合理的人才评价机制、公正的人才使用机制、有效的人才激励机制，五个机制相辅相成、相互支撑、互为一体、缺一不可。当前，人才引进机制较为成熟，人才培育、评价、使用等机制还不够完善，要通过加大对高层次人才项目实施过程的培育扶持力度，做好落户后的服务工作。要积极培育好现有的各类高层次人才。对在技术、研发、金融、文化、管理创新等方面，以及在科技创新和组织科技创新中做出重要贡献的人才进行

奖励，营造浓厚的创新氛围与制度环境。针对人才创业之初的资金短缺，在做好财政资金支持的同时，建议加大税收、租房、培训等各项优惠政策的落实力度。定期邀请知名企业家、管理专家为创新创业人才提供创业培训和辅导，联合高校院所开展研发平台和产业化基地"共享"工作等，促成人才项目迅速做大做强。加大对项目的终期考核验收，借助审计、会计、风投等社会中介组织力量，在项目实施终期进行严格的项目验收，正确判断创新创业是否成功。

（二）建议县（市、区）一级更加注重产才融合

1. 优化统筹全县（市、区）支持实体经济政策

大多数县（市、区）的各项科技人才优惠政策，没法与发达地区相比，更没法与大城市相比，因此，要尽量实现错位竞争。在当前情况下，要充分将人才工作大环境与自身实际相结合，杜绝照搬照抄别人的工作方法，要做别人未曾做、为别人不敢为，只有这样，才能打造出竞争优势，取得发展先机。在政策层面上，要认真分析自身经济社会发展急需做的重点工作，区分重要程度，明确时间进度，围绕这些工作通盘考虑各部门优惠政策，并且使各部门相关工作人员都能熟练掌握彼此政策，在开展工作时各部门都能从全县（市、区）高度出发，多角度地推介政策、招引项目，从而达到高效统一、放大政策的效果。要深刻认识各有关部门各司其职、密切配合的科学内涵和重要作用。各部门要结合各自的职能与职责分工，制定具体规划和实施计划，对职能和职责明确、应承担主要责任的工作，要积极主动地开展工作，充分听取配合协助部门的意见，共同抓好落实。

2. 完善配套为园区赋能

因县（市、区）地方财力有限，要结合地方特色和优势，通过多部门、多镇、开发区联合，共建高水平现代化的园区载体平台。园区建设需要重点考虑四个方面：（1）基础设施。要围绕现有园区，不断完善其他配套条件，逐步把园区建设成具有地方特色，走差异化发展道路，吸引有针对性需求的高层次人才。（2）融资渠道。要通过搞活资本市场，让创业者拥有充足的发展资金。其中，最重要的就是风险投资，可以通过地方政府与大型风险投资企业合作，引进办事处，让县（市、区）有提供风险投资服务的直接抓手；还可以柔性引进大型风险投资企业的高层管理者，参与县（市、区）风险投资企业的设立、运作、管理，使基层在风险投资企业的起步阶段就有较为成熟的经验。（3）管理团队。县（市、区）孵化器的运作

不能完全交给地方政府部门的工作人员，要引进有经验、有资源、有背景的园区管理团队。（4）周边环境。要为县（市、区）的园区载体打造各项配套设施基本齐全的优质生态圈，给高层次人才创造一个良好的生活环境。

3. 部门联动形成双招双引合力

各部门对高层次人才项目的关注点不同：开发区关注项目的落户与投产，发改委关注项目的产业方向，科技局关注项目的科技含量，人才办关注研发此项目的人才。但一个项目与地方合作时关注的是地方的整体优惠政策，各部门的服务意识和工作措施，如何找到与地方的合作点并扩大合作面。因此，县（市、区）在单个部门力量相对薄弱的前提下，要想真正引进领军型人才项目，必须联合各部门力量，扩大合作内容，形成全面合作的态势。同时，要把握好上级各类招才引智活动机遇，通过借助上级组织的招才引智活动平台，做大做优自身招才活动。只有站在更高层面上，才能取得更有成效的引才效果。

4. 科学打造"金字塔"形人才队伍

一个地区实现快速、高效、健康发展，首要的是要拥有合理的人才队伍，即大量的基础性人才、较多的中等层次人才和一定数量的高端人才，只有在人才梯队、人才数量上形成相互联系、相互支撑的"金字塔"结构，人才才能有效支撑一个地区的发展。县（市、区）在引进高层次人才的同时，要花大力气做好本科生、研究生的引进工作，使人才队伍成为一支运作高效、稳定协调的群体。建议：（1）详细调查企业技术难题，通过与教授（博士）柔性合作，定期分产业开展专场技术对接会，引进该教授（博士）指导的研究生、本科生，切实解决企业发展过程中遇到的技术瓶颈。（2）通过毕业设计、实践锻炼、正式聘用等形式，大量引进本科、硕士毕业生，帮助企业引进急需的常规性人才。整体引进高等院校落户，迅速改变人才结构。（3）通过与高校院所建立长效合作机制，畅通高层次技术人才招引渠道，解决初创企业人才引进问题。（4）盘活现有房产资源，在环境优越地段，高标准建设符合人才居住需求的人才公寓。

作者单位： 中共句容市委党校

党建引领基层社会治理研究

——以句容市社区治理为例

| 张　茜 |

党的十八大以来，国家就推进社会治理体系和治理能力现代化提出了一系列新理念新思想新战略，党的十九届五中全会更是将"社会治理特别是基层治理水平明显提高"列入"十四五"经济社会发展的主要目标。可见基层治理是社会治理的重要组成部分，是关乎党的建设以及国家根基稳固的重大问题。社会治理工作最坚实的力量支撑在基层，最突出的矛盾和问题也在基层。社区作为基层建设进程的"最后一公里"，其治理必然成为基层治理中的重要环节。提高社区治理效能，不仅关系到党关于社区治理方针政策的落实和社区治理理念的创新，而且关系到能否推动社区治理现代化，实现社区善治。

2021 年 7 月，中共中央、国务院印发了《关于加强基层治理体系和治理能力现代化建设的意见》，强调坚持党对基层治理的全面领导，把党的领导贯穿基层治理全过程、各方面。习近平总书记更是进一步指出，要创新社会治理体制，把资源、服务、管理放到基层，把基层治理同基层党建结合起来。这就表明，基层党组织要在社区治理中发挥核心统揽作用。只有把党的领导根植于人民大众中，在政治上、组织上等各方面实现引领，发挥好党同人民的合力，推进社区治理各方主体的广泛参与，推进党建引领社区治理新模式，才能有效提高社区治理水平和治理能力。因此，积极探索将党的建设更好地融入社区治理的实践，努力提升党建引领社区治理的能力，成为当下基层社会治理的价值诉求。

一、党建引领社区治理的必要性分析

（一）彰显制度优势：党建引领社区治理能够充分发挥基层党组织的政治优势及组织优势

坚持党的全面领导，体现在党对各项工作的各个环节中。社区党组织作为社区的领导核心，对于加强社区治理、联系动员群众、合理分配资源、形成建设合力具有重要作用，能够确保党的各项方针政策及时贯彻落实。同时，社区一般由社区党组织、社会组织、社区居民等多元主体构成，其中必定要有一个领导核心，这个核心就是社区党组织。要全面增强基层组织的引领力。党的十九大报告指出，要打造共建共治共享的社会治理格局，加强社会治理制度建设，完善党委领导、政府负责、社会协同、公众参与、法治保障的社会治理体制。以党建引领的社区治理结构正符合了这一基本要求。推进社区治理，最核心最关键的就是坚持党的领导，坚持党建引领，以加强服务型党组织建设为抓手，切实提高党的政治引领、组织引领、思想引领、方法引领，使党建引领的功能与社区的建设治理联系起来，充分发挥基层党组织的领导核心作用，同时整合社会资源，促进社区各类主体的民主自治，凸显党组织的政治优势及组织优势。

（二）提升治理效能：党建引领社区治理是提升社区治理效能的必然选择

推进社区治理体系和治理能力现代化是实现国家治理现代化的重要组成部分。社区治理不仅关系着国家的方针政策能否真正落实到群众中去，更关乎着人民群众的根本利益能否得到有效实现。习近平总书记指出，民生是最大的政治，要抓住人民最关心最直接最现实的利益问题。而随着社会的高速发展以及城镇化进程的加快，人民群众对向往的生活提出了更高的要求，在居住条件、环境卫生、公共服务等各个层面期待越来越多，要求越来越高，这也给社区治理带来了很多难题。同时，多元治理模式也存在各种弊端。一来社区中的主体大多属于陌生状态，这就使主体间较难产生信赖，从而降低了社区治理的效率；二来主体的多元化也意味着利益的多元化，各主体为了实现自身的利益，难免会出现损害公共利益的情况。因此，要想提高社区的治理效能，单纯依靠社区自身的力量是难以达到的。在社区治理中必须突出一个核心，这个核心需具备政治权威以及群众基础，能够统筹好社区各类主体的利益关系。以党建引领社区治理既能解决原有治理主体利益分歧的情况，减少治理低效，又能发挥核心领导作用，提高治理效能。

（三）夯实群众基础：党建引领社区治理是密切联系群众的有效手段

党始终代表着中国最广大人民群众的根本利益。《中国共产党支部工作条例（试行）》明确指出，基层党支部担负着组织群众、宣传群众、凝聚群众、服务群众的职责。2019 年中共中央办公厅印发了《关于加强和改进城市基层党的建设工作的意见》，其中进一步明确了要把城市基层党组织建设成为宣传党的主张、贯彻党的决定、领导基层治理、团结动员群众、推动改革发展的坚强战斗堡垒。社区党组织的重要任务之一就是了解、回应社区群众诉求，这也是判断社区治理是否有效的重要标准之一。坚持党建引领社区治理，统筹好社区资源，凝聚起群体合力，能够更好地处理社区的各项工作，实实在在解决老百姓遇到的问题，从而使群众在社区生活得更方便，幸福感、获得感和安全感不断提升，同时有利于建设和谐社区环境。一来，党建引领社区治理能够将上级的方针政策更好地传达、落实至基层，特别是涉及民生类的惠民政策，在维护群众利益的基础上，增强群众的满意度。二来，社区党建能够有效地加强党群间的关系。这充分体现了党坚持"以人民为中心"的发展理念以及全心全意为人民服务的宗旨，更好地践行了党为人民谋幸福的初心。

二、句容市崇明街道党建引领社区治理的实践探索

（一）加强组织建设，发挥政治引领

一是组建政治觉悟高、办事能力强的党组织队伍。2021 年以来，句容市崇明街道扎实做好党代表换届选举工作，选出了一批遵守党规党纪、具有一定议事能力和服务群众能力的句容市级党代表及镇江市级党代表，做好党员的发展工作。二是加强支部建设，不断推进基层党建考核。2021 年崇明街道新增"四星级"党支部 5 个，指导社区开展的"弘扬志愿精神凝聚文明力量"活动被评为句容市"十佳最佳主题党日"案例之一。同时崇明街道发挥"两新"党建作用，打造社会组织党建样板。成立了香江丽景物业服务项目党支部，力求以党建凝聚合力、领航小区治理，同时打造了"崇明志愿星服务社党支部"和"茶文化交流协会党支部"两个社会组织党建样板，充分发挥"两新"党建示范作用。三是加强远教站点建设，规范党建系统。崇明街道严格执行远教固定学习日制度，将远程教育站点开展情况纳入党建考核，14 个站点均达到"三星级"标准。另外，街道还定期维护全国党员管理、行政审批一体化服务平台等系统，定期做好内容更新。

（二）推进项目建设，打造服务品牌

一是持续打造"一社区一品牌"。以居民的需求为导向，立足各社区自

身的优势，打造诗词文化品牌、书香阅读品牌、社会工作品牌等多个品牌项目。推行"点单派单"工作机制，打造"一站式"服务平台，将党建品牌理念引入基层治理。各社区还根据品牌特色，展开树立"网格红色驿站""七色彩虹桥"等13个党建特色服务品牌，均实行清单化管理。二是在共建共治及协商自治上下功夫。各社区结合地域及社区特色，通过党组织共建共联，实现资源共享、机制共建、难题共解。三是以书记项目解决百姓难题。2021年以来，崇明街道共打造"居民说事厅"5个，开通说事热线13条，建立说事微信群35个，悬挂说事信箱45个，发放"网格红管家"服务联系卡近2万张，有效拓宽了居民说事渠道。此外，还要求每个社区党组织规范建立"书记项目"，以项目促服务。

（三）探索全科网格，提升治理效能

崇明街道以网格作为社区的基础治理单元，积极探索全科网格治理，以网格为单位统筹好党建工作、养老工作、综治工作等各项工作，力求形成"一网统管"的治理模式，使网格内权责明确、管理规范、服务到位、治理高效。例如，在社区的居家养老服务上，通过网格化治理，有效地解决了街道人口分布散、养老难等问题。网格成为汇聚、承接、服务、解决社会矛盾和民生问题的稳定器。截至2021年9月，在社区一百多名网格员的努力下，崇明街道已采集录入户籍信息约7.3万条，采集率达到80%以上，尤其是重点人群信息采集率实现了全覆盖。在疫情防控工作中，崇明街道也是通过发动"网格战"，不断筑牢"防疫网"，以158个网格为防控阵地和作战单元，落实各项防控措施。

（四）致力队伍打造，挖掘治理骨干

一是加强年轻干部生力军建设。实施年轻干部"四硬七提"培养工程，组织学员前往红色教育基地参观学习。二是强化社区干部主力军建设。2021年，崇明街道开展了社区"两委"集中轮训，不断提高新一届"两委"班子成员的思想政治素质和履职能力。三是注入干事创业新动力。积极组织街道、社区骨干力量前往南京仙林党群服务中心参观学习。开展街道干部工作谈心谈话活动，同时做好公务员平时考核工作，畅通晋升通道，全方位调动机关干部干事创业的热情。四是充实各类岗位预备队。通过公开招聘等途径，充实专职社区工作者、专职社区网格员队伍，激活干部队伍建设的"源头活水"。五是以点带面逐渐壮大服务队。围绕"崇明志愿星"品

牌建设，吸纳机关在职党员、离退休老党员、热心居民群众等参与社区治理和服务。

三、句容市崇明街道党建引领社区治理存在的问题

（一）社区党建浮于表面，难以深入群众生活

社区党建工作的落实直接影响社区居民的生活质量。只有将党建融入社区治理中，才能真正促进居民生活质量的提升。

目前，部分社区党组织引领力不够，未能很好地发挥基层党组织的职责，组织群众、宣传群众、凝聚群众、服务群众力度不足。例如，社区党组织未能很好地动员社区内其他组织共同参与社区服务，仅靠自身的力量单兵作战，开展的活动形式也不够新颖，往往达不到预期的效果。同时由于深入基层、联系基层不足，未能充分掌握群众意愿，有些社区党组织的领导核心作用难以凸显，造成居民对党组织的认同度下降。部分党组织依然延续传统的党建内容及方式方法，未能结合社区实际，甚至与实际需求不相符合。一些社区干部较少下基层了解群众困难，不作为、不担当，多一事不如少一事，重形式多于内容，把表面文章做得很好，但却不能为群众解决实际问题。例如，在开展工作中，目的性高于实际效果，工作开展的初衷仍局限于完成任务即可。还有的社区工作者对本身的工作职能认识有偏差，未能很好地将党建与社区治理相结合，导致服务群众的理念未能得到充分落实。

（二）阵地建设有待加强，服务载体创新不足

部分社区对基层党建工作重视程度不够，在党组织阵地的硬件、软件建设上仍有欠缺，未能很好满足居民多元化的需要。

一方面，随着城市社区的智能化发展，传统的服务模式已跟不上时代的要求。目前虽然大部分社区都采用"党建+"线上线下双管齐下的治理模式，如网格化的社区治理模式，但网格化治理的覆盖面、精细度都有待提高。另一方面，在软件建设上，缺乏专业的社区工作人员。社区工作者不仅应具备专业的知识结构，更应有丰富的实践经验，但目前存在着党组织领导班子年轻化、社区工作人员专业性不强等问题。社区党组织的新生力量能够使队伍充满活力，但也存在实践经验欠缺的问题。社区工作者需要有专业的文化素养和技能，特别是党员领导干部，因为作为党员队伍中的

标杆和旗帜，他们是保证党组织发挥战斗堡垒作用的重要因素。因此，提升社区工作者的实践经验和理论素养是当务之急，否则就会陷入具备专业知识的人缺乏社区管理经验，而有实践经验的人又缺少专业知识这样两难的境地。同时，一些社区还存在专业技术人员不足、在编人员老化、社会化用工受待遇影响主动性缺失、对社区内现有党员未能充分组织调动等情况，使得社区党组织在硬件软件等阵地建设上略显滞后。

（三）职能定位仍需明确，发挥政治组织优势

基层党建引领主要以政治引领和组织引领为基础，确立党组织在社区治理中的核心地位，但容易出现管得过多与形式化两种极端。只有明确治理职能，划清权责边界，才能形成多元共治、高效完整的治理结构。

调研发现，一些社区的党组织职能定位不清，将发挥领导作用等同于替代作用，过多地参与社区具体的事务，想要面面俱到，却往往搞得自己疲惫不堪。其实，在社区治理的过程中，很多党组织都会出现类似情况。党组织掌握着主要的资源，不仅对社区治理过程实行全方位的引领，而且统领着社区内的大小事务，而这种全方位的引领一旦不能很好地发挥共建、共治、共享的作用，就很有可能偏离社区治理的实际，压缩其他治理主体的参与空间，从而变成大包大揽的治理模式。这种管理型的治理方式缺乏服务理念，大多习惯自上而下地对工作进行分配，社区其他主体往往处于被动的境地。如果不能妥善处理治理主体间的关系，就会出现党建引领、其他主体"非充分性"参与的问题。这就需要基层党组织在社区治理中发挥自身的优势，充分利用资源，注重对内协同及对外引领双重作用的发挥，不断改善主体失衡的问题。

相反的是，有的社区党组织在管理时过于形式化，缺乏政治站位，工作重心仅满足于执行上级党组织的安排，开展活动也主要以完成任务为出发点，更别说下沉至社区居民，了解居民需求。再加上居民本身对党组织存在认识偏差，认为党建仅是针对党内事务，这在一定程度上也制约了党组织的组织能力。

（四）资源整合力度不够，价值共识难以统一

社区治理一再强调多元主体的共同参与、多方力量的协同合作，但我们通过调研发现，社区党组织和其他治理主体间存在着相对独立、各自为政的情况。这样一来，社区党建资源与社会治理资源就难以得到高效整合。

尤其是随着社会的发展，人民文化素养不断提升，对各方面的要求也越来越高，期望有更好的知情权、有更高的参与权、有更多表达意见及被采纳的机会。因此，社区中很多的治理主体都不再甘心仅当指令的服从者，而是愿意利用自己空闲的时间和精力参与到社区治理中来，有效地表达自己的想法。但是，社区党组织依然较多采用传统的方式开展各项党建活动，虽然拥有着大量的党建资源，却未能很好地搭建平台，将资源进行整合，使社区中那些有想法、有能力的群众无处施展才能。

同时，顺应现代社会的发展，受市场和竞争机制的影响，社区主体之间人情关系较为冷淡，缺乏对彼此的了解，因而居民间少有往来，无法达成价值共识。而在社区治理过程中，具备统一的思想认识、有相似的价值共识是实现高效治理的重要因素，因为只有主体间互相信任，有价值共识这一内驱动力，才能顺利协作、共同治理。加上城市人口流动性大，居民受文化水平、价值理念的影响，对参与社区治理会有不同的认知，因此较难形成利益共同体。此外，要增加群众参与度，必然要扩宽渠道，但就目前而言，社区落实基层民主的渠道较为单一，居民表达意愿的渠道一旦受阻，参与治理的热情必然会受到影响。

四、党建引领社区治理的路径选择

（一）强化党的领导，加强队伍建设

中国共产党的领导是中国特色社会主义最本质的特征，是中国特色社会主义制度的最大优势，因此在加强和完善社区治理中应坚持党的绝对领导，不断优化党对社区治理的政治引领、组织引领、思想引领、文化引领等。为了促使党建主体责任进一步落到实处，避免出现党建工作形式化、行政化等问题，将党组织政治引领核心作用发挥好，就必须在党组织自身建设上下功夫。首先，建设一支思想觉悟高、工作能力强的社区党员干部队伍，重视人才的选拔和培养。不论是党组织书记还是社区党员工作者，都应在党性修养强的人员中选拔，这样有利于发挥党员领导干部的先锋模范作用及"领头羊"作用。其次，加强基层党员思想建设。社区党组织应做好对基层党员的教育管理，通过各种形式加强对习近平新时代中国特色社会主义思想的学习，使党员牢固树立马克思主义立场。同时社区党组织还肩负着思想引领的重任，在党建引领社区治理出现的问题时，价值共识难以统一的问题就需要基层党组织发挥好思想引领作用。要把习近平新时代中国特色社会主义思想根植于社区治理中，用新思想指导社区治理工作，通过组织学习、加大宣传力度，使习近平新时代中国特色社会主义思想与社区文化相融合，成为凝聚各类主体价值共识的指导思想。最后，激励党员发挥主体作用。确保党员积极下沉工作，向居民宣传党的政策，了解居民的困难，听取居民的意见，优化社区服务工作。

（二）坚持人民至上，提高服务水平

提高党建引领社区治理的效能，必须转变观念。不能搞表面化的党建，党建也需要价值理念的支撑。中国共产党历来坚持人民至上的执政理念，群众路线更是基层党建工作的基本路线，因此基层社区党建的价值追求就是为人民服务，通过提高服务水平和能力，不断满足人民群众的获得感、幸福感、安全感。首先，拓展培养基层工作人员能力的渠道，加大培训力度。社区工作者不仅需要加强理论学习，更需要在实际工作中使能力得到锻炼和提升，因此创新培养模式势在必行。除了传统的听课式培训外，可增设与社区实际工作所需能力相关的特色培训项目，提高成员参与的积极性。其次，探索社区治理新渠道。深挖"党建+"社区治理新模式，做到社区周边的社会组织、市场主体等党建全覆盖，使智慧党建平台不仅成为党组织向群众公开信息的渠道，更成为群众反馈意见、监督党组织工作的渠道；通过运用新媒体，如当下在群众中流行的抖音、微信等平台，将社区工作中遇到的难题进行分享，走近群众身边，聆听群众声音，从而寻找解决问题的方法、思路，还可将社区中需要树立、宣传的典型事迹通过短视频等形式在社区公众号上发布，从而达到宣传榜样的效果，提高社区党建的影响力，增强社区主体的参与度与获得感。最后，进一步完善激励机制。社区工作者面对的事情往往千头万绪，但薪资待遇却一般，且发展空间也有限。对于那些任务多、成绩优的优秀党组织工作人员，可以考虑进行物质及精神上的奖励，通过激励机制的完善提高基层工作人员的干事热情，形成比学赶超的工作氛围。

（三）完善统筹机制，改进薄弱环节

社区事务纷繁复杂，只有以需求为先、坚持问题导向、运用制度保障建立起一整套运作规范，以完善的统筹机制应对多元的治理任务，才能找准薄弱环节，更好地加以治理。一是完善制度建设，创建相应的治理制度和党建引领机制，推动机制制度化。将党建引领社区治理过程中总结的实

践经验以制度的形式确立下来，使之成为必须遵守的行为准则；利用其优势激发社区治理活力，为党建引领社区治理提供必要的原则与路径，将制度优势转化为治理效能。二是加强对社区工作的支持和资源的整合。社区治理离不开社区资源的整合，因此党建的资源引领就显得尤为重要。要善于整合资源，实现社区内资源共享，同时需确保职责到位，而不是转嫁到基层，减少政府职能越位、失位，激发主体活力。三是加强社区应急治理能力，健全应急治理机制，确保在遇到突发情况时有所防范、有所准备。

（四）多元主体参与，实现共建共治

社区治理水平的提高离不开多元主体的共同参与，而基层党组织是联系多元治理主体的枢纽。可以通过党建引领，整合社区组织、驻区单位、社区居民、社区党员等各方力量，形成共建共治的治理模式。一是鼓励社区居民参与。增强居民共同体意识，畅通其表达意愿的渠道，从需求出发，从居民关心的问题着手，通过开展活动、宣传培训等方式，提高居民参与社区治理的积极性与热情。二是发挥驻区单位的作用。就目前而言，驻区单位参与社区治理的积极性不高，很大一部分原因是社区利益与单位利益的关联性不大，因此只有建立起共联共生的工作机制，使社区事务与单位利益有所衔接，并通过监督机制加以保障，才能使驻区单位更好参与社区治理。三是引导社区党员参与。强化社区党组织对当地党员干部的领导，鼓励能力强、有时间、积极热情的党员配合党组织参与治理工作，使工作真正取得实效，同时加强党员志愿服务，使志愿服务形成常态化、长效化机制，鼓励有一技之长的党员充分发挥自身价值，为社区治理献力献策。

作者单位：中共句容市委党校

坚持党建引领推进乡村振兴的扬中实践

农业农村农民问题是关系到国计民生的根本性问题。没有农业农村的现代化，就没有国家的现代化。实施乡村振兴战略，是党的十九大做出的重大战略部署，是实现中华民族伟大复兴的重大历史使命，是新时代"三农"工作的根本遵循，是新时代破解农村发展困境的重大战略举措。

近年来，扬中全面贯彻落实习近平总书记关于党建引领乡村振兴的重要讲话、重要指示、重要批示精神和中央、省、市各项决策部署，以做强基层党组织为抓手，通过大力实施"党建+"，发挥组织优势、突出政治功能、明确政治标准、彰显政治优势，在项目发展、文明创建、环境整治、基层治理等方面发挥党建引领作用，锻造乡村振兴的"红色引擎"，让党建引领乡村振兴的县域模式熠熠生辉、历久弥新。

一、党建引领乡村振兴的内在逻辑

"办好农村的事情，实现乡村振兴关键靠党。"走好新时代乡村振兴之路，党建引领是根本，满足人民对美好生活的需要是核心，农村农业高质量发展是主线。充分发挥党组织优势，把党建优势转化为发展优势，把党建成果转化为发展成果，既是党建引领乡村振兴的基本路径，也是乡村振兴对党建提出的新要求。因此，党建引领乡村振兴是新时代解决"三农"问题的逻辑必然。

内在逻辑之一：主体重塑——党组织引领角色定位与赋能

长期以来，基层党组织在社会治理和乡村振兴中存在"重政治、轻治理"现象。党组织是各个基层单位的政治核心和领导核心，但存在被虚化、弱化、淡化甚至边缘化的倾向。党的十八大以来，各地在实践中加强党组织建设，激活党建引领乡村振兴的新动能。具体地说，强化政治引领，发挥基层党组织把方向、聚人心、强动力的核心作用，使其成为宣传党的主张、贯彻党的决定、引领基层发展、引导社会治理、团结调动群众、推动改革稳定的行动主体，确保党在"三农"工作中始终发挥总揽全局、协调各方的作用；提升党组织组织力，严肃党内政治纪律，巩固基层党组织阵

下 编
239

地，发挥基层党组织的战斗堡垒作用和广大党员的先锋模范作用，提升基层党组织的凝聚力和战斗力；加强党员队伍建设，努力培养一批懂农业、爱农村、亲农民的工作队伍，通过延揽新乡贤，聚力发展乡贤经济，做实"一号工程"，推动构建全周期管理方式，突破基层党建发展困局，为党建引领乡村振兴提供组织保障。

内在逻辑之二：组织构建——党组织引领资源整合与建构

党的十一届三中全会以来，我国通过改革开放释放了群众的发展活力，特别是随着家庭联产承包责任制的实行，广大农民获得了农村土地承包经营权，思维渐趋活跃，参与商品经济愿望日渐迫切。党的十四大以后，我国初步建立社会主义市场经济体制。"自然经济"境遇下的小农户和大市场之间存在天然的经济鸿沟和对接难题，农民长期处于"温饱有余""富裕不足"的困境，甚至在中西部地区，天然的区位劣势和碎片化发展使得个别农村长期处于贫困和失序状态。这是推进乡村振兴过程中必须破解的发展困境。党的十八大以来，各级基层党组织按照乡村振兴战略的部署要求，创新党组织设置，通过"嵌入式党建"筑牢基层党建的神经末梢，将"党支部""党小组"建在村头埭尾、建在楼道管所、建在工企车间，盘活动员农民的政治过程。在合作共治的框架下，基层党组织的政治领导职能、村委会的公共服务功能和经济组织的发展功能互融互嵌，极大地增加了基层党组织的"黏性"，实现了"干部得信任、群众得实惠、集体得发展"的多赢局面。

内在逻辑之三：价值构建——党组织引领理念创新与发展

党的十九大明确了乡村振兴的实现路径和具体目标。乡村振兴本质上是农村农业"现代化"问题，是农村经济、政治、社会、文化、生态文明建设的"五位一体"建设问题，是千百年来乡村基本理念和核心价值的解构和重塑。目前，基层党组织要充分发挥党组织的社会整合和价值引领作用，积极探索适合本地区发展的乡村振兴新模式，重塑乡风文明和价值认同。产业振兴是乡村振兴的关键，基层党组织始终咬住经济发展这个"牛鼻子"，把物质推动力和组织引领力有机耦合，推行"党小组+"模式，推动党建工作从上层着力向基层着力转变，让乡村振兴战略不是停留在"纸上、嘴上"，而是落实到"手上、脚上、行动上"。同时，基层党组织加强对新时代"三农"工作的坚强领导，带动农村在生态宜居、乡风文明、共同富裕上发生根本性变化，以文化润泽乡风，将社会主义核心价值观、道德规范、文明礼仪融入乡规民约、自治公约、道德讲堂中，打通乡村振兴的"最后一米"，让农民群众成为乡村振兴战略最大受益者、最广参与者、最强建设者。

二、党建引领乡村振兴的扬中实践

党建引领乡村振兴，重点在基层组织，关键看基层干部。近年来，扬中始终将农村基层党建作为重中之重，坚持建强组织体系、培优干部队伍、提升服务质效、推进富民增收，不断增强党建引领的核心驱动力。

实践之一：聚焦组织体系建设，把党的组织优势巩固好、发挥好

只有完善上下贯通、执行有力的组织体系，才能实现各项工作一贯到底、一竿到头。因此，扬中紧盯这一根本，以"三个强化"确保战略部署有效落实。一是强化上下联动。建立"市委带动、基层党组织联动、普通党员行动"三级贯通机制，按照"五级书记抓党建、五级书记抓振兴"工作标准，重点抓好乡镇党委书记和村党组织书记两支队伍，积极推行镇干部定村、村干部进组、党员联户，推动党员干部"沉底扎根"在乡村振兴一线，并通过开展人居环境整治、生态文明建设、产业项目发展、农村基层治理等，确保乡村振兴的各项任务高效落实。二是强化组织共建。开展了机关部门与村（社区）"一联一"结对、"万企联万村 共走振兴路"等活动，召开党建引领乡村振兴现场会。全市85个村（社区）与市属企业、非公企业结成对子，签订村企联建协议，实现资源共享、优势互补，有力夯实了乡村振兴的组织基础。三是强化网格织密。针对农村基层治理体系网格不密、"网眼"偏大等问题，通过"建撤调并"建成农村党小组813个，全市4901名农村党员中心户与35036个农户结对。推行"党小组+"工作模式，推动党小组在疫情防控、人居环境整治、村"两委"换届等重点工作中发挥重要作用，为乡村振兴注入了"新动能"。

实践之二：聚焦干部队伍建设，让农村基层干部想干事、干成事

扬中坚持把选优配强干部队伍和人才队伍作为乡村振兴基础工作来抓，通过抓"两委"班子、储备人才、提升能力、鼓励激励等措施，做优"人"的文章，旨在锻造一支本领过硬、能担重任的铁军队伍，共同绘就乡村振兴壮美画卷。一是突出"两委"班子，建强领导核心。坚持村（社区）"两委"队伍是实施乡村振兴战略的领导核心，也是成败关键。在坚持政治标准的前提下，通过村（社区）"两委"换届，选拔664名优秀人员为村（社区）"两委"班子成员，其中从本地致富能手、本乡本土大学生、退役军

人、机关企事业单位中新选拔 117 名充实到村（社区）"两委"中，新调整 19 名村（社区）书记，让村（社区）"两委"班子结构得到优化、队伍活力得到激发，达到了"换人就换了一片天"的效果。二是突出人才储备，打造"源头活水"。实施村级后备干部"333"计划，市镇村三级联动，按照每村 3~4 人的数额，建立起一支 320 人左右的村后备干部队伍，实行动态管理。以"321"培育工程为统领，针对乡土人才、实用人才、乡村科技企业家等人才群体实施专题培训，打造扎根服务的乡村人才队伍。目前，扬中有江苏省"乡土人才"25 人，江苏省"333 工程"培养对象 40 人，成功申报省级非物质文化遗产项目 3 个，省级非物质文化遗产传承人 1 位，为乡村振兴提供了更充足的人才保障。三是突出本领提升，促进整体过硬。培训形式多样，如进行"强村带弱村""先进带后进"活动，开展集中教育培训，赴先进地区参观学习，开设"书记讲坛"、村（社区）"两委"专题轮训等，内容涵盖党史学习教育、村级经济发展、上级政策辅导、社会治理等多方面，有效提升了村（社区）"两委"队伍的综合能力和履职水平。连续多年举办村书记培训班，尤其是 2021 年开设村（社区）书记乡村振兴专题培训班，通过"走出去"的培训方式，进一步开阔村（社区）书记乡村振兴的视野，提升本领。四是突出鼓励激励，激发干事激情。建立"干好有待遇、退职有保障、定期有增长"的待遇保障机制，定期上调村（社区）干部基本报酬，推行村书记专职化管理，全市符合条件的村书记 100% 纳入专职化体系。开展优秀村书记遴选，符合条件的优秀村书记享受事业编制退职人员同等待遇。强化政治鼓励，对乡村振兴中成绩突出的优秀专职村书记加大提拔任用力度，择优进入乡镇副科级领导班子岗位。推荐政治素质好、参政议政能力强的专职村书记作为各级"两代表一委员"人选，增强村书记的责任感、荣誉感和获得感。

实践之三：聚焦服务质效提升，推动农村党组织办实事、见实效

健全工作机制，提升服务质效，汇聚党建引领乡村振兴最大合力。一是健全机制。近年来，扬中积极推进农村党建标准化建设，全市有 85 个村（社区）对照标准化要求，建成标准化党群服务中心，在村（社区）推行一站式、菜单式、智慧式、代理式"四式"服务，建立群众工作部、站、室"三级联动"诉求解决机制，开设为民服务窗口，提供党组织关系转接、社保等多项业务办理和政策咨询服务，打通党群干群之间"最后一米"。二是优化服务。结合党史学习教育和换届后村（社区）"两委"干部队伍建设，将"我为群众办实事"作为换届后"两委"班子推进乡村振兴的重要抓手，

着力解决群众最关心的实际问题。目前全市有 75 个村（社区）已在"江洲先锋"微信公众号亮晒。同时，扬中鼓励农村党员结合自身实际制定目标，开展一项服务群众、服务集体、服务社会的活动，从自身做起、从小事做起，切实发挥先锋模范作用。三是打造品牌。扬中积极鼓励各村（社区）按照"一村一特"，充分挖掘潜力，打造村级为民服务品牌，涌现出永胜村"代理式"服务、企东村"四民工作法"等特色服务品牌。

实践之四：聚焦村级经济发展，实现富民增收取得新突破、新进展

村级集体收入是推进乡村振兴的物质基础。只有不断将"蛋糕底层"做大，才能做到有钱办事、有钱办大事。近年来，扬中顺应基层需求和群众期待，多举措突破村级发展瓶颈，实现持续"升挡进位"，探索出一条农村发展的"扬中路径"。2020 年年底，扬中村均总收入达到 270 万元。一是实施"万企联万村"行动。全市有 74 个村（社区）与 115 家企业签署联建协议，村企合作共建累计达成了联建项目 132 个，计划总投资 47.5 亿元，其中包括多个农业、工业项目，为增加村级集体收入注入更强动力。二是大力发展"飞地"经济。扬中在镇工业集中区内设立富民工业园，为经济薄弱村提供"工业飞地"，通过镇村、村村联合等形式到富民工业园建设标准化厂房，分享租金收入。全市 6 个镇（街、区）全部建立了富民工业园，不仅解决了一大批劳动者的就业问题，同时也为村集体带来了收入。三是创新"乡贤经济"模式。全力以赴打好"乡贤牌"，充分利用乡贤在信息、人脉、资源等方面的优势，在项目招引、吸引税源等方面做足文章，为村里增收。四是申请专项资金扶持。各村（社区）充分利用在土地、人力、交通等方面的优势，积极对接上级相关部门的扶持政策，申请专项资金，为村里增收。

三、党建引领乡村振兴的县域经验

党的十九大以来，扬中从"顶层设计"入手，紧抓组织建设、组织构架、组织推进"三大环节"，把党建重心聚焦到农业农村，把党组织触角延伸到基层一线，把红色旗帜插到农民身边，因地制宜、精准施策、攻坚克难，奋力书写实施乡村振兴战略的县域经验。

经验之一：全力提升基层党组织战斗力，锻造红色引擎

实施乡村振兴战略，关键是建设强有力的基层党组织。一要做好党组织规范化建设。把政治建设摆在首位，强化党组织的政治属性和政治功能，

严肃党内政治纪律政治规矩，严格党组织考核制度，谨防党建和业务"两张皮"现象，把乡村振兴战略融入主题党日和党员活动，创新党员先锋亮绩积分管理，规范党员管理约束监督机制，努力建强培优党员干部队伍。二要以"清单"制明晰党建责任。强化正面激励，用好"评先评优""绩效考核"指挥棒，通过树典型、做表率、表彰先进，做强"红色+"文章，夯实战斗堡垒，放大"领头雁"效应。加强负面清单管理，在比较中凸显先进，用具体事例评价具体行为，用有效数据量化实际效果，对党员干部实施常态化督察和量化评议，加强对不合格党员教育引导管理惩处。三要高标准建强党员干部队伍。加强基层党建，提升党建质量。实施驻村干部培优工程，提拔重用实绩突出的定额干部和误工干部。实施村组干部提质工程，遴选政治站位高、综合能力强、思维灵活的党组织书记，确保党组织管方法、管政策、管全局。实施后备干部扩容工程，将致富能手、退役军人、新型农民、两新人员、技术人才等纳入干部培养计划，铸造实施乡村振兴战略的"主心骨"，启动实施乡村振兴战略的"强引擎"。

经验之二：全力提升基层党组织发展力，推动产业兴旺

乡村振兴关键是产业振兴，本质是农业农村现代化。基层党组织要敢于抓住基层群众重大利益诉求，因地制宜谋划产业发展，发展壮大集体经济，多途径增加农民收入。一要发挥基层党组织的引领作用，健全自治组织发挥自治功能，成立发展平台聚集整合闲散资源，通过各类专业合作社、集体经济组织、村级商会、村级服务社等把小农户及其资源进行有效组织、整合，建立合理透明的管理体制、参与机制、利益分配和共享机制，推动构建党政群利益共同体。二要实现多种经济形式"合作共建"，打造农业项目聚集区和农业产业园区，通过合作社、现代园区、网络电商等产业发展平台，承接中高端农业产业项目，推动现代农业和现代产业融合发展，聚集人才和要素进行高效能产业孵化，推动涉农产业高质量发展，真正把"乡土产业"变为"特色产业"。

经验之三：全力提升基层党组织动员力，激活内生动力

乡村振兴是基层党组织和基层群众互动的融合体，党组织要充分调动基层群众的积极性、主动性和创造性，激发乡村振兴的内生动力。一要畅通信息沟通表达机制。注重发挥村民小组长、党小组长、网格长基层"三长"在收集民意、上传下达、基层治理等方面的"催化"作用，畅通农民表达渠道，及时汇聚民意、民情、民愿，践行全过程人民民主，注重机制体制创新，发挥微信、微视频、微博、抖音、快手等新媒介的作用，坚持

问计、问需、问政于民，尊重农民的首创精神，实现共建共治共享。二要鼓励各类社团组织参与乡村振兴。通过成立志愿服务队、老龄协会、企业商会、乡贤大会、群团议事会等组织，把农村老人、妇女、退休干部等群团力量转化为乡村振兴的重要力量。三要创新形式提升幸福感。基层党组织要充分挖掘乡土文化乡土特色，以推进乡土文明为主线，树立社会新风正气，以党建带群团共建，再造群团工作活力，真正留住"乡愁"。积极倡导举办诸如丰收节、农民节、文化节、艺术节等农民自己的节日，活化文艺形式（诸如歌曲、小品、相声、戏曲等），表达农民夙愿，展示农村风采，最终把社会治理效能转化为产业发展效能。同时，基层党组织要组织党员、团员、干部、群众参加"孝老爱幼"大讨论，用好道德"红黑"榜，积极参与各类义务服务活动，引导群众自己做"大管家"，让乡村振兴成为群众的自觉行动。

经验之四：全力提升基层党组织的覆盖力，凝聚发展要素

乡村振兴是一项系统工程，是一项全局工作长远工程，乡村的全面振兴必须要人才、土地、资金、平台等多种要素的融合和支持。一要创新基层党组织建设。通过网格化党建、跨区域跨部门联建等方式，让党组织嵌入产业园区、经营主体、社会组织、群团组织等，开展"一村一策"精准指导，推动村企合作项目落地见效，有效破解非公企业、社会组织和群团组织等党建"悬浮化"问题。二要力促发展要素集聚。健全完善乡土人才引进、培养、使用、评价、激励等全链条机制，推动产业、金融、技术等要素向农村下沉集聚，把大学生村官、农村大学生、农民企业家、离退休党员干部等人才资源，按照一定的标准和门类，纳入乡村发展人才库，使他们在项目发展、环境整治、文明创建等方面发挥智囊团作用。大力培育社会主义新型职业农民，让昔日的"泥腿子"变成今日的"正规军"、未来的"王牌军"，蹚出乡村振兴的康庄大道。

课题组成员：郭 渝、周 健、冯 芸、翟正国

扬中人口导入的现状、问题和对策研究

｜ 中共扬中市委党校课题组 ｜

人口是经济社会发展的重要基础和基本要素，也是城市高质量发展的重要支撑。加快人口导入，优化人口结构，打造聚才"洼地"和用才"高地"，已成为扬中现代化建设的重大战略课题。

一、扬中人口资源现状与形势

（一）要不要人口导入？从人口总量上看：在全省县级市中，扬中户籍人口最少，常住人口居次末位

根据《江苏统计年鉴2021》，2020年江苏省40个县市户籍人口，沭阳县198.84万人，排名第一，扬中市28.10万人，排名最末位，比倒数第二金湖县（34.24万人）还少6.14万人。与2010年第六次全国人口普查的全市户籍人口27.82万人相比，由于大学生"回扬率"较低，以及其他迁出因素，扬中10年来仅增加0.28万人。2020年年末，全市常住人口31.5462万人（表1），位居全省次末位，与2010年第六次全国人口普查相比，10年来减少了约1.95万人。《扬中市城市总体规划（2013—2030）》提出，到2020年，扬中中心城区规划人口规模22.5万人，到2030年，中心城区规划人口规模30万人。俗话说，人丁兴旺，才能家大业大。经济发展离不开人口。人口是经济活动的主体，是经济运动的出发点和归宿点。世界城市发展的经验表明，一个城市的经济能够稳定增长，其人口规模不少于10万；一个城市要达到快速自我增长，其人口规模最低点是50万；要成为具有辐射周边城市影响力的中心主导城市，必须具备100万左右的人口规模。另外，苏南五市人口密度超过平均1300人/km²，扬中人口密度约为964人/km²。因此，从实际情况来看，扬中人口不是多了够了，未来千方百计增加人口总量很有必要。

表1　镇江市第七次全国人口普查各地区人口统计

单位：人、%

地区	人口数	比重	
		2020 年	2010 年
全市	3210418	100.00	100.00
京口区	355757	11.08	12.47
润州区	239892	7.47	8.20
丹徒区	347264	10.82	9.71
新区	263813	8.22	6.86
高新区	60064	1.87	1.32
丹阳市	988900	30.80	30.85
扬中市	315462	9.83	10.76
句容市	639266	19.91	19.84

（二）人口导入有何意义？从人口流入/流出上看：扬中十年来外地人口净流入，总数不多且负增长

根据《江苏各县市人口流入/流出统计（2020 年末）》（表2），人口净流入的城市共有 10 个。其中人口流入最多的是昆山市，其后是常熟、江阴、张家港、太仓、宜兴、丹阳、句容、扬中、靖江，其他县市都是人口净流出。扬中人口流入 3.46 万人，排名第 9 位，低于句容的 5.40 万人、丹阳的 18.99 万人。与扬中 2010 年第六次全国人口普查净流入 5.68 万人相比，减少了 2.22 万人。大量吸引外来人口，是提高城市活力的关键性举措。从全国城市发展规律来看，甚至从世界城市发展规律来看，有经济活力的城市大多是移民城市。北上广深为京津冀、长三角、珠三角三大城市群创造的地区生产总值占全国的 40%，而这些城市的外来人口平均占比五成以上。从扬中市来看，人口净流入主要得益于市委、市政府全力推动经济发展，大力实施重大项目建设，倾情招才引智，创造了大量就业岗位和创新创业机会。扬中常住人口净流入虽是正数，但与苏南发达县市相比有较大差距，且呈负增长态势。这就要求我们多措并举，加大人口导入力度。

表 2 江苏各县市人口流入/流出统计（2020 年末）（部分）

地市	县市	2020 年末/万人		人口净流入/流出（万人）
		常住人口	户籍人口	
苏州市	昆山市	209.27	106.71	102.56
苏州市	常熟市	167.72	106.41	61.31
无锡市	江阴市	177.99	126.66	51.33
苏州市	张家港	143.23	93.02	50.21
苏州市	太仓市	83.12	51.05	32.07
无锡市	宜兴市	128.61	107.59	21.02
镇江市	丹阳市	98.89	79.90	18.99
镇江市	句容市	63.93	58.53	5.40
镇江市	扬中市	31.56	28.10	3.46
泰州市	靖江市	66.34	65.00	1.34
常州市	溧阳市	78.55	78.85	−0.30
扬州市	仪征市	53.26	55.32	−2.06
南通市	海安市	87.45	91.41	−3.96
淮安市	金湖县	28.95	34.24	−5.29
扬州市	高邮市	70.96	79.65	−8.69
南通市	如东县	88.02	100.24	−12.22
南通市	启东市	96.75	109.60	−12.85
徐州市	新沂市	96.99	111.63	−14.64
盐城市	建湖县	60.94	76.47	−15.53
盐城市	响水县	45.92	61.89	−15.97
泰州市	泰兴市	99.53	115.85	−16.32

（三）应该导入什么样的人口？从人口年龄结构上看：扬中青壮年人口比重在下降，老龄化趋势明显

根据镇江第七次全国人口普查结果，截至 2020 年 11 月 1 日零时，扬中常住人口中，0～14 岁人口为 3.79 万人，占 12.00%；15～59 岁人口为 19.74 万人，占 62.58%；60 岁及以上人口为 8.02 万人，占 25.42%，其中

65岁及以上人口为5.91万人，占18.73%（表3）。与2010年第六次全国人口普查相比，0~14岁人口的比重提高了1.81个百分点，15~59岁人口的比重下降了10.45个百分点，60岁及以上人口的比重提高了8.64个百分点，65岁及以上人口的比重提高了7.79个百分点。按国际通用标准衡量，65岁及以上人口占总人口的7%以上意味着进入老年型人口社会。扬中市人口2010年65岁及以上人口占比已达10.94%。从相关指标值的变化趋势看，由于人口出生率的低位增长甚至负增长（表4），以及部分青壮年人口外流，人口老年化程度正逐步加大。人口总量中青壮年劳动年龄人口所占比重大，劳动力资源就相对雄厚，人口红利就大。因此，扬中市要规划导入一定数量的青壮年人口，不断提高劳动人口比重，使人口结构走向合理，人力资源更加充裕，城市活力不断增强。

表3　镇江市2020年末各地区人口年龄构成

单位:%

地区	占总人口比重			
	0~14岁	15~59岁	60岁及以上	
				其中:65岁及以上
全市	11.89	64.55	23.56	17.51
京口区	11.20	65.62	23.17	16.88
润州区	11.67	64.52	23.80	16.97
丹徒区	10.77	64.89	24.34	17.97
新区	13.20	66.06	20.73	14.84
高新区	12.56	68.02	19.42	13.79
丹阳市	12.29	64.49	23.21	17.33
扬中市	12.00	62.58	25.42	18.73
句容市	11.67	63.90	24.43	18.95

表4　2010—2021年扬中人口自然增长情况统计

项　目	年　份											
	2010	2011	2012	2013	2014	2015	2016	2017	2018	2019	2020	2021
出生率‰	8.19	8.42	9.97	9.83	9.22	9.60	8.30	10.09	11.80	7.96	7.48	4.92
死亡率‰	8.16	7.83	8.94	8.32	7.59	8.45	7.60	8.66	8.15	7.80	9.01	8.65
自然增长率‰	0.03	0.59	1.03	1.51	1.63	1.15	0.71	1.43	3.70	0.17	-1.53	-3.73

（四）何时强化人口导入？从周边态势上看："抢人大战"升级到"留人大战"，人才之争愈演愈烈

在人口红利逐渐消退及城市发展转型升级的背景下，众多新一线、二线城市正使出浑身解数招徕"人才"。自 2017 年起，全国各城市之间便掀起了一场"人才争夺战"——送钱、送房子，甚至送户口，只为求得人才。从周边城市看，2020 年 7 月，常州市出台了《关于促进高校毕业生在常就业创业若干措施的通知》，明确放宽落户门槛、促进吸纳就业等 10 个方面的政策措施。2020 年 9 月，《泰州市户口迁移准入登记规定》将先落户后就业的对象由"大学本科以上学历"放宽为"大学专科以上学历"。2020 年 12 月，扬州市对现行户籍准入和迁移管理有关规定进行调整，取得大专以上学历（含成教类）的毕业生（含留学归国人员），可在市、县人才中心集体户先落户后就业。2021 年 1 月，《苏州市户籍准入管理办法》正式取消张家港市、常熟市、太仓市、昆山市、吴江区购房落户政策。2021 年 2 月，南京市发布《关于进一步推动非户籍人口在城市落户的实施意见》，全面放宽浦口、六合、溧水、高淳区城镇地区落户限制。不难看出，"抢人"已是各地共识，"抢人才"基本上也就是"抢人口"。除政策优惠外，各地夯实社会保障、公共设施、行政管理等配套基础，争取让人才能够真正留下来。由此可见，随着长三角一体化、宁镇扬一体化战略的实施，以及交通条件的改善，扬中市作为江中岛城，如果不能加快人口导入、壮大城市规模、提升城市竞争力和吸引力，周边城市将形成人口"虹吸效应"。扬中因此可能陷入"收缩型城市"风险。

二、人口导入的支撑要素及扬中的优势与劣势分析

（一）人口导入的支撑要素

1. 经济因素：较好的就业机会

产业发展是人口集聚的原因，也是人口导入的结果。珠三角多中心城市的发展实践证明，产业发展是城市化发展的最强大动力，经济型流动人口是推进城镇化、实现工业化和市场经济发展的直接因素。另外，从人口迁移的主力来看，农村富余劳动力的流动特点是寻求谋生和就业栖息地，流动趋向主要针对这个城市是否可以提供充足的就业岗位和稳定的收入。寻求更好的职业和发展机会、获得更高的收入和生活质量，是人口流动的最直接的动因。

2. 成本因素：较低的居住成本

住房问题关系民生福祉。住房成本是当前影响流动的重要因素。除少数投资移民可以在一个新的城市获得良好居住环境外，大部分劳动力对新环境提供的就业岗位缺乏对口的培训和技术，很难马上获得稳定高额的薪酬。由于缺乏购房能力，其生活方式、心理活动往往会受到很大影响，难以融入城市社区。一些外来人口之所以缺乏归属感，最重要的原因就是没有自己的住房。城市是否可以提供优惠住房或配套的居住环境，使居民能够就地得到多元化的便利服务是影响人口导入的重要因素。

3. 政策因素：健全的社会保障

社会保障体系是经济社会发展的"安全网""稳定器"。社会学者指出，大城市优质的社会公共资源对流动人口形成了强大的吸引力。一些流动人员到大城市后就不愿离开，融入大城市的愿望强烈。这使得大城市人口流动形成盆地聚集效应。大城市在经济、文化、医疗、教育、公共设施等各种社会资源保障方面具有明显优势，对流动人口的吸引力不言而喻。健全的社会保障体系可以大大提高流动人口抵御各类风险的能力，降低风险程度，进而降低流动人口的预防性储蓄，促进消费。作为地方社会福利的一种体现，健全的社会保障体系对人口导入尤其是流动人口的导入具有很大的吸引力。

4. 情感因素：较优的人文环境

城市的价值在于能够为人们带来更好的生活。古希腊哲学家亚里士多德就认为，人们来到城市是为了生活，人们居住于城市是为了更好地生活。城市居民及外来人口对各种文化和生活行为的认同，表现出城市的吸引力、生命力、适应性和亲和力，而这种凝聚力能保证城市社会生产力的持续稳定与发展。人们在这个城市的经历与记忆是带有个人感情色彩的，有着对城市市民群体性行为特征的评价。这种评价影响着个人与各种社会组织对城市的选择，可以成为人口导入的情感因素。

（二）扬中人口导入的优势与劣势分析

1. 优势

扬中位于镇江市东部江心，黄金水道——长江中下游，苏南现代化建设示范区内，是南京都市圈成员县级城市，北面与扬州、泰州隔江相望，南面与常州一衣带水。近年来，扬中连续荣获"全省推进高质量发展先进市"荣誉称号，位列中国县级市基本现代化指数第 24 位，是全国首批"国家级生态示范区"，先后创成"国家卫生城市""国家生态市""国家环保模范城市""国家园林城市"。扬中民风淳朴，环境气候比较适宜，生活节奏适度，是个"幸福岛"。

2. 劣势

一是城市知名度方面。扬中自2004年到今天连续举办河豚文化节，全面放大"中国河豚岛"品牌效应。一大批海内外宾朋相约扬中，成就了中国扬中河豚文化节的金字招牌。但长江下游一些城市，如靖江、江阴、海安等城市也在打"河豚牌"，扬中河豚品牌的影响力受到挑战。扬中是江苏省唯一的县级岛市，且是镇江市下属的三个县级城市之一；况且镇江处于富庶江南地区经济的龙尾位置，对比长三角周边城市，城市知名度和美誉度均不占优。比较尴尬的是，扬中与江苏知名的旅游城市扬州仅有一字之差，不少人知道扬州，却不知长江中还有个岛城——扬中。

二是产业集聚吸纳方面。扬中经过不断发展，已经逐步形成了工程电气、新能源、装备制造、汽车零部件等四大主导产业，2021年工业申报销售突破千亿大关。但与苏南先进地区相比，扬中市企业在总量规模、发展速度、发展质量、创新能力、外向度等方面，均存在较大差距。从人口流向看，周边城市人口"虹吸效应"明显，加之随着长江经济带、长三角一体化国家重大区域发展战略的实施，各地"抢人大战"日趋激烈，对扬中的引人用人留人形成了多重挤压。

三是产教融合发展方面。扬中现仅有一所民办高等院校——金山职业技术学院，每年招生规模上千人。据调研，金山学院培养的学生会入职扬中大大小小的企业，但经过一两年，由于各种原因，真正留下来的并不多。高校的集聚有利于吸引人才，改变城市和产业的布局，提高人口素质，带动地方经济发展。相对而言，扬中市在激发高校办学活力、拓展高校办学空间、发挥大学对区域经济发展的辐射带动作用等方面还需要大力提升。

四是基础设施配套方面。据调研，40%的年轻求职者在择业时考虑公司地点及配套设施。扬中部分企业厂址位于工业园区和乡镇工业集中区，厂区周边生活、娱乐、休闲等配套设施少，对大中专毕业生吸引力不够强。在扬中市人社部门平均每年引进500余名的大中专毕业生中，有约半数会选择综合区位优势好的其他地区重新就业。公共服务配套，即住房、医疗、教育等公共服务是否得到保障，是外地职工能否安心扎根扬中的关键。保障不到位的情况会一定程度上造成外地人才招不来，即使招来了也留不住的尴尬局面。

五是人才管理服务方面。近年来，扬中市出台了《关于支持产业应用型人才队伍建设的意见》等"才聚江洲"系列新政，启动大学生"荟扬"计划、产业工人"聚扬"计划，加大对各类人才的引育力度。完善高校毕业生政策保障，对全职来扬的高校毕业生给予购房补贴、租房补贴、生活津贴、创业补贴、上浮公积金贷款额度和人才公寓等激励政策。加大项目支持，将高技能人才、职业经理人纳入"江雁计划"支持范围，给予引才奖补。单从扶持资金来看，与其他城市相比，力度相对有限，而且服务环境跟进还需加强，人才管理服务尚不能完全满足各类人才全方位的工作、生活服务需求。

三、加快扬中人口导入的对策建议

"人随产业走"是人口流动的基本规律。扬中要紧紧围绕"智慧制造城、绿色生态岛、平安幸福洲"城市定位，坚持以大力发展经济、优化人口资源、壮大人口规模为根本导向，以新型工业化为先导，以城镇化为载体，走产城人融合发展之路，不断涵养人才"生态圈"，为建设共同富裕的现代化新扬中聚势赋能。

（一）加强"顶层设计"，下好人口导入"一盘棋"

一要转变理念。观念是行动的先导。牢固树立"大人才观"，深化对人口、人力、人才的认识，尊重来扬中发展的"外地人"，在全社会形成"人人皆是人才，人人皆可成才"的良好氛围，努力把"人口红利"变成"人才红利"。二要制定规划。把人口导入问题纳入全市经济社会发展大局来研究，在摸清现有人口底数的基础上，系统谋划"十四五"及未来一段时期人口发展目标任务，围绕吸引人、留住人、成就人，构建系统完备的政策体系和工作体系。三要统筹协调。成立人口导入工作领导小组，加强政府部门单位之间、企业用人主体之间、在扬高校之间的互动，加大镇区板块之间的联动，实行定期会商、报告制度，确保人口导入工作有序推进。

（二）提升"产城能级"，打造人口聚集"强磁场"

一要加快产业发展。围绕以工程电气、新能源、装备制造、汽车零部件等为主导的"4+X"现代产业体系，强化招商力度，既要引进主导产业"升级版"或物联网、5G应用、大数据等"新基建"产业，通过产业"强链、补链、延链"，也要引进"劳动密集型、技术密集型"项目，强化经济发展的人口耦合效应。发挥企业的主体作用，弘扬新"四千四万"精神，鼓励企业加大研发投入、创设创新平台，为高层次人才提供施展能力的空间。鼓励企业通过提高工资薪酬、加强职业培训等方式，将低端外来劳动力培养为适合企业发展需求的产业技术工人。大力推进金山学院"产教融合"，加强技能型基础人才保障，释放"院校生产力"，通过"人才供给侧"改革，化解企业"发展痛点"。二要提升城市能级。坚持功能重于形象，提升城市业态，精细城市管理，彰显文化特色，进一步做强做优中心城区，提升中心城区商业、医疗、文化、教育、体育、休闲、旅游等服务能级，推进绿地、广场、公园、居民小区附近小型便民健身广场等公共开敞空间布局和建设，满足市民更高标准休闲需求。加强城市更新、微改造，以绣花精神推进城市美化，加快生态修复、空间修补，打造高品质城市客厅和特色背街小巷，布局一批特色惠民公共空间，提升城市品质，让本地人更加留恋、外地人更加向往，让扬中成为更多人可托付终身的"人生选择"。提升城市经济活跃度，突出年轻、潮流的整体印象，以数字化赋能新业态，发力"首店经济"，打造智慧商圈、数字菜场、文化街区、"夜经济"等一批新场景，打造"新零售之城"，提升城市"青和力"。同时，加快产城人融合，统筹推进市政和公建配套设施，完善产业园区文化、商业、交通等功能配套，满足产业园区员工的基本公共需求，稳定企业员工队伍。

（三）展现"乡愁魅力"，推进乡土人才"雁归来"

一要打好"乡情牌"，深挖在外人才"富矿"，吸引项目回迁、资金回流、技术回乡、智力回哺。要织牢"乡情""乡愁"纽带，畅通"回引"渠道，激发外出人才回乡创业活力，确保引得回、干得好。持续推进"归雁计划"，积极构建更具竞争力的人才发展服务体系，通过设立创业基金、项目补贴等形式，吸引在外人才回扬创业。凝聚乡贤力量，发挥发展促进会的作用，加强与扬中籍在外人才的走访联系和关怀，积极了解他们的研究课题、科研成果、创业项目等，定期开展相关行业、产业及技术等方面的对口交流，加强合作，互利共赢。宣传文化部门要利用各类载体打造文化名片、增强文化认同，讲好"扬中故事"，唱响"最美扬中"城市品牌，让在外人才了解家乡的发展变化、知晓未来发展蓝图，吸引既有家乡情结又有回报故乡情怀的青年人才和企业家回流、回归，助力扬中建设。二要打好"就业牌"，大力推进扬中籍大学生返乡就业创业工作，定期梳理用人用工需求，加强与高校、学生及家长的经常性联系，运用校园招聘、就业实践、校企合作培养等方式，通过建立青年人才实践基地、建立大学生返乡创业实践基地、提供政府购买基层公共管理和社会服务岗位、落实基层服务项目人员的待遇政策等措施，吸引扬中籍大学生积极返乡服务基层，提高扬中籍学子回乡就业率。三要打好"环境牌"，包括稳定有序的治安环境、务实高效的政务环境、诚实守信的市场环境、多元便利的融资环境、招才敬贤的人才环境，吸引各类人才回乡投资兴业，助力乡村振兴。

（四）深化"亲情服务"，当好爱才惜才"好管家"

一要深化户籍改革，鼓励外来人口市民化。积极贯彻 2022 年 5 月中央办公厅、国务院办公厅印发的《关于推进以县城为重要载体的城镇化建设的意见》，全面落实取消县城落户限制政策，实现外来人口"落户无门槛，迁入无障碍"。二要优化公共服务，围绕扩大总量、提升等级、均衡配置的要求，加强住房、教育、医疗、文化等重点领域的公共服务设施建设，特别是加大公租房、人才公寓、专家楼等建设力度，降低居住成本，形成"创业在扬中、安居在扬中"的城市名片。推动未落户常住人口逐步享有与户籍人口同等的城镇基本公共服务，以更有力度、更有温度的保障，让外来人口深度融入扬中的发展，提升工作和生活质量。三要突出融入融合，打造更有温情的人文环境，积极营造"和谐共融"社会环境。大力宣传优秀外来人才先进事迹，实行政治激励，创造条件让优秀人才列席全市重要会议，参与重大工程、重大项目的审议，让人才在发挥作用中体现荣誉感。积极推动外来人口参与社区管理，搭建与本地居民沟通交流的平台，不断丰富外来人员精神文化生活，增强外来人员归属感，让外来人口消除"打工心态""过客心态"，真正成为进得来、留得住、能融入、幸福多、发展快的"新扬中人"。

课题组成员：陈定春、陈文捷

以实现"双碳"目标为抓手，推动丹徒高质量发展

| 中共丹徒区委党校课题组 |

实现碳达峰、碳中和是党中央、国务院统筹国内国际两个大局作出的重大战略决策部署，是着力解决资源环境约束突出问题、实现中华民族永续发展的必然选择，是构建人类命运共同体的庄严承诺。2021 年 10 月，中共中央、国务院印发《关于完整准确全面贯彻新发展理念做好碳达峰碳中和工作的意见》，对推进碳达峰、碳中和工作作出总体部署。实现碳达峰、碳中和，也是以习近平同志为核心的党中央作出的重大战略决策。自中国宣布，将力争在 2030 年前实现碳达峰、2060 年前实现碳中和以来，顶层设计加速完善，各地行动迅速展开，新兴产业大量涌现，绿色低碳的生活方式更是深入人心。"言必信，行必果"，江苏正在兑现"双碳"目标承诺的道路上稳步前进。

作为经济发达省份和能源消耗大省，江苏在 2022 年 1 月 19 日召开的省两会上已提出：在全国各省份中率先实现"双碳"目标，即 2030 年前实现碳达峰，2060 年前实现碳中和。公布这一新目标一年后，在 2022 年江苏省政府工作报告中，许昆林省长明确提出：统筹有序做好碳达峰碳中和工作，制定碳达峰行动方案，实施与减污降碳成效挂钩的财政政策，平稳有序落实"双碳"目标，防止"碳冲锋"和"运动式"减碳。要先立后破，推动能源、产业、交通运输、空间结构优化调整，推进风电、光伏发电等可再生能源和氢能、核能等清洁能源发展，增强新能源消纳能力，促进煤炭和新能源优化组合，提高产业发展的"含绿量""含金量"。

一、"双碳"目标发展现状

目前，江苏省政府把低碳发展上升为经济社会发展的战略方针，把低碳目标纳入省"十四五"规划，高效推进低碳零碳发展有机融入生产、生活、生态，稳中有序地夯实"双碳"目标实现基础。2020 年，在受到新冠疫情影响的特殊情况下，江苏省生产总值达 102719 亿元，同比增长 3.7%，位列全国第二。江苏省开展低碳经济和技术研究比较早。2010 年，江苏省建立全国第一个低碳技术研究院——江苏现代低碳技术研究院，并在能源、

建筑、交通、生活等方面就低碳技术开展深入探索。之后，在重点领域和高碳企业开展低碳化研究，积极打造国家低碳省区和低碳城市试点。其中，苏州市、淮安市、镇江市已成为国家低碳试点城市。

2022年是镇江纳入全国低碳试点城市的第10个年头。10年来，镇江不断优化能源消费结构、发力产业转型提档，动员全社会节能减碳，单位地区生产总值能耗下降近四成，单位地区生产总值二氧化碳排放下降近一半……"双碳"沃土在此厚植。为精准"把脉"企业碳资产管理，镇江率先建成并不断优化完善城市碳排放核算与管理云平台，如今接入企业已达438家。

资源"转"起来，碳排"降"下来。让人有些无法想象的是，一块上海食客的寿司盘中的干冰，竟可能出自镇江一家火电厂的烟囱，而这正源自江苏华电句容发电有限公司在碳循环利用中的技术创新。除了传统的脱硫脱硝外，该公司还配备了碳捕集设施，把废气中的二氧化碳捕捉固化为食品级干冰，纯度可达99%以上，通过资源循环利用，激发绿色动能。在镇江发布的企业绿色金融支持"白名单"，江苏华电句容发电有限公司凭借节能降碳的创新举措，拿到了碳排放配额质押贷款。

扬中岛是长江第二大岛，依托新能源、新材料产业起步早、发展快等优势，成为远近闻名的"光伏岛"。2022年发布的《镇江市"十四五"能源发展规划》指出，要把发展清洁低碳能源作为调整能源结构的主攻方向，力争到2025年，基本形成清洁低碳、安全高效的能源供应体系。

以光换电，以水储能。在江苏省重大项目句容抽水蓄能电站施工现场，上百辆工程车来回穿梭运送土方。负荷低谷时以电抽水蓄能，负荷高峰时放水发电。项目将在2026年全部投运，预计年节约燃煤消耗量13.4万吨，减排二氧化碳约34.9万吨。

作为镇江市的下辖区，丹徒全区也深刻领会"双碳"工作的极端重要性，提高战略思维能力，把系统观念贯穿"双碳"工作全过程，注重处理好发展和减排、整体和局部、长远目标和短期目标、政府和市场"四对关系"，保持战略定力、强化全局观念、尊重客观规律、把握步骤节奏、厘清方法路径，着力在经济发展中促进绿色转型、在绿色转型中实现更好发展，为如期实现碳达峰碳中和目标开好局，从而实现自身的高质量发展。

二、实现"双碳"目标难点

（一）产业发展模式高碳特征突出

重工业长期占据经济效益主导地位，煤炭使用依赖性高，高排放的煤炭占整个能源的一半以上。传统能源产业研产加销产业链固化，网状结构稳定，产业模式路径依赖性强，壁垒难以打破。从产业区域差异性看，江苏省南北地区经济发展差异大，产业各有特色。苏北地区产业以农业为主，二产三产相对滞后，虽然风、光资源丰富，但是经济发展较为落后，科技创新不足，清洁能源没有得到充分利用。苏南地区主导产业以工业为主，城镇化程度高，经济发展相对较快。但是，由于经济增长主要途径是工业化，尤其是高能耗、高污染的重化工企业很多，所以，苏南地区碳排放占江苏省60%，碳排放量比较大。目前，苏南开展低碳产业调整，一些地方为保证效益将部分重污染企业向苏北转移，使得苏北的碳排放量增加。产业转型难、盲目追求经济效益、产业路径依赖性强等问题，给江苏省各地实施低碳发展带来一定的困难。

（二）清洁能源发展缺乏可持续性

风电、光伏等可再生清洁能源不受能源短缺的影响，但是受自然条件的影响。由于区域地形地貌和自然气候差异性大，水力、风力、太阳能资源生产的清洁能源具有间歇性、调峰能力不足、消纳和输送受阻等缺点。2020年，江苏省新能源装机超3000万千瓦，其中，风电装机容量为1547万千瓦，占江苏省用电负荷约25%，同比增长48.6%。未来5年，将有大于1000万千瓦的风电和600万千瓦的光伏电量需要并网，而现有电力系统的规划建设与清洁能源并网电量并不匹配。苏北沿海地区风光资源丰富，但是部分地区电网规划和建设远落后于地方新能源项目建设进度，造成"弃光弃风"现象严重。苏南地区城镇化水平高，清洁能源生产区域分散，传输、储纳、并网成本高，设施设备投资大，维修成本高，能源消费以当地传统能源为主，清洁能源消费占比也不高。

（三）低碳技术研发成熟度尚不足

碳排控制技术和低碳技术创新研发难度大，资金投入高，成果转化落地难度大，技术成熟性和稳定性研究挑战大。二氧化碳减排从生物技术、燃料与燃烧工艺技术、回收再利用技术、量化控制技术，逐步发展到碳足迹、碳捕集与封存技术。目前，全球碳捕集与封存技术的公开数量达 3000项以上。石油化工行业是碳捕集与封存技术的主要应用领域，排放、成本、效率和能耗是该技术创新的主要着力点。"十三五"期间，国家累计投入环保低碳企业 36.7 亿元，并在长三角区域开展超低能耗数据中心建设示范工程等绿色技术转移转化项目，构建面向转移转化全链条的专业化碳排服务网络。江苏紧跟全国脚步，在电力生产清洁低碳化、碳捕集利用与封存技术、设备电动化、氢能化等关键技术方面加强区域合作。低碳技术研发仍然处于成长期，还没有进入成熟期，尚不能转化落地规模使用。此外，在碳税、碳交易制度和碳市场金融方面也处于探索期，远没有形成成熟、稳定的市场环境，这些都成为"双碳"目标实现面临的巨大挑战。

（四）碳排放的管理存在主法缺位

碳排放管理形成的法律真空地带无法关照碳排放管理的全部范围。按照碳排放管理所涉及的具体对象来看，碳排放管理分为碳排放权交易、碳排放配额分配、碳资产管理、碳金融监管、碳普惠等方面。目前只有碳排放权交易方面有《碳排放权交易管理办法（试行）》，并且只是规章，其他领域并无正式出台的专门性立法。这就使许多领域的碳排放管理处于无法可依的状态。与碳排放管理相关的污染防治、节约能源、清洁生产、环境保护、资源利用等领域的法律法规有《大气污染防治法》《环境保护法》《可再生能源法》《清洁生产促进法》《环境影响评价法》《环境保护税法》等，这些法律法规对于"五位一体"的布局、中国特色社会主义法律体系的丰富和完善发挥了重要作用。相关条款散见于各类环境与自然资源法中，无法明确完整地体现"双碳"目标下低碳减排的重要内涵。每条法律规则的产生都源自某种目的，同样，每部法律的制定都有其特定的立法目的和价值选择，缺乏对"双碳"目标的统筹考虑。

上述难点问题既有涉及全省领域的，也有关系苏南苏北差异的，同时也存在于丹徒经济社会发展的现实中。传统产业结构的影响、典型的城郊型区域的地理特征、快速城镇化的历史进程等，都导致了丹徒实现"双碳"目标的重要性、艰巨性和紧迫性。丹徒需要在经济社会生活生产的方方面面多措并举、共同施策，从而解决难点，实现高质量发展。

三、"双碳"难点破解路径

（一）提高思想认识夯实工作基础

将碳达峰碳中和纳入全区各级各类学校教育教学体系，开展多种形式的资源能源环境教育、绿色低碳实践教育，普及碳达峰、碳中和基础知识。加强生态文明科普教育，开展世界地球日、世界环境日、全国节能宣传周、全国科普日、全国低碳日等主题宣传活动，增强公众绿色低碳意识，推动生态文明理念更加深入人心。

将学习贯彻落实习近平生态文明思想作为干部培训的重要内容，强化各级领导干部对碳达峰碳中和重要性、紧迫性和艰巨性的认识。党校（行政学院）要将碳达峰碳中和相关内容列入全区教学计划，分层次、分阶段对各级领导干部开展培训，切实提升其组织推进绿色低碳发展的能力和水平。

大力发展绿色消费，推广绿色低碳产品，提升绿色产品在政府采购中的比例。在举办会议、展览等活动中，鼓励开展碳中和活动，加强典型案例经验交流和宣传推广。把节能减碳纳入文明村镇、文明单位、文明家庭、文明校园创建及有关教育示范基地建设要求。加强绿色商场创建，支持商贸流通企业抑制商品过度包装，开展节能减排。有序推进低碳园区、低碳学校、低碳社区、低碳景区等低碳示范试点建设，打造标准化示范项目。

引导企业主动适应绿色低碳发展要求，强化环境责任意识，加强能源资源节约，提升绿色发展水平。鼓励和引导重点用能单位梳理核算自身碳排放情况，深入研究碳减排路径，推进节能降碳。充分发挥学会、行业协会、商会等社会团体作用，督促企业自觉履行社会责任。按照国家、省统一部署，鼓励支持各类园区、企业开展低碳试点示范申报和创建工作。

（二）加快产业转型实现绿色发展

持续优化产业结构和布局，把推动能源转型作为主要发展方向，加强清洁能源生产并推广应用，注重生产和消费同步引导、同步推进、同步发展。有针对性地进行产业低碳转型，摒弃"一把抓"方式，因地制宜发掘产业潜力，大力发展地方特色产业和休闲旅游服务业，支持战略性新兴产业发展，以高新技术带动产业效益。在碳排放源头进行有效控制，加强碳资源信息数据管理，大力淘汰高能耗、高污染落后产能，持续推进产业低碳化、绿色发展。

首先，工业经济发展要能够抓住源头控制，在项目引进的日常工作中强化碳排放的问题，将此内容与投资强度、亩均税收等指标一并考虑，防止新的大排放项目的盲目引进落地后产生新的碳源。其次，农业发展要综合考虑"三农"一并谋划的战略举措，抓住乡村振兴的有利时机，特别要严把土地利用总体规划的关口，切实维护生态保护区的范围，巩固基础，有序扩大现有的自然碳汇区域。最后，要重视居民消费侧的碳排放。应做好低碳社区建设的顶层设计，构建具有前瞻性的低碳社区建设标准体系。

（三）加强科技研发力度提高创新能力

科技对推动能源生产应用和全面发展低碳经济具有关键作用，"双碳"目标的实现过程也是一场技术革命。江苏省低碳技术研发处于初期探索阶段，要积极投入国家在该领域的基础研究和前瞻性产业技术创新项目中。

首先，加大科研资金投入力度，提高科技研发的投入和补贴，设立专款专用制度，真正把资金用到技术研发和设备投入中。其次，大力支持科研人员重点探索碳捕集利用与封存、新型储能、清洁能源循环利用、碳资产监测等关键技术，打破技术壁垒，攻克瓶颈。再次，鼓励有条件的高碳企业采用低碳创新工艺流程，有序淘汰现有设备、工艺的高碳运作模式，采用新工艺、新设备、新技术进行高效节能减排。鼓励龙头企业、技术团队、高校和科研院所带头建设不同形式的新型创新联合体，建设科研创新平台，开展低碳产学研合作。

坚持需求侧、供给侧双向发力，提升产学研精准合作水平。筹备举办高校院所走进镇江产学研对接大会，围绕"绿色低碳"创新需求，发布重大技术需求榜单，开展科技成果展示、项目路演和对接洽谈等活动，引进更多绿色低碳成果在镇转化。把握"双碳"目标，探索设立区级"双碳"科技创新专项项目，开展"双碳"关键核心技术攻坚。在绿色低碳等产业领域建设一批专业化科创孵化载体，更好地打通科技成果供给侧、需求侧、服务侧的痛点和堵点，争取更多绿色技术成果转移转化。

（四）完善能耗"双控"制度提升节能增效

落实国家发展和改革委员会《关于完善能源消费强度和总量双控制度方案》（发改环资〔2021〕1310号）要求，强化能耗强度降低目标约束，增加能耗总量管理弹性。以2020年为基数，新增可再生能源不纳入能源消费总量考核，原料用能不纳入能源消费强度和总量考核。

以钢铁、有色、化工、建材、造纸等主要耗能行业为重点，推动低于行业能效基准水平或限额值的存量项目，分阶段有序开展节能降碳技术改造。依法依规推动落后装备、落后工艺、落后产品退出，大幅提升行业整体能效水平。以提升资源产出率和循环利用率为目标，开展园区循环化改造，推动园区企业循环式生产、产业循环式组合，积极推广集中供气供热。积极推进《镇江市丹徒区生活垃圾分类管理办法》《镇江市丹徒区餐厨废弃物管理办法》立法进程，印发《镇江市丹徒区生活垃圾分类管理办法》。扎实开展省级垃圾分类达标小区建设，验收达标率实现100%。提升垃圾分类终端处置能力，加快推进镇江市丹徒区大件垃圾拆解中心等项目建设。

建立分类别、广覆盖、易回收的再生资源回收利用体系，促进垃圾分类与再生资源回收利用"两网深度融合"。积极探索再生资源行业与电商平台线上线下融合，在线下科学设置回收网点布局，研究低值可回收物回收激励政策和处置利用途径，力争做到应收尽收；在线上逐步实现网上商城积分兑换、购物、数字支付等功能。整合规范再生资源市场，引导从业企业建立完善的数据统计体系。

（五）推动运输结构优化促进低碳出行

持续提升铁路和水路货运周转量占比，进一步推动大宗货物绿色运输。实施多式联运提升行动，推进各种运输方式紧密衔接。继续做好绿色港口建设，加强港口码头自身环保设施有效运行、船舶污染物接收转运处置联合防控工作。推进绿色公路建设，做好"四新技术"在公路管养和建设中的应用，推进路面冷（热）再生技术、废旧路面资源充分再生利用。（区交通运输局牵头）积极推进绿色公交，推广新能源汽车在城市公交领域的应用，鼓励新增和更换的作业车辆使用新能源和清洁能源。优化公交线路，制定城乡公交一体化线网优化方案。持续推进公交专用道、快速公交、微循环公交以及步道、自行车道等基础设施建设。鼓励共享交通，推动汽车、自行车等租赁业网络化、规模化、专业化发展。强化营运车船燃料排放限值管理，加快淘汰高耗能高排放老旧车船。加快推进新能源和清洁能源车船规模化发展，提高公共领域新能源车辆比重，鼓励新增和更换的作业车辆使用新能源和清洁能源。加快构建便利高效、适度超前的充换电网络体系，推动加氢站规划建设。加快推进靠港船舶常态化使用岸电设施。

（六）建设美丽宜居乡村降低农村排放

在美丽乡村的建设改造中，全面执行居住建筑节能 75% 标准，推广超低能耗、近零能耗、零能耗建筑项目建设，开展零碳排放建筑试点，推动政府投资项目率先示范。深入推进建筑领域可再生能源规模化应用，推动太阳能等新能源综合利用，大力推广光伏瓦、光伏幕墙等建材型光伏技术在城镇建筑中一体化应用。制定发布公共建筑用能限额指标，实施基于用能限额的公共建筑用能管理，试点实施公共建筑能效公示。鼓励采用合同能源管理、合同节水管理等市场化方式开展绿色节能改造。深入开展机关办公建筑和大型公共建筑能耗分项计量、能源统计审计。结合老旧小区改造、居住建筑改造，同步实施节能改造、雨污分流、适老化改造等工程，提高居住舒适度。在房屋建筑装修过程中，有序推广高品质装配式建筑，建立设计方案预审查制度和全闭合的监管体系，初步形成装配式建筑预制构件设计、生产、施工全行业管理体系。

（七）完善相关配套措施健全"双碳"体系

首先，合力推动绿色金融新政落地。绿色金融事关多个领域，需要渐进有序推进，发挥多方合力。绿色金融通过发挥资源配置、风险管理、市场定价三大功能，加大对绿色低碳循环转型形成最有力的支撑。积极构建绿色技术创新体系，全面提升绿色产业竞争力，做大做强优势产业发展载体，积极拓展绿色产业发展空间，完善绿色产业发展机制。"金环"对话是"美丽江苏"建设过程中深化政银企合作、协同推进减污降排的一项重要机制，实施多年来，有效促进了绿色低碳产业的可持续发展。应继续拓展支持项目的范围，进一步扩大"环保贷"规模，为更多的生态环保项目融资提供支持。同时，还应大力培育排污权二级市场，指导企业参与碳市场交易，推进排放权市场化交易。在促进更多资金流向低碳生态环境领域的同时，也不能忽视风险防范。加强环保信用评价与绿色金融的互动，有利于激励企业提高自身的环境管理水平，促进金融机构有效防控金融风险。

其次，构建完善的碳交易平台。目前，全国碳市场建设路径和工作机制还在探索阶段，碳交易品种、交易主体、交易方式都有进一步完善的空间。"双碳"目标实现不能孤军奋战，需要区域联动，互相学习，共同合作，尤其是在长三角区域展开合作。江苏省可尝试构建省碳排放交易平台，创新交易模式和工作机制，拓展其他交易主体，推出配额现货以外的碳交易产品，完善企业主体碳资产确认计量标准，完善碳金融产品，对标金融市场，实现碳交易现货期货一体化市场。利用数字化平台和信息化管控，与全国各地"碳源—碳汇"市场进行联动，实现碳交易信息共享。

最后，完善低碳相关法律制度。目前，我国碳排放和碳交易等低碳相关问题尚未专门立法，也没有建立与低碳产业发展相应的法律法规，只是在环境、科技、能源等领域的法规和政策中有涉及低碳产业、技术、节能等方面的问题。江苏省与低碳相关的立法属于空白状态，因此，需尽快颁布与低碳相关的地方法律法规，建立完善的低碳产品开发制度和法规体系，建立完善的企业碳排控制标准、节能监督制度、基础设施低碳化制度等。通过法律法规等形式对企业碳排放管控、碳交易、碳金融等方面进行约束和规定，可以有效促进社会经济低碳化发展。

总之，实现碳达峰、碳中和，绝不是就碳论碳，而是多重目标、多重约束的经济社会系统性变革。碳达峰和碳中和的实现过程是长期性、系统性、综合性的。丹徒区积极响应国家号召，勇于挑战，把握机遇，全面开展低碳改革，在推进区域产业低碳转型的同时，有序推进城镇低碳发展、建筑低碳化建设、交通运输体系低碳改革，并加强宣传，倡导低碳生活方式。丹徒通过实施切实有效的方针政策，结合自身经济社会发展实际，实事求是明确重点方向，走出城乡同步、工农协调、政府引导、全民参与地实现"双碳"目标的高质量发展新道路。

课题组成员：徐飞燕、戴文妍、聂荣祥、彭　莹

农村基层党组织法治化建设问题研究

——以镇江市为例

| 中共丹徒区委党校课题组 |

一、问题的提出

在党的十九大报告中，习近平总书记指出："加强社会治理制度建设，完善党委领导、政府负责、社会协同、公众参与、法治保障的社会治理体制，提高社会治理社会化、法治化、智能化、专业化水平。"政府对社会治理法治化建设给予了高度重视，并且从长远来看，社会治理的重心依然是农村，农村基层党组织的法治化建设是当下社会治理最为急切的任务。

2020年，《中共中央 国务院关于抓好"三农"领域重点工作确保如期实现全面小康的意见》指出："农村基层党组织是党在农村全部工作和战斗力的基础。要认真落实《中国共产党农村基层组织工作条例》，组织群众发展乡村产业，增强集体经济实力，带领群众共同致富。"农村基层党组织是乡村治理的主要负责人，乡村现代化建设和农村党组织的法治化建设之间存在相互影响、相互促进的关系，大力促进农村党组织的法治化建设步伐是乡村治理执政的重要任务，促进基层党组织法治化建设是提高乡村治理水平的本质需求。

二、选题的意义

（一）有利于全面推进依法治国

农村基层是社会体系的重要组成部分，是实现依法治国宏伟目标的根本；农村基层是法治化建设的力量之源，能够有效补充中国特色法治内容。全面依法治国的落脚点是农村基层党组织，换句话说，不管是法治国家，还是法治社会，都需要依靠基层来实现，基层党组织法治建设情况，关系着全体社会的法治化建设速度。基层党组织建设法治化，就是要在党的领导下，把依法治国各项要求落实到每一个基层组织，按照法律法规来管理基层事务。基层环境复杂，更需要构建多元化、法治化机制体制。党组织要积极推动法治建设工作重心下移，打造系统完整、层次分明、覆盖范围广的法治建设体系，强化基层党组织处理、防范社会矛盾的能力，从而全面推进依法治国。

（二）有利于我党成为更符合新时代发展要求的现代型政党

习近平总书记强调："各级领导干部要提高运用法治思维和法治方式深化改革、推动发展、化解矛盾、维护稳定能力，努力推动形成办事依法、遇事找法、解决问题用法、化解矛盾靠法的良好法治环境，在法治轨道上推动各项工作。"现代型政党的一个重要标志是政党的法治化。作为执政党，中国共产党既要实现自身的法治化，成为法治型的现代政党，又要推动法治中国建设。以我党自身的法治化带动、推动、引领全社会的法治建设，既显现了我党的与时俱进，也为法治中国建设提供了领导保障。以法治型党组织建设促使全体党员成为"法治人"，有利于我党在推进中国特色社会主义事业发展的过程中与时俱进、实现治理能力现代化，成为更符合新时代发展要求的现代型政党。

（三）有利于更好地维护人民群众的利益

中国共产党的性质和宗旨，决定了党代表人民群众的意志，始终站在人民的立场上思考问题、解决问题，维护人民群众的根本利益。基层党组织建设法治化的最终目的就是通过提高党的执政本领来维护人民群众的根本利益。建设法治型基层党组织，就是要从党员、党员干部入手，规范党员的行为，促使基层党组织通过法治的手段，防范和纠正威胁人民群众利益的行为。基层党组织建设法治化有利于确保全体党员和基层党组织贯彻落实"以人民为中心"的思想，强化全心全意为人民服务的宗旨，把人民群众赋予党组织的权力运用得规范、行使得合理合法，把人民群众的切身利益发展好、维护好。

（四）有利于全面深化农村改革

2015 年，《关于加大改革创新力度加快农业现代化建设的若干意见》提出，要利用法治武器维护改革工作的顺利进展。现在农村的改革工作面临极大的阻力，涉及内容非常宽泛，利益主体相互交织。要想进一步推动农村改革，就必须利用法治武器提供强有力的保障，借助法治解决一些矛盾与冲突。在农村各个方面的改革工作中，要制定完善的法律条文，推动改革工作的顺利实施。对于不符合农村改革需要的法律条文，要进行适当的优化调整。基于法治建设的农村改革，能够有效促进农村经济的健康发展，更好地维护广大农村居民的核心利益。

三、镇江市农村基层党组织法治化建设的发展现状

近年来，镇江市出台了《关于法治护航乡村振兴战略的实施意见》，明确了5个方面的目标任务：一是不断强化法治思维，提升乡村依法治理水平；二是注重加强制度设计，健全乡村治理的法规体系；三是持续强化法规刚性约束，用法治方式推进乡村高质量发展；四是大力推进公正廉洁执法，提高乡村司法公信力；五是深入培塑法治信仰，打造新时代乡村法治文化。该意见同时提出了提升基层党组织法治化水平、深入推进乡村党务政务公开、预防和惩治基层腐败问题、完善法规规章体系、加大执法检查力度、规范制定涉农文件、依法规划引领乡村建设、依法自治夯实基层基础、依法行政确保政策落地、依法改革增强发展动能、依法审判、依法监督、依法打击、创新法治宣传载体、培塑群众法治信仰、完善公共法律服务、推动法治德治融合等17条任务，明确了责任部门。

镇江市有效推动乡村"三治"融合发展。在全市范围内全面实施"法治惠民镇村行"工程，选派775名市县两级政法系统领导干部担任镇（街道）、村（社区）法治建设指导员，指导基层领导干部依法履职、规范执法、化解矛盾纠纷、开展法治宣传，全面提升了基层依法治理的能力和水平；创新"135"民主法治议事工程，打造崇德尚法漫画墙、法治道德讲堂、村级"法治道德银行"等；深化基层民主法治创建，省级民主法治示范村（社区）创成率达52.7%。

镇江市全面加强乡村法治文化建设。《镇江日报》第8版《法治周刊》以农村群众视角讲好镇江法治故事；镇江普法地图汇聚全市法治文化阵地地址、简介、图片及视频，指尖即享乡村特色法治文化阵地资源；开展"百案说法基层行"活动，深入镇村举办"百场法治讲座"及"送法治电影（戏曲）下乡"等活动，以群众喜闻乐见的形式，让法治元素渗透进日常生活。

镇江市牢固树立乡村村民法治信仰。强化镇（街道）公共法律服务中心和村（社区）司法惠民服务站建设，建成农村地区"一小时法律服务

圈"；以党建为引领强化镇村学法意识提升，做到年度有学法教育计划、"两委"有学法记录、村有法治宣传组、村民小组有法治宣传员、户有"法律明白人"；完善"一村（社区）一法律顾问"服务机制和相关考核制度；推行乡镇企业"菜单式、体检式"法律服务。

四、镇江市农村基层党组织法治化建设面临的问题

虽然镇江市在农村基层党组织法治化建设方面取得了一定成效，但仍然存在一些问题，主要表现在以下几个方面。

（一）农村基层党组织法治化意识不强

在农村基层党组织中，党员干部的法治观念以及依法办事的能力都在不断提升。不过，仍然有一些基层党员干部的法治观念比较淡薄，缺乏对法律应有的敬畏之心，遇到问题时不寻求法律帮助，处理问题时不使用法律武器，解决冲突时不依靠法律条文，"一言堂"现象明显，个别党员干部甚至抵触法律。还有党员干部处理事情不公平，任人唯亲，或者利用感情代替法律，工作模式粗犷，行事风格武断。这些都极大地抹黑了基层党组织的形象。

（二）农村基层党组织依法办事能力不足

强化农村党组织根据法律处理问题的能力，是新时代乡村治理中对农村基层党组织建设法治化的必然要求。目前，农村基层党组织党员干部的法律法规知识储备不足，参与法律学习的积极性不高，将法律应用到农村治理中的能力相对欠缺。有的党员干部在处理民众纠纷、农村矛盾时偏袒弱势群体或者强势一方；有的党员干部存在"大闹大解决、小闹小解决、不闹不解决"的错误意识，在处理事务时倾向于"和稀泥"。

（三）农村基层党组织法治化建设缺乏有效监督

科学合理的监督管理是推动农村党组织法治化建设的有效措施。基层党组织成员对监督管理的了解不够全面，把领导的监督管理理解成不认可，把同事的监督管理理解成使绊子，把民众的监督管理理解成不自量力。有的基层党员干部有老好人思想，不敢监督，怕监督会出乱子，会得罪人，影响团结，影响工作，甚至怕影响自己的前途。

有的基层党组织执法公开化程度低，在村务活动的公开披露工作中，公开的频率、公开信息没有严格的规定。如果广大农村居民要对村集体的资金用度、农村党组织成员变更、农村事务开展情况进行监督管理时，经常感到无从下手，对相关信息的了解程度非常有限，那监督就无法达到良好的效果。

监督渠道不够通畅，监督意见箱有的流于形式。基层执法过程中的问题如果无法被有效反馈，就极容易导致上访事件、恶性媒体事件的发生。

（四）农村基层党组织法治化建设环境仍需进一步加强

农村基层党组织法治化建设环境氛围不浓厚。由于受乡村人情关系及传统文化风俗的影响，加上农村基层党组织法治宣传教育不到位，农村基层群众法治思维相对缺失。

法治宣传教育经费投入较少，宣传队伍有待强化，缺少贴近群众实际、贴近生活、群众喜闻乐见的法治宣传节目，宣传形式单一，无法满足社会民众对法律的本质需求。有的基层党组织成员对法律的了解程度有限，对惠民政策的认知非常片面，导致法治宣传的效果比较一般。

法律责任追究没有落实到位，决策不合理、工作出错而造成的损失基本上都由政府而非个人承担。法治建设中存在"宽""松""软"的问题。对寻衅滋事、偷盗、聚众赌博、家庭暴力、不赡养老人等行为的惩罚与管理还有一段距离的路要走。

（五）农村基层党组织法治培训制度有待完善

进行法治培训能够极有效地解决农村基层党组织党员干部在乡村治理中法治化能力不足的问题，但是在当前农村党员干部的培训中，有的党员干部缺乏法治培训受教意识，认为进行法治培训教育意义不大，难以出实质性效果，不如将精力用在农村经济发展上。

此外，培训方式比较单一，情境教学、真实案例教学等模式较少。虽然不少乡村地区开始探索互联网平台培训模式，但是受经济、基础设施设置等方面的限制，先进的网络培训模式尚未得到有效普及。法治培训的内容不太符合农村党组织的实际需求，针对性不足，重点不够突出。法治培训缺乏结业考核评估，有时容易变成农村党组织为了应付上级任务的"签到活动"。

五、镇江市农村基层党组织法治化建设的优化路径

（一）增强农村基层党组织的法治观念，提高法治意识

农村基层党组织要掌握丰富的法律知识，树立法律至上、人人平等、依法从政、遵法办公的思维意识，善于运用法治思维思考问题、分析问题、解决问题，做尊法学法守法用法的模范。

开展多渠道教育引导。比如，将法治教育工作列入各类党员干部的法治教育培训计划。培训内容设置上要有针对性，把习近平法治思想、《中华人民共和国民法典》以及与农村农业相关的法律当成核心培训内容，同时保证法治培训课时数量和培训质量。充分发挥远程教育的作用，利用互联网、手机等高科技工具，使学习生活灵活多样、具有时效性。将日常学习教育与定期考核检查、教学效果跟踪调查等制度相结合，增强培训教育实效。

实践中基层干部要将法律知识运用到日常行政管理服务的全过程和各方面，不断创新方式方法，推动法律应用于实践。积极组织开展社会覆盖面广、干部群众参与度高的特色普法活动，如利用消费者权益日、全国土地日、国际禁毒日、全国法制宣传日、国家宪法日等重要时间节点，推动法律法规深入基层农村，有效强化基层党组织和广大农村民众的法治思维。

优化完善法治考核体系，健全基层党组织领导人学习法律、运用法律、遵守法律的考核指标和考核流程，积极落实责任追究制，将法治素质、依法行政当成重点考核内容，努力培养遵法意识良好、法律运用能力强的党组织成员。

（二）加强基层党组织核心领导地位，发挥先锋模范作用

习近平总书记强调："办好农村的事，要靠好的带头人，靠一个好的基层党组织。"要发挥好农村基层党组织在法治化建设中的战斗堡垒作用，始终坚持农村基层党组织在村民自治组织、农村经济体、各种团队、乡村治理工作中的引领职能，厘清各个团体组织之间的内部联系，为各个团体组织的正常运行提供强有力的扶持，有效提升农村基层的依法治理水平。例如，村委人员要积极学习《中华人民共和国村民委员会组织法》，树立正确的法治意识，推动村委党委领导模式优化革新。农村所有团体组织在日常工作中都要遵守法律法规，提升农村党组织成员的向心力，共同做好农村

的管理工作，为民众提供更好的服务，为新农村建设提供更大的帮助。

抓住"关键少数"带头尊法学法守法用法，注重选拔提用法治素养高、依法办事能力强的干部。党组织成员要带头提升自身的法律知识储备，借助法治理念、法律武器妥善处理农村发展中的矛盾问题，将法治思维落实到实践行动当中，做农村法治建设的领军人物，巩固农村基层党组织的核心地位。

（三）优化农村基层党组织法治队伍，提升法治化治理水平

打造一支优秀的基层党组织法治团队是提升农村法治化建设水平的重中之重。农村必须拥有一支了解农业、热爱乡村、关爱农民的服务团队。要将党员发展放到重要战略位置，突出农村党组织成员在年龄结构、知识储备、性别结构等诸多方面的科学性。挑选驻村人员、第一书记时要综合考虑多方面因素，保证驻村人员文化程度、法律储备、交际水平、道德品质的均衡性，贯彻实施"第一书记"长效工作体系，为农村党组织输入源源不断的新鲜血液。

着力提拔能力出众的当地党员干部，积极引进其他团体的综合型人才，吸引更多的优秀党员、预备党员，吸引年轻群体投身到农村建设当中，将自身的专业知识应用到农村的法治化建设当中。调动乡村经济组织以及其他组织的党组织等社会各方力量参与到乡村社会治理中来，发挥他们的专业优势。加强农村法治宣传志愿者队伍建设，鼓励并支持志愿者深入农村，有针对性地开展公益性法治宣传及法律服务活动。

在处理矛盾纠纷时，农村基层党组织党员干部要避免居高临下的思维，应将解决矛盾纠纷与乡村文化建设结合起来，并对村民群众做适当的法律知识宣传教育工作。做任何事情都必须有根据，这样才能得到群众的信赖和支持。

（四）完善农村基层党组织法治化监督评价机制，提高监督效能

制定系统完整的评价机制，把农村党组织的法治建设情况、法治能力添加到考核范畴当中。评价内容要包括农村党组织在处理矛盾问题时的法律运用水平，综合采用多种评价模式，如党员学习综合档案考评、培训后效果评测、法治日常表现评测、遵纪守法评测等。

构建系统完整的乡村法治化"先进党员干部""优秀党组织"的评价体系，把考核评价结果当成领导人任用、培训、奖惩的关键依据，对法治建

设效果突出的党组织成员给予适当的表扬、奖励，对"优秀法治化党组织"予以集体表彰和大力宣传，发挥其榜样作用，带动更多的农村基层党组织向先进法治化集体看齐、学习。对农村党组织不遵守法律、滥用职权、侵害民众核心利益的行为，第一时间组建调查小组进行全面调查，实施诚勉谈话、勒令整改、优化协调、调整职位、勒令辞退等惩罚措施，进而起到良好的震慑作用。评价结果的通报可以合理利用互联网新闻网的平台，不讳疾忌医，将批评告诫放到公共台面上。

监管范畴包括农村党组织的综合法治建设情况，诸如村务公开情况、法治能力情况、财务情况、党内外的民主协商落实情况等。完善和修订旧法规、旧制度，及时出台与之相适应的新法规、新制度，从源头上解决"监督权限缺失""监督缺乏途径""监督没有证据"的问题。实现多元化监督模式，除了传统的信访、访问了解、书面审核等监督模式外，还应积极拓宽其他新型监督渠道，避免群众声音"石沉大海"。

（五）加强农村基层党组织普法宣传教育，营造良好的法治氛围

开展农村普法宣传，不能仅局限于"守法""不犯法"，应逐渐向着"依法维权""依法治理""依法监督"的方向发展。农村的法治宣传要具备实践价值以及强大的吸引力，除了学习《中华人民共和国宪法》《中华人民共和国治安管理处罚法》之外，还需要根据党组织成员特征、岗位工作需求加入《中华人民共和国村民委员会组织法》、《中华人民共和国农业法》、企业法等学习任务，做到缺什么、补什么，干什么、学什么，引导群众自觉依法守法，学会运用法律武器保护自己的合法权益，让群众切身感受到法治宣传教育的重要性、懂法的必要性，彻底改变农村法治学习的被动局面。

综合利用广播、网络、有线电视等多种媒介，使群众在路上、在家中都能接受法治知识。组织多种类型的法治宣传活动，如"法律咨询""以案说法"及与法治有关的艺术节目。积极创建"普法超市""法治夜校"等，让群众根据实际需要，合理选择法治学习内容。倡导群众利用生活中的案例、身边发生的事情来讲述法治知识。

过年的时候，通过农村人口流动贯彻落实法治报告会、庭院法治故事会，向广大群众宣传法律知识。劳动保障单位还可以在群众外出打工前有针对性地开展法治培训活动。

六、结束语

本文以镇江市农村党组织法治化建设为研究对象，按照提出问题、分析问题、解决问题的流程进行研究探讨，提供了进一步加强镇江市农村基层党组织法治化建设的路径。受作者自身学术能力和知识水平所限，该研究还存在一些不足之处，如缺乏深度、提出的改善措施不够丰富。这些需要在未来的研究中加以完善。

课题组成员：池年霞、郭　成

校企共建企业学院协同育人模式研究

——以镇江高等职业技术学校为例

| 于咏梅 |

一、研究背景

（一）国家层面对职业教育高度重视

近年来，国家层面陆续出台并实施了一系列政策，高度重视校企合作问题。2014 年 5 月，国务院发布《关于加快发展现代职业教育的决定》（国发〔2014〕19 号），文件提出"深化产教融合，鼓励行业和企业举办或参与举办职业教育"。2018 年 2 月，教育部等六部门印发了《职业学校校企合作促进办法》（教职成〔2018〕1 号），文件提出"推动形成产教融合、校企合作、工学结合、知行合一的共同育人机制"。2019 年 1 月，国务院出台《国家职业教育改革实施方案》，文件明确提出"促进产教融合校企'双元'育人"。2020 年 9 月，教育部等九部门印发《职业教育提质培优行动计划（2020—2023 年）》（教职成〔2020〕7 号），文件提出"深化校企合作协同育人模式改革，完善校企合作激励约束机制"。为响应国家号召，江苏省相继出台《江苏省职业教育校企合作促进条例》《江苏省职业教育质量提升行动计划（2020—2022 年）》《关于推进五年制高等职业教育高质量发展的意见》等文件，对校企合作、"双元"育人的重视程度与日俱增。2022 年4 月 20 日，第十三届全国人民代表大会常务委员会第三十四次会议通过《中华人民共和国职业教育法》修订，自 2022 年 5 月 1 日起施行。新职教法首次以法律的形式明确，职业教育是与普通教育具有同等重要地位的教育类型。职业教育吸引力、影响力进一步提高。2022 年教育部工作要点中特别强调，深化产教融合、校企合作，推动职业教育集团（联盟）实体化运作，支持校企共建"双师型"教师培养培训基地、企业实践基地。

（二）省、市政府高度重视职业教育校企合作

2022 年 9 月 29 日，"江苏职业教育这十年"新闻发布会在省教育厅召

开。省教育厅副厅长曹玉梅介绍，2019 年《江苏省职业教育校企合作促进条例》正式颁布，这是全国第一部促进职业教育校企合作的省级地方性法规。江苏省首批成立 11 个职业教育行业指导委员会，强化行业与职教联结。全省职业院校积极对接产业链，组建了 32 个以行业为纽带的省级职业教育集团，联结起 400 多所职业院校、1000 多家行业企业。

2022 年 2 月 8 日，镇江市委、市政府召开产业强市暨优化营商环境大会。市委书记马明龙出席会议并讲话，市长徐曙海作工作部署。镇江市委主要领导多次强调"产业强市"，市委、市政府将坚定不移地实施产业强市战略，而产业强市离不开对高技能人才的需求，迫切需要加强高技能人才培养。本课题选取京口区部分企业及镇江高等职业技术学校为样本，在"产教融合"背景下，开展校企共建企业学院协同育人模式研究。

二、研究意义

（一）理论意义

育人模式是在教育教学过程中不断探索与实践总结出来的。理论总结是对客观教育实践的反映，可以有力地促进教育实践的发展和进步。当前，中国特色社会主义建设已经进入新时代，社会正在经历转型，加强对职业教育育人模式的研究，可以很好地为职业教育提供理论指导。要从国内外职业教育育人模式中汲取营养，根据中国职业教育的特点不断探索适合我国职业教育实际的育人模式。职业教育育人模式必须适应区域经济发展的要求。镇江的职业教育就必须考虑镇江经济社会发展的需求，特别是企业用工的实际需求。同时，又要结合学校教育的实际情况，学习借鉴国内外职业教育的成功经验，为校企共建企业学院协同育人模式的改革和创新提供理论支持。

（二）实践意义

国家对校企合作的重视程度与校企合作的现实反映存在较大差距。"剃头挑子一头热"（校热企冷）的现象普遍存在。从现有校企合作模式看，接纳学生短期见习和实习成为最普遍甚至唯一的方式。这样的方式，简化了人才培养的关键性环节，使学校和企业只是将合作当作一种任务。为突破校企合作的障碍，有效推动工学结合，高等职业技术学校创新驱动，大胆尝试，依托行业龙头企业，围绕培养理念、运行机制、发展模式、管理体制、师资培训、实训基地等开展新颖、持续、深入的合作与交流，校企共建企业学院，探索校企深度合作新模式，将企业学院打造为提高企业生产能力、经济效益和学校人才培养质量为目标的互利双赢、共同发展的产学研一体化联合体。

三、当前校企合作主要存在的问题

（一）合作单向，深度不够

长期以来，由于缺少政府介入、政策支持、制度约束、过程监控等要素的参与，传统模式下的校企合作普遍存在"校热企冷"的现象，即学校一头热，企业一头冷。学校热衷于通过各种形式与企业建立产学研关系，希望通过互利互惠的方式为学生安排稳定的、实质性的实训基地，并努力为企业参与到人才培养的全过程中创造条件；而企业对现行的校企合作模式态度冷淡、行为被动、参与消极、过程形式。这样的单向合作，导致高职院校学生的实践能力培训基本是"纸上谈兵"。

（二）利益不等，交流不够

合作的前提是双方互利互惠。企业以追求利润最大化为主要目标，学校以提升人才培养质量为己任，但是在校企合作的实际运行中，多数企业付出大于回报，学校与企业在合作过程中的利益不对等或者说是相对不对等是造成企业消极参与高职院校人才培养的重要原因。对于企业来说，投入必须产生效益，生存和发展是企业追求的根本。有调查显示，企业利益得不到保证是影响校企合作的首要原因，同时，政策执行的不力和企业补偿机制的缺位，使得企业参与校企合作中的付出和贡献不能得到政府和社会的认可，导致其积极性降低。

（三）形式单一，效果不够

前面提到，从现有校企合作模式看，接纳学生短期见习和实习成为最普遍甚至唯一的一种方式。这样的方式，简化了人才培养的关键性环节，使学校和企业只是将合作当作一种任务。学校为了完成实习这一教学环节，尽力安排学生进入企业开展训练。由于实习学生的流动性和短期性与企业产品订单要求的时效性和标准性构成矛盾，因此企业在接纳学生的同时增加了生产成本和安全风险。这样的校企合作给企业带来的弊大于利，最终造成了企业不愿意扩展校企合作的深度和广度。

四、校企共建企业学院协同育人模式的优势

（一）有利于树立企业形象，扩大社会影响

企业学院是企业未来战略发展的需要，与高职院校建立实质性的产学研共同体，将为企业在人力资源、产品研发和技术革新等方面提供有力的智力支持。企业学院在运行过程中有利于企业树立公众形象，传播企业文化，扩大社会影响。企业导师进课堂，将企业文化带入校园，使学生感受到企业的发展理念和内在精神，并最终温润内化。班级为企业冠名，使企业认识到这些学生都是他们未来高素质的人力资源，充分激发企业参与校企合作的积极性。

（二）有利于提高办学质量，增强服务能力

职业学校肩负着人才培养、科学研究、服务社会和文化传承的任务。在企业与学校的合作过程中，教师和学生可以与企业亲密接触，了解企业的用人标准，提高对企业的感知认识；通过互派互学，增加教师的实战经验和前沿技术积累，真正使"双师"做到"双实"，即"教师+工程师"做到"实训+实战"；在企业参与人才培养的全过程，包括教师选派、课程设置、技能训练、教材编写等中，充分整合资源优势，提高学校服务企业的适应性和精准性，提升人才培养与企业需求的吻合度。

（三）有利于校企各尽其职，促进深度合作

企业学院是学校和企业"纵向一体化"深度合作的发展模式。在这一模式中，学校和企业平等参与、资源共享、责任共担、利益对等，学校、企业成为校企合作人才培养过程中的"双主体"。通过政府介入，提供合作支持；通过双方协商，明确合作职责；通过参与共建，深化合作内涵；通过质量监控，优化合作过程，最终使双方在校企合作过程中权责明晰、各尽其职、共谋策划，构建"企中有校、校中有岗、岗中有学、学中有践"的运行模式。

五、校企共建企业学院协同育人模式的策略

（一）利责明晰：体现合作的平等性

传统的合作模式下，由于利益回报不明显，会出现学校一厢情愿、企业敷衍塞责的现象。企业学院中的合作双方原则上应该是利益对等、地位平等的两个主体，一味强调企业的无偿付出和社会责任是不符合合作原则的。双方应就教学活动中所涉及的成本费用、制度章程、管理办法、监控评估等问题达成共识，如明确教学成本的分担方式、授课教师的选派方式、教学管理的参与方式、学校教师的培训方式、高职学生的就业方式等。同时，要明确企业和学校的社会责任和合作风险，确保双方合作的有章可循、有法可依，将合作中的矛盾冲突和管理风险降到最低。

（二）资源共享：注重发展的持续性

企业学院合作模式过程中，双方挖掘自身和合作方的可利用资源，实现有效整合、高效利用和优势互补。随着镇江市产业转型升级，学校办学和企业生产经营的竞争压力都越来越大。对学校而言，面对激烈的生源争夺和就业压力，提高人才培养质量和社会认可度成为其未来发展的唯一途径。对企业而言，保持产品的技术领先和高质量的人才队伍是增强企业自身核心竞争力的关键，能规避市场经济的残酷竞争和无情淘汰。企业学院合作模式中，企业投入资金、提供场地、参与培养和指导实践，学校提供知识创新、技术革新、推广策略和人才支持，双方在各自提供服务的同时也享用了对方提供的资源，真正实现了互利共赢、协同发展。

（三）课岗联通：突显课程的实践性

学校课程设置多年延续，呈现出"传统课程多，现代课程少；理论课程多，实践课程少；校内课程多，岗位课程少"等问题，使学生所学知识不能与社会发展需求相适应。企业学院的合作模式中，学校、企业双主体应根据生产岗位实际需求，以产品技术标准和职业资格标准，联合制定专业人才培养方案、课程标准、实践目标和考核评价等环节，真正做到课程与岗位的联通与对接。这有利于学生职业资格证书的考评、企业经营策略的创新和生产技术的革新，激发学生职业发展意识和创新创业潜力。

（四）双师共育：提升教师的实战性

"强教必先强师"，职业教育需要一支"双师型"教师队伍。企业学院的合作模式中，学校和企业真正形成"联合体"，培育"双师型"教师成为双方不可推卸的责任和义务。这种模式不仅有助于调动企业的参与积极性，还能为"双师型"教师队伍建设提供有力的支持。建立学校教师和企业技术人员的"互聘"机制，能使他们具有双重身份、双重任务，并进行双重评价。鼓励专业教师具有一定期限的企业工作经历，优化"双师型"教师比例和结构。

（五）文化共融：彰显学场的职场性

高职院校和企业作为两个不同的实体，其主题文化存在很大差别。埃德加·沙因认为，从企业的各个层面上来说，文化就是根本的思维方式——企业在适应外部环境和内部融合过程中独创、发现和发展而来的思维方式。企业文化是企业的灵魂和精神核心，是企业的潜在生产力。企业学院的文化模式是一种企业化的校园文化，即做到企业文化和校园文化的无缝对接和渗透融合。营造企业化的校园文化有助于提高高职院校师生的企业认同感与归属感，提前感受企业氛围，融化意识差异；同时将校园文化弥散到企业和社会中去，扩大学校文化的影响力。通过双方协调，可以将企业文化、经营理念、岗位意识、职场要求等作为学生学习的内容，渗透到人才培养的全过程中；也可以定期或不定期地组织"企业文化体验周""优秀毕业生（优秀员工）经验介绍周""学生职业能力竞赛周"等活动，让学生在学场中感受职场文化，提高其职业角色意识和专业发展意识。

六、镇江高等职业技术学校在京口校企共建企业学院的探索与实践

2022 年 5 月 30 日，在京口区委党校的牵头下，镇江高等职业技术学校与京口区大禹山创意新社区合作共建"大禹山数字文创产业学院"签约仪式举行。市教育局、京口区、大禹山创意新社区、园区企业代表和镇江高职校等相关领导 20 余人参加签约仪式，共同见证大禹山数字文创产业学院的正式成立。大禹山创意新社区和镇江高职校签订了产业学院战略合作协议，南京一技教育科技有限公司、镇江奥宜漫文化科技有限公司和镇江高职校签订了专业共建合作协议，三方合作组建"一技奥宜漫中国特色学徒制企业班"。根据合作协议，校地双方将努力探索现代产业学院建设模式，

积极搭建人才联合培养、人才供需对接、技术创新合作、双创项目孵化等合作平台，建强优势特色专业，深化产教融合发展，实现校企协同育人，共同培养大批区域数字文创产业急需的高素质应用型、复合型和创新型人才，不断提升区域数字文创产业基础性研发人才高度，促进区域经济和数字文创产业高质量发展。2022 年 9 月，"一技班"成功开班。

七、优化校企共建企业学院协同育人模式的对策与建议

（一）发挥政府的主导和推动作用

政府在职业教育中发挥了重要作用，但与之相对应的法律法规等制度尚待健全，这对校企合作办学的稳定性来说无疑是最大的挑战。政府在校企合作中应制定相关的法律法规，建立专门的机构负责校企合作的组织、协调、监督、考核、激励等。社会经济的发展推动职业教育更好更快地发展，国家必须寻找并出台新的政策。只有提高对我国高等职业教育公共政策导向的认识，才能更好地发挥政府的作用。

资金缺乏是阻碍职业教育成长的重要因素，也是阻碍学校和企业展开深层合作的主要原因。《国务院关于大力发展职业教育的决定》提出，各级人民政府都应该增加对职业教育的支持，慢慢提高公共财政对职业教育的资金注入。想要改善高职教育费用注入状况，可以通过市场机制多渠道筹集，然而起到主导作用的依然是政府公共财政的资金注入。各级政府应该构建发展职业教育的费用注入体制，举个例子——构建职业教育发展基金，从教育附加或是企业的职教费用里面提取合适的比例，专门用于构建职业教育产学研合作实训设备。

（二）发挥行业的指导和协调作用

对高等职业教育来讲，学校和企业之间的合作地位特别重要。假如高等职业院校在进行专业人才培育的时候能和企业之间建立合作关系，同时提供的见习学生还达到了企业的用人要求，那么企业就会给院校不停地提供帮助。学校和企业建立合作关系的时候，双方的需求是不一样的。学校的要求是：企业可以提供社会培育场所，让见习学生走上社会岗位，帮助学校培养骨干教师，给予资金和设备的支持，一起构建学校内的生产型实训场地。企业的要求是：学生学习的课程可以和企业所需要的技术完全对接，学生在完成学业之后可以不用培训就能直接参加工作，学校老师可以

帮助企业处理一些困难，双方能够一起实施新技术的研究等。学校和企业在进行合作的时候，都希望自己的利益能够得到确保，并且尽可能利益最大化。怎么推进两方的交流，使学校和企业更加信任彼此，是学校和企业进行合作时要考虑的重要问题。学校和企业都比较维护自己的利益，要想让双方彼此更加信任，就需要一个同时了解两方的"中间人"，同时该"人"还要获得两方的信任。针对"职业教育校企合作的机制研究"，教育部职教中心曾经调查过，得到的结论是超过一半的受访企业都表明，学校和企业进行合作的时候缺少第三方协调服务机构。而最适合的"中间人"就是由政府主要指导的行业企业协会。高等职业院校和行业企业协会合作的时候，既好像在和一个企业进行合作，又好像和这个协会领导之下的很多个企业进行合作。这在很大程度上跨越了只和单个企业合作的障碍，换个角度看是在扩展学校和企业合作的范围，这种形式成为校企合作的全新形式。

（三）学校和企业进一步融合发展

职业教育的重心就是学校和企业的结合，这也是学校和企业进行合作的最佳状态。学校和企业都是培育人才的主体，拥有不一样的环境。验证学校和企业合作深度融合的基本指标就是两个育人团队的组成以及他们作用的发挥。但是目前由于学校和企业在培育什么样的人才上存在不同意见，双方的合作还停留在浅层阶段。学校的目标是解决学生在企业见习期间的困难，企业的目标则是通过使用见习学生降低人工费用支出。学校和企业在人才培养的最终目标、专业和教材建设上始终没有办法构建深层次的合作关系。

总之，镇江高等职业技术学院与京口区相关企业、产业园成立企（产）业学院，有效推动了工学结合，促进了校企深度合作。依托行业龙头企业，围绕培养理念、运行机制、发展模式、管理体制、师资培训、实训基地等方面开展的持续、深入的合作与交流，是以提高企业生产能力、经济效益和高职院校人才培养质量为目标的互利双赢、共同发展的产学研一体化联合体。不同于传统意义上的校企临时合作、形式合作和单向合作，企业学院强调校企合作的全程性、全员性和全方位性。从这个意义上看，企业学院合作模式有利于高职院校学生核心竞争力的形成，有利于产学研合作的深入推进及整体效益的实现。

作者单位：中共京口区委党校

社会协同机制下社区居家养老问题研究

——以镇江市润州区为例

│ 张　静 │

目前，中国已经进入了人口快速老龄化时期。国家统计局发布的 2021 年中国经济数据显示，截至 2021 年年底，我国 60 岁及以上人口总数达到 2.67 亿人，占全国总人口比例为 18.9%。其中，65 岁及以上人口达到 2 亿人。据润州区民政局养老服务科负责人介绍，2021 年润州区 60 周岁以上老年户籍人口达 6.19 万人，占总人口的 29.49%。其中，65 周岁以上人口达 4.65 万人，占总人口的 22.17%。老龄化程度位列全市第一，高于全市 1.6 个百分点。此外，润州区 80 岁以上老年户籍人口 9567 人，百岁老人也逐年增加，目前共有 35 人。在人口老龄化程度不断提高的同时，失能和半失能老人数量逐步增多。

养老已经成为社会关注的问题之一。一方面，老龄化速度加快，且未富先老；另一方面，传统的家庭养老功能弱小，而社会化的养老产业发展还没有跟上。近年来，在借鉴国外社区居家养老经验的基础上，结合家庭养老模式的特点，若干城市试点和推行社区居家养老。实践表明，机构养老模式受到政府和社会力量有限的制约，如果仅仰赖于政府大量的财力投入及护理人员的招募，在当前及今后一个时期确实难以为继；同时，家庭养老模式缺乏社区协同和社会参与也难以满足老年人的需求。社区居家养老模式比较符合中国城镇家庭人口目前的实际情况，有利于通过社会协同调动各方力量，可望成为城镇家庭的主要养老模式。

一、社区居家养老：内涵与条件

社区居家养老是老年人居住在自己家中但是由社区统筹和支持，让社会化机构提供相关服务的养老模式，也就是以社区养老配套设施和养老支持系统为平台，整合社会资源来保证老年人晚年生活得幸福美满，同时既保证老年人自理生活又兼顾家庭亲人接触的养老保障模式。"社区居家养老"这一命题及相关研究推动了老年人口养老保障问题的进步。社区居家养老是对传统养老模式的创新和发展，同时也是市场经济发展之下的必然产物。

养老模式区分的关键不在于在什么地点养老，而是一系列养老协同力的来源，包括经济来源、生活方面的照顾以及精神支持等。根据社会学的相关理论，"家"和"家庭"是两个不同概念范畴的词语。"家"着重强调空间上的位置、地方概念集合起来的一群人；而"家庭"是指有血缘关系和亲情关系的一群人的集合。依照养老模式的划分标准和正确的概念区分，就可以得到家庭养老与社区居家养老的差别。家庭养老主要是具有血缘关系的家庭成员对老人进行生活上的照料和尽到情感照顾责任。而社区居家养老中的"家"是一种载体，与以家庭经济条件为基础的家庭养老有根本性的区别。社区居家养老这个概念是由养老保障体系相对发达的欧美国家率先提出的。欧美国家由于物质资源较为丰富，在解决老年人养老问题时大多选用了集体统一生活的养老方式，即建立数量较多的养老院、托老所等。虽然养老院、托老所等设施齐全，但是这种方式仍然出现了较多的弊端，比如由于监管不到位，有些养老院克扣老人缴纳的费用，提供劣质服务；老人们集中居住，一些单独特殊的需求得不到满足，缺乏心理慰藉等。为了解决这些问题，欧美国家又出现了"回到家庭中去"的呼声。当然，在社区居家养老模式下，老年人并不是完全脱离社会，不接受社会的服务，而是既居住在家中又接受社区及社会提供的服务，本质上是一种"家庭生活+社会服务"的模式。在这种养老模式下，老年人可以相对放松地在自己最熟悉的家中居住，政府和社会没有必要修建很多的集中养老机构，只需要在老人生活的社区提供各种社会化服务，包括上门照料生活、打造清洁环境、进行简单家庭医疗护理等。可见，社区居家养老模式下的"家"与家庭养老模式的"家"的概念已经发生本质变化。在社区居家养老模式下，老人养老的主要经济来源不再是子女的资助，而是老年人自己的退休金、社保等。可见，社区居家养老已经从以血缘亲情关系为基础的养老变成了以经济关系为基础的养老。这无疑是养老机制的一种重大转变。

社区居家养老模式是基于我国社会发展、经济水平提高这一情况出现的新型养老模式，能够更好地促进老年人获得更多的社会福利和社会关注。但是，在市场经济条件下，社区居家养老的实现要具备一些基本要素。

第一，社区居家养老的家庭应有独立居所。老年人往往对自己的家最为熟悉并感到最为安逸。在不少老年人看来，只有生活了十几年、几十年的地方才能叫"家"。因为老年人对那里的环境最为熟悉，街坊邻居也是熟门熟路。生活在这样的环境中，老人们觉得最为舒心惬意。特别是对于那些恋旧的老年人来说，生活在这样的环境中才会有安全感和归属感。社区居家养老与其他养老模式相比，最大的优势是老人在自己熟悉的环境中感到舒心与闲适，对于自身的掌控和把握程度无疑是最高的。同时，社区居家养老还有其私密性，花费相对不高，大部分的老年家庭都能接受。

第二，老年人生活能够基本自理。居住在家中就涉及对于自身的照顾、对于一些器材的使用和衣食住行的自我安排。就算请了保姆或是钟点工，居住在家中都需要老年人具有较为完全的生活自理能力。丧失部分或全部生活自理能力的老人一切日常生活的内容都需要由他人照料，如果选择社区居家养老，则需请专门的人员护理，费用较高，一般人很难承受。同时，需要完全护理的老年人长期在家中会增加其孤独感，生活满意度和幸福感反而不高。

第三，有夫妻相互间的照顾。精神慰藉是社区居家养老的重要方面。"少年夫妻老来伴"，老伴是老人最亲近的人。进入老年后，老年人生理和心理都发生着巨大的变化，非常渴望家庭关系和睦、子女孝顺、一家人团结。子女应该充分重视老人在这方面的需求，力求为老人创造一个舒畅、愉快的生活环境。但是，当前很多成年子女的生活、工作压力都比较大，实在是抽不出太多时间照顾父母，所以老年夫妻相互之间的陪伴最为重要。老年夫妻间的相互照顾、相互关怀，是支撑老年家庭生活的最重要的精神力量。夫妻之间相互体贴，共同分担生活中的苦恼，保持一种乐观积极的生活态度，有利于老年夫妻共同的身心健康。

第四，子女亲属能够经常探望。子女亲属在老年人情感生活中所占比重极大，子女亲属的经常探望有助于满足老年人的情感需求。与社会机构或福利机构养老模式相比，在家中居住能够得到子女亲属的经常性探望，有助于老年人排除孤独感，享受天伦之乐，安安心心过好自己的晚年。另外，在社区，应该建设一些适合老年人活动、休闲、交流的公共场所。只有具备相应的服务机构和社区养老支持系统，才能使社区居家养老正常运行。没有社区的养老配套设施和养老支持系统，居家养老就成了家庭养老，就不能称之为社区居家养老。

二、社区居家养老：现状与问题

自2020年开展全国第四批居家和社区养老服务改革试点工作以来，润州区立足实际，克服疫情等不利影响，以覆盖、精准为目标，坚持探索创新，努力构建"统建科学、服务规范、供给多元、持续发展"的"四位一体"养老服务体系，区域养老服务更加均衡、协同、优质发展，老年人的获得感、幸福感和安全感进一步提升。标准化社区居家养老服务中心目前已建成并运营42个（3A级标准化居家养老服务中心13个，2A级标准化居家养老服务中心29个），覆盖率达到城市社区87.5%，农村100%。初步形成规模适度、布局合理、功能互补的"15分钟居家养老服务圈"。该项目成功入选《人民日报》"2020年民生示范工程"第33位。从总体情况看，润州区社区居家养老的发展水平还不能完全适应人口老龄化逐步加快的趋势，还不能真正满足老年人的养老需求，质量还不够理想。

（一）养老社会服务体系缺失

第一，政府作用发挥不到位。社区居家养老服务本质上属于准公共产品，政府在准公共产品的供给中具有义不容辞的责任。与社区居家养老相配套的服务体系以及相关支持政策和财政支持计划都离不开政府发挥主导作用。但是从目前的情况看，政府鼓励社会资源积极参与到社区居家养老服务中的政策导向性作用发挥得还不够。虽然近年来政府大力提倡和推动社区居家养老相关服务产业及业态的发展，比如建立了以康乃馨惠民服务中心为代表的养老主题基地，推广全托式服务、亲情式服务、互助式服务和社交式服务等多类型养老服务项目，但仍存在一些短板，缺乏养老服务体系政策上支持的配套性和系统性。因此，养老服务系统内的服务项目参差不齐，长效机制缺失。这势必导致养老服务的社会资源后期支持乏力、养老服务项目市场缺乏活力等。此外，对于社会团体、社区、非政府组织在社区居家养老中应承担的责任与义务，政府的指导不到位，政策上的支持力度还不够。

第二，社区作用发挥不到位。社区居家养老的社会化服务最主要的依托载体、养老配套设施和养老支持系统建设是在社区。社区在居家养老服务中应以服务为根本、以养老配套设施建设为要务、以完善养老服务支持系统为重点，协同社会机构和社会各界开展多项直接面对老年人的服务活动，为社区居家养老的发展提供一个安定的环境。当前，润州区部分社区对在社区居家养老中如何发挥好作用的认识还不够清晰，提供的服务以家政服务为主，而医疗护理、精神慰藉等服务的提供还不能全面满足居民需求。同时，社区对于老年人所需要的配套公共设施、养老服务支持系统设施的供给不足，社区居家养老中的各种服务开展得还不广泛、不深入，特别是缺乏鼓励志愿者为社区老年人服务的长效激励机制。

第三，养老服务人员素质不够高，队伍不稳定。社区居家养老的社会服务人员主要是下岗工人与外来务工人员，文化素质与专业素质不高。社区居家养老的服务行业之所以缺乏高水平专业服务人员，原因有三。一是培训机构相对较高的准入门槛和相对严格的培训措施，限制了很大部分有意愿进入该行业从事专业服务但自身水平不够的人进入，特别是下岗再就业人员。二是相关部门没有开展针对社区居家养老服务的培训，很多人员没有培训就直接上岗，仅仅能够应付一般的家政护理等，对于需要一些专业常识的理疗护理、精神慰藉等服务力不从心。同时，社区居家养老服务还没有统一规范的标准，监督检查工作不能正常开展。三是社区居家养老的社会服务人员待遇偏低，没有相关服务项目价格的指导意见，更多具有专业知识与技能的人员不愿意从事养老服务。

第四，服务资源缺少有效整合。社区居家养老的社会服务体系资源，包括养老信息、社区的硬件服务设施、人力、财力、物力等，往往比较分散，缺乏有效的整合。养老信息收集不到位，统计不到。养老资源中的人力、财力、物力三者相互不能很好地协调统一，目标不一致。造成这种现象的原因：一是部门之间的目标取向不一致，难以形成统一协调机制。二是养老资源归属不一，分散在很多不同的社区内部且缺乏流动，各个社区之间通常不对外开放。政府、社会与市场三者之间互动不足、缺乏沟通，使得很多的老年软硬件资源不能得到有效利用。三是医疗机构等养老资源的积极参与受到制约，缺乏整合的可操作性。

（二）社区缺乏老年人社会交往的多元渠道

随着年龄的增加，老年人希望从家庭与社会中得到更多的关怀，同时很愿意继续参与社会活动，并加入各种各样的社会团体，获得生活的乐趣，满足自身的归属感。尽管社会角色和社会地位改变了，但是老年人同样渴望得到社会的尊重，希望社会承认他们的价值。因此，老年人的社会交往对于老年人安度晚年是非常重要的。很多老年人在进入晚年后，因为生理、心理功能的逐渐减弱，反应能力与活动能力都会下降，社会交往圈子亦会随之慢慢缩小。再加上很多老人平时要带孩子，操持家务，就更没有时间与空闲进行社会交往。现在独居老年人数量也在增加，社会交往同样很少。更重要的是，社会缺乏对老年人社会交往的主动关怀机制，从而使老年人社交渠道不畅，进而影响了社区居家养老的质量。

（三）社区养老配套硬件设施缺失

目前，社会化的社区居家养老还处于起步阶段，老年服务设施规模小、功能单一，不能满足老年人日益增长的物质、文化和心理需求。

第一，社区居家养老的公共场所和老年人专门活动空间不足。专门针对社区居家养老开发的楼盘大多为高端楼盘，价格高，不少老年人不敢问津。过去的城市规划往往没有充分考虑到今天城市养老问题突出的局面，很多老人都是居住在一般的小区或社区中。这类小区往往缺乏养老设施，物管方面也没有专人负责协调养老服务问题，老年人若想得到服务需自己联系。

第二，养老场所的配套设施不完善。与社区居家养老相配套的硬件设施的贫乏很难满足当今老人日益增长的物质文化需要和精神文化需要。据有关方面的粗略估计，全国城市社区中建设有老年活动设施和场所的还不到半数。而且在许多城镇场所，社区未考虑到各种设施的适老性与宜老性，使得不少城镇的社区居家养老存在先天不足——没有护理空间与设施，没有无障碍设计，没有公共活动的空间，有的小区甚至没有电梯。

第三，专门为老年人设计的养老用品还不能满足需要。随着市场经济的发展和人民收入水平的不断提高，不少老年人通过多年的积累拥有了较为可观的消费能力，购买力不断提高，消费观念也开始转变，对于社区居家养老专门用品的需求日渐强烈。目前，养老用品的发展还仅仅停留在基本医疗方面，对社区居家养老人口其他方面产品需求的开发力度远远不够，社区居家养老用品的市场化体系没有完全构建起来。在物质产品方面，符合老年人需求的健身产品、休闲产品不多；特别是专门针对居家老年人保健、生活的特殊用品，如不同档次的老人床垫、老人手杖以及助听器等辅助商品供给短缺；即使在许多大中城市，也很难找到老年产品专卖店。

三、社区居家养老：对策与建议

以社会化服务体系协同的社区居家养老模式是我国养老保障制度的重大转变，是解决养老问题的一项重大战略抉择。我们应积极研究国内外先进经验，完善资金、人力、设施和环境等各项要素供给，促进社区居家养老事业的深入发展。

（一）做好社区与专业机构的对接

第一，有效整合社区内部的养老资源。社区应该对本社区内部当前所拥有的相关医疗卫生、养老设施等进行清理，盘活那些能够使用起来的设施，提供社区居家养老服务。比如利用社区内闲置的房间，开展社区居家养老服务信息的收集；利用社区现有的家政服务资源，为老人开展上门家政服务；促进社会单位相关设施向邻近社区开放，比如开放一些健身场馆，供社区居家养老的老年人使用，形成一个协力共建的社区居家养老发展环境，提高资源的利用效率；争取将一些闲置的厂房、学校等改建成能满足老年人需求的设施，比如健身场所、老年活动中心、社区医疗中心等。

第二，通过社区引入养老服务组织和相关配套机构。利用社区与相关养老服务组织联系，引入优质的社会服务组织和机构，开展契合社区居家养老服务需求、受老年人欢迎的服务项目。同时，社区可以在本社区物管中另设养老服务机构，力争其有能力、讲诚信和进行专业化建设。还应加强社区与相关医疗机构的合作，成立社区医院，为社区居家养老的老人建立医疗卫生档案，开展上门卫生服务、家庭病床简单护理和养生保健等服务，解决老年人的就医难问题，使得老年人小病不上大医院。

第三，在社区的规划建设过程中，积极与规划建设部门沟通，同步规划设计社区的养老服务设施，包括社区医院、社区康复中心、社区服务中心等。养老服务设施是社区的重要组成部分，必须要将养老服务设施规划在社区当中，与社区的建设同步规划、同步建造和同步使用。对于一些老社区，可以通过增建或改建项目等途径，完善必要的养老硬件设施。

第四，以社区为载体，构建全社会的"敬老储存"机制。可以借鉴他国经验，以社区为载体，建立和完善公民从事敬老志愿者服务的统计储存制度，计入公民的"敬老档案"，积极鼓励公民为老年人做志愿者服务。有些国家规定，公民成年后，如果愿意到老年公寓做志愿者服务，免费照顾老年人，其做义工的时间将由老年公寓定期统计，上报给政府有关部门，当成个人的"敬老数据"储存起来。他将来老了后，一旦入住老年公寓，自己从前为老年公寓义务服务了多少时间，就可以享受多少时间来自他人的义务服务。这种"敬老储存"的长效机制，不仅能使年轻人在为老年人提供义务服务中获得心灵上的满足，而且能推动年轻人为自己储备养老的"本钱"。

（二）充分利用互联网链接社会服务资源

互联网作为当前最重要的工具，在社区居家养老中扮演着重要角色。利用互联网工具和平台做好对养老社会服务资源的链接与整合，将有助于社区居家养老的发展与完善。

第一，利用互联网对社区之间的服务资源进行链接与整合。通过在社区之间建立服务性的综合论坛、养老资源调配平台等，实现养老服务在社区之间的无缝衔接，有利于养老资源在各个社区之间的自由流动，从而促进资源的优化配置。

第二，充分利用互联网链接各种养老服务资源。单个社区的服务资源始终是有限的，而且不匹配。利用互联网可以有效地将社会资源与社区整合起来，更好地为老年人提供更多和更高质量的服务。利用互联网发布信息，引入相关社会服务部门上门为老年人服务，价格上实行优惠。利用互联网平台定期或不定期发布志愿者征集信息。社区居委会和物管等单位应积极争取志愿者上门为老年人服务，居委会应做好相关信息的收集与整理，同时协调好相关志愿者工作。利用互联网平台，与镇江市第一人民医院等大医院和各类服务机构建立实时链接，以便及时便捷地为社区居家养老的老年人提供专业化服务。

第三，利用互联网平台链接政府服务资源。政府在社区居家养老中应扮演重要角色，政府可以在其相关网站开辟专门的养老服务板块，及时更新各个社区对社会养老服务的需求；同时开辟留言板，鼓励社会各方将自身的需求和能提供的服务列示出来，供各个社区和老年朋友进行交流，互通有无。

第四，利用互联网平台链接社区内部服务资源。一是建立社区老年人互助 QQ 群、微信群、微博等。依托 QQ 群、微信群、微博等成立老年人互助组织或是老年照顾协会，促使老年人在生活上能彼此照顾，在情感上能相互慰藉。二是利用互联网平台开设社区居家养老论坛。论坛内开辟许多板块，包括闲聊、生活服务、家政、上门服务等，让社区内部的养老资源得到充分挖掘。

第五，利用互联网构建智慧社区。互联网及其云技术等为智慧社区的打造提供了载体。通过智慧社区的智能系统，社区居家养老的老年人可以足不出户就能方便快捷地申请到相关服务，包括家政、护理等个性化的服务。社区除了在硬件上应该逐步完善之外，还应加大对老年人如何使用各种智能设施的培训、现场辅导等，让老年人能熟练地使用各种智能设施来更好地满足自己在物质和精神上的需求。

（三）为老年人营造"老有所为"的氛围

老年人往往希望"老有所为"，以体现自身的价值。因此，积极为老年人营造"老有所为"的氛围，对于老年人的健康与幸福是非常有益的。

第一，让老年人分享社会发展的经济成果，促使他们参与到社会建设中。老年人经历丰富，体会过社会的发展与生活的变化，理应享受社会发展的成果。因此，在经济利益的分配上，要建立退休职工养老金合理增长机制，建立养老金与物价指数挂钩的机制，兼顾老年人的利益，要让老年人与在职工作者一样分享社会发展和改革开放的经济成果，让他们体会到劳有所获。

第二，社区大力开展老年继续教育活动，成立老年大学，为老年人开设各种兴趣培训班，为其"老有所为"夯实基础。老年人参加一定的社会教育活动和兴趣活动，有助于了解当前的形势，学习新知识，增长新的技能，顺利度过不适应期而获得新的感悟与兴趣，从而能够跟上时代的步伐，与时俱进，保持心态上的年轻。

第三，社区积极鼓励和支持老年人发挥余热，为社会再做贡献，再创新辉煌。老年人这一群体蕴含着丰富的智力资源。让更多的老年人参与到社会建设中来，发挥他们的余热，是一项对社会有极大益处的事业。尊重他们在家庭和社会中的威信，可以使他们为家庭与社会的和睦贡献力量，也能让老年人感受到自己生存的独特价值，从而增强其晚年生活的幸福感。

作者单位：中共润州区委党校

后　记

为全面贯彻党的二十大精神，深入贯彻习近平总书记对江苏、镇江工作重要讲话重要指示精神，不断谱写"强富美高"新镇江现代化建设新篇章，镇江市委党校（市行政学院）策划编写了《镇江调查.2023》一书。本书收录了2022、2023年度镇江市委党校系统承担的部分省、市重点课题、调查研究报告、决策咨询等优秀研究成果，围绕近年来镇江经济、社会、文化等方面发展的基本情况，深入研究镇江市现代化建设和管理中的重大问题。书中既有对各领域发展问题的深度探讨，也有对产业发展趋势的权威解读；既有理论性研究专题的支撑，也有典型经验的剖析。全书从城市功能定位、经济发展、城市规划、基础设施、环境建设和历史文化遗产保护等专项课题的角度，总结经验教训，展望发展远景，努力探索中国特色的镇江城市化发展道路。

本书由镇江市委党校（市行政学院）常务副校（院）长朱定明主持编撰并审定，副校（院）长孙文平负责书稿策划框架设计和统稿工作，科研处具体承担了本书的编写策划、组织协调和校对工作。各教研室、科研处及丹阳市委党校、句容市委党校、扬中市委党校、丹徒区委党校、京口区委党校、润州区委党校等单位参与编写，并提供了丰富、翔实的参考资料。在书稿即将付梓之际，向参与本书编写的人员和支持本书各方面工作的单位表示感谢！感谢江苏大学出版社给予的大力支持和帮助！

本书的出版凝聚了集体的智慧。为了编写好本书，我们参阅了大量著作，可惜在参考文献中未能一一列出，在此谨致歉意。由于编写时间仓促，书中难免有不当之处，敬请各位领导、专家学者和广大读者批评指正。

编委会
2023 年 12 月